畲族与土地革命

兰桂英／著

海峡出版发行集团 THE STRAITS PUBLISHING & DISTRIBUTING GROUP | 福建人民出版社 FUJIAN PEOPLE'S PUBLISHING HOUSE

图书在版编目（CIP）数据

畲族与土地革命 / 兰桂英著. --福州：福建人民出版社，2024. 3

ISBN 978-7-211-09280-2

Ⅰ. ①畲…　Ⅱ. ①兰…　Ⅲ. ①畲族—民族历史—研究—中国②中央苏区—革命史—研究　Ⅳ. ①K288. 3 ②K269. 407

中国国家版本馆 CIP 数据核字（2024）第 025684 号

畲族与土地革命

SHEZU YU TUDI GEMING

作　　者： 兰桂英
责任编辑： 潘静超
美术编辑： 白　玫
责任校对： 陈　璟
出版发行： 福建人民出版社
电　　话： 0591-87533169（发行部）
网　　址： http：// www. fjpph. com
电子邮箱： fjpph7211@126. com
地　　址： 福州市东水路 76 号
邮政编码： 350001
印　　刷： 福州德安彩色印刷有限公司
地　　址： 福州市金山浦上工业区 B 区 42 幢
开　　本： 787 毫米×1092 毫米　1/16
印　　张： 15. 5
字　　数： 246 千字
版　　次： 2024 年 3 月第 1 版　　2024 年 3 月第 1 次印刷
书　　号： ISBN 978-7-211-09280-2
定　　价： 48. 00 元

本书如有印装质量问题，影响阅读，请直接向承印厂调换。

在革命战争年代，革命的火种之所以能在闽东大地传播，革命的力量之所以能在最艰难的岁月里得以保存和壮大，一个重要的原因，就是民族的团结。很多革命老前辈，都是畲族群众用鲜血和生命保护下来的，我们福建的革命老前辈叶飞、曾志、范式人等同志过去打游击的时候，经常是在畲族山村、畲族的老乡家里度过的。畲族群众有坚定的革命性。有一位同志告诉我，在革命年代，闽东畲族的同志没有一个叛变，这是非常了不起的。

——《摆脱贫困》

序　言

作为一名长期从事党史研究和党史宣传的工作者，我在日积月累的研究中，有一个课题在脑海中由模糊逐渐变清晰并不断加深，即畲族与中央苏区的关系研究。这绝非仅仅因为我本人是畲族而有此情结，而是在研究中发现畲族的历史经历、居住分布和民族特性，与中国共产党领导人民开展的土地革命，进而创建中央苏区，在诸多方面有着十分惊人的契合，正是这种契合使畲族成为最早且最多参与中央苏区创建的少数民族。这是畲族的光荣，更是中国共产党领导发动全国各族人民开展革命斗争，并取得革命胜利的一个真实生动写照。

遗憾的是，以往无论是中央苏区史还是畲族史的研究，对此始终均未涉及，如已出版的《中国少数民族革命斗争》《畲族史稿》就无此内容，基本上属于完全空白。本着探个究竟的态度，我在平日的研究中，注意相关史实和资料的收集，但进展和收获均不如人意。由于史料的严重缺乏且分散零碎，虽也努力写了一些论文，以期唤起学界对此课题的更多关注和共同研究，但效果并不理想。随着时间的推移，资料的收集虽收效甚微，但越是困难越增强我对这个课题的兴趣，于是，我决心孤军作战推进这方面的研究，以图填补空白。这个空白不仅是畲族历史研究的空白，也是中央苏区史研究的空白。如果能达成所愿，既可以提升畲族在中国革命史上的历史地位，同样也为中央苏区史研究添光增彩。于是，2016 年我以《畲族与中央苏区》为题，申报了国家社科基金课题，并有幸得到专家的肯定和垂青。申报的成功大大增加了我开展这一课题研究的信心，从此开始了几年爬坡越坎式的研究和撰写。

第一道坎是史料的严重缺乏。为了解决这个问题，我进行了拉网式的史料收集和挖掘，先后走遍了中央苏区范围内的闽粤赣的众多畲乡畲村。在搜集现有文字资料的同时，加强田野调查研究，从中进一步获取线索和佐证。这道坎无疑是一道长坡，不经意间花费了几年的时间，所幸有所收获。第二道坎则是历史与现实差异的难题。畲族是聚居于我国东南地区的一个历史悠久的少数民族，但其民族成分是在中华人民共和国成立后才认定的，这其中存在历史与现实很大的差异，如果仅以目前认定的情况去反映历史上的畲族显然不符合客观的历史。为此，我多方征询了国内民族专家的意见，才渐渐有了较为清晰的思路，即研究历史上的畲族，包括党领导的革命斗争历史中的畲族，必须正视这种差异，历史是客观存在的，研究畲族与中央苏区的关系，不能仅局限于目前已认定的畲族。在此基础上，将逐渐形成的思路草拟撰写成大纲，并召开了专家的讨论会征询意见。在讨论会上，专家提出了许多中肯且建设性的意见，并对撰写大纲给予了充分肯定，认为书稿如能按照形成的思路进一步展开论述，将是一部填补空白的力作。

然而，由大纲向细纲的深化乃至书稿的撰写又是一道艰难的坎。畲族作为中国南方重要的少数民族，由于在党领导的土地革命战争时期其民族成分并未被认定，因此，搜集到的史料存在以下几个特点或不足：(1) 因畲族极少见诸文献史料，偶见搜集到的也是十分碎片化的；(2) 相关史料包括口述史资料中，有关畲族的内容均是掺杂其中，分辨起来难度很大；(3) 所收集的史料中多为反映具体细小的斗争情况，很难进行完整史实的概括和阐述。上述情况名为特点实为难点，如何将零碎史实史料系统化形成主线，如何将历史具体细节与大时代、大事件有机联系起来，进而以小见大，成为必须搬走的拦路石和必须解决的问题。如果没有将现存的畲族革命斗争史实，与中央苏区的创建和发展的大背景、大事件有机结合起来，所呈现的将会是没有大的历史主线，只有零碎史实的拼盘，这无疑不是本课题所期待的结果。为了解决这一难题，在对畲族革命斗争史资料搜集和研究的同时，我加强了对中央苏区史料史实的梳理和甄别，努力使畲族有限零碎的史料史实在大事件的贯穿之下，得以有机地系统化和进一步地提升。

一分耕耘一分收获，经过几年的不懈努力，在尽可能占有史料并理清思路的基础上，我开始了成书的写作。但这依然是个艰辛的过程，由于史料零碎、史实分散，有时为了核实一个史实，不得不放下笔，一次又一次地到实地进行调查核实，有时来回几百公里所化成的仅仅是书中的一两行字，尤其是突如其来的疫情进一步增加了难度。尽管如此，初心未曾改变，依旧顽强前行。令人欣慰的是，艰难成书后，书稿经专家讨论几易其稿，终于定稿，自我感觉以下几个方面有所突破。

一是尽可能充实和丰富了史料。曾经史料严重缺乏的状况，经广泛征集和深入挖掘后有了很大的改善。在当时畲族并未被认定的情况下，找到一些有关畲族革命斗争的文献资料实属难得。而口述史资料的突破性征集，为弥补史料缺乏的不足起到了不可或缺的作用。正所谓巧妇难为无米之炊，史料的有效充实和丰富，使《畲族与中央苏区》课题有了一定的基础。

二是零碎的史实在不断梳理中有了一定的系统性。作为一个族群人数较少且当时未被认定的少数民族，虽较早且深度参与党领导的土地革命斗争，但其众多分散的史实大多湮灭于历史之中，长期以来未引起人们的关注和重视。经过对课题的研究和考证，我努力将分散零碎的史实挖掘出来，既发现其历史联系也挖掘其历史作用，从而使具体的史实不再零碎和孤立，在主线的串联下大大增强了系统性。

三是凸显了畲族的历史作用。在充实史料和史实系统性的基础上，畲族在中央苏区创建和发展中的历史作用就日益凸显出来。从中可以看出无论是在探索中国革命道路过程中，还是在苏区创建、反"围剿"斗争、苏区建设以及许多重大历史事件中，畲族没有缺席，而且发挥了重要的作用。这种作用的展现，既填补了畲族史研究的空白，也使中央苏区史更为丰富、充实、鲜活。

四是展现了畲族凤凰涅槃的历史转变。畲族是个以凤凰为重要图腾信仰的民族，千年迁徙、千年苦难，直到参与中国共产党领导的土地革命斗争后，才真正得以实现凤凰涅槃。从接受新思想、新文化到加入中国共产党、创建畲乡党的组织、苏维埃政权，乃至义无反顾地参加红军，奋不顾身地为保卫苏区浴血奋战，这种嬗变是脱胎换骨的、历史性的。在第五次反"围剿"失利后，众多的畲族子弟随中央红军进行了战略大转移，踏上了漫漫长征路。但这已不再是历史上的迁徙，而是为了革命事业的远征。

正是建立在这样的基础上，目前所呈现的成果在遵循历史逻辑的基础上，着力在畲族与中央苏区的内在关联、畲族民众参加革命的心路历程、探索中国革命道路过程的畲族元素、畲族在反"围剿"斗争中的重要贡献、在苏维埃运动中畲族的历史嬗变、革命低潮时畲族人民的苦难坚守等方面展现畲族与中央苏区之间不可割断的关系，以期达到既填补畲族史研究空白，也填补中央苏区史研究空白的目标。

自己几年努力搜集研究而最终形成的成果，犹如十月怀胎的孩子，尽管自我感觉尚好，但一个人的力量总是有限的，仍存有不少的遗憾，这一课题依然有不断提升的空间，比如中华苏维埃政府对于畲族这种人数少，但在革命斗争中发挥重要作用的少数民族是否有具体的政策，畲族子弟参加中央红军、地方红军、游击队、赤卫队的人数，畲族民众参与苏维埃政权建设的人数等不少问题都尚需进一步研究。

目录

导论　迁徙·特性·机遇

一、从《井冈山的斗争》的土籍客籍说起

《井冈山的斗争》一文是毛泽东1928年11月25日在井冈山写给中共中央的报告，集中体现了以毛泽东为代表的中国共产党人立足于国情，从城市转向农村探索中国革命道路的可贵成果，即“一国之内，在四围白色政权的包围中间，产生一小块或若干小块的红色政权区域，在目前的世界上只有中国有这种事”。[①] “这种奇事的发生，有其独特的原因。而其存在和发展，亦必有相当的条件。”[②] 这种奇事即为工农武装割据。要实现工农武装割据的存在和发展，除了大的国际国内环境外，毛泽东指出需要具备以下条件：“（1）有很好的群众；（2）有很好的党；（3）有相当力量的红军；（4）有便利于作战的地势；（5）有足够给养的经济力”[③]。在实现工农武装割据所具备的条件中，毛泽东不仅把“有很好的群众”列为首要的条件，而且对于无论是土籍还是“这种客籍人从闽粤边起，沿湘、赣两省边界，直至鄂南，大概有几百万人”[④] 的民众群体都给予高度的关注，并特别指出：“前年（1926年）至去年（1927年），宁冈的土籍革命派和客籍结合，在共产党领导之下，推翻了土籍豪绅的政权，掌握了全县。”[⑤] 对于土籍和客籍在大革命斗争中的斗争要

① 《井冈山的斗争》（1928年11月25日）。《毛泽东选集》第1卷，人民出版社1991年版，第57页。

② 《中国的红色政权为什么能够存在?》（1928年10月5日）。《毛泽东选集》第1卷，人民出版社1991年版，第48—49页。

③ 《井冈山的斗争》（1928年11月25日）。《毛泽东选集》第1卷，人民出版社1991年版，第57页。

④ 《井冈山的斗争》（1928年11月25日）。《毛泽东选集》第1卷，人民出版社1991年版，第74页

⑤ 《井冈山的斗争》（1928年11月25日）。《毛泽东选集》第1卷，人民出版社1991年版，第74—75页。

◎毛泽东：《井冈山的斗争》

求和革命热情都给予充分的肯定。

毛泽东在《井冈山的斗争》中所涉及的土籍或客籍，其实均为从他地迁徙而来的移民。土籍主要指的是自唐朝以来为躲避战乱从北方迁入湘赣边界的移民；客籍指于明末清初从广东梅州及福建泉州、莆田迁入湘赣边界的移民。二者的主要区别有二，一是迁徙到此的时期不同，有迟早之分；二是先到者定居于有良田的平原地区，而后来者只得住在山脚或山里。当客籍迁入时，因为人数相对较少，且本地居民劳动力不足，又有剩余的土地，因此对客籍的到来并不反对。在江西井冈山、遂川等地就有土籍百姓送田送山以供客籍人生活，而客籍人也会回礼，其礼物多是猎物，客籍与土籍共同依山而居，和睦相处。

毛泽东在《井冈山的斗争》中所指出的土籍和客籍，据考证，基本上由两部分族群组成，一为南方的少数民族畲族，一为从北方迁徙而来的客家人。畲族的名称最早见于南宋刘克庄的《后村先生大全集》卷九三《漳州谕畲》，其文曰："畲民不悦（役），畲田不税，其来久矣。"① 其实早在隋唐时期，畲族迁至南岭北麓，而后向东折向湘赣边界，迁入赣中赣南，再到闽西闽南而向粤东迁徙，最终广泛地分布于闽粤赣三省交界地区。赣南清光绪《嘉应州志》记载："梅地古为畲、瑶所居。"清光绪《江西通志》卷四八"南安府志"记载："当五岭最东为交广襟喉，地多瘴，与輋人杂居。""崇义俗杂五方，虽风气与三邑略同，而輋人附居，多射猎为食。"《衢志》卷八"风俗志"载："龙南山中有畲客，其妇恒终岁赤足与男子杂居作度日，不与汉族通婚……盘瓠死后，由闽粤播迁处之深山丛中，渐渐阑入衢境。"闽西清杨澜《临汀汇考》卷三载："唐时初置汀州，徙内地民居之，而本土之苗仍杂处其间，今汀人呼曰畲客。漳平县有百家畲祠，踞龙岩、安溪、南靖、漳平五县之交。是闽地之蛮，皆称畲也。"粤东宋人编撰的《太平寰宇记》记载：梅地的民族"主为畲瑶，客为汉族"。由此可见，自唐宋以来，畲族

① 《畲族简史》编写组编：《畲族简史》，福建人民出版社1980年版，第6页。

不仅在闽粤赣地区陆续定居下来，而且在这些地区占据重要的位置，仅在漳平就有“百家畲祠”。以至于在明洪武年间南赣巡抚王守仁为防范畲民起义，上奏朝廷，专门设立了崇义县治，并设县衙于横水。

在畲族广泛定居于闽粤赣地区之时，另一个族群客家也同时分布于这一地区。客家经过历史上的多次南迁，也辗转定居于闽粤赣地区，逐步形成客家与畲族混居的局面。闽粤赣三省交界地区，既是今日客家聚居的大本营，也是历史上畲族聚居的大本营。客家人繁衍日久，所居住地区的土地开垦殆尽，出现人多地少的情况后，也开始向山区拓展土地，这就促使客家人和畲族之间的交往更加频繁，也进一步促进了两个族群的融合。

为此，许多专家学者从语言、服饰、饮食、生产技能、生活习惯、民间信仰、通婚等多方面，“论述了客家文化中包含畲族文化的成分，指出客家及其文化的形成是汉畲两族长期互动的结果”[①]。为了进一步印证上述观点，福建学者刘大可对福建省武平县村落进行了田野调查研究，武平县位于福建省西南部，闽粤赣三省交界，东与上杭县毗邻，西与江西省寻乌县、会昌县相邻，南与广东省平远县、蕉岭县接壤，北与长汀县毗邻，不仅是闽西客家重要的定居点，也是历史上畲族的重要聚居地。调查中发现武平县的村落地名中带有“畲”字的非常多，如东留乡的黄畲、苏畲、蓝畲、大畲、长畲里、中畲，中山镇的雷公畲、石麻畲、黄麻畲、下畲，民主乡的绕畲、上坪畲、坪畲，中赤乡的壮畲、黄金畲，岩前镇的大畲、米箕畲、双坝畲、张畲坑、黄草畲，象洞乡的立禾畲，十方镇的黎畲、畲窝里、坪畲、乐畲，武东乡的张畲、袁畲、上畲，永平乡的石畲，桃溪镇的洋畲、林岗畲等。[②] 认为众多带“畲”字的村落地名，反映了武平县的许多村落在历史上曾是畲族的基本居住地。不仅如此，除了带“畲”字外，尚有其他地名与畲族关系密切，例如武平大禾乡的大禾村，该村有蓝姓居民3000多人，是蓝姓的重要聚居区之一。其地名大禾实与畲族种植“棱禾米”中禾苗生长较大有关。[③]

---

① 刘大可：《黎畲萧屋：一个可能源自畲族的客家宗族》。见福建省炎黄文化研究会等编：《畲族文化研究》上册，民族出版社2007年版，第132页。

② 据统计闽西以畲字为名的村落，武平20多处、新罗17处、长汀17处、连城14处、漳平7处、上杭17处、永定2处。

③ 据江西史料记载，江西会昌蓝氏畲族和大余蓝氏畲族均由福建武平县大禾迁入。

这种情况，不仅仅是福建武平，闽粤赣交界的许多地方也是如此，如广东梅州的梅县到处都有“畲”地名，如堇竹畲、荷畲、桃尧上畲、三畲、山隔畲、罗角畲、亚满畲、上畲里、桃畲、坪畲、长埔上畲、铅畲、双螺畲、孔畲、畲江、湖洋畲、粟畲、九顶畲、三家畲、桃子畲、下畲子、桥子畲等。在大埔，“畲”地名也比比皆是：有中桃子畲、大畲岌、桃畲嶂、老龙峯、五家畲、下峯子、万羌峯、羌峯、福员畲、松树峯，木峯，将军畲、邱安峯等。蕉岭县、平远县也有不少“畲”地名，如蕉岭县有：洪畲笔、割畲坪、下洪畲、下畲、留畲、中畲、高南畲、羌畲、畲禾背、兰梅畲、番畲、上畲、高畲等；平远县有：欧畲、大畲圳、黄畲、畲溪、畲脑、小畲、杏花畲、梅畲、内畲、合畲、良畲、留畲寨、黄岌畲、留大畲、下畲等。[①]

许多学者也进一步补正了畲族姓氏不止盘蓝雷钟四姓的说法，认为：“清朝时期，不少畲族已经汉化，成为客家人的主要成分之一，畲族汉化取汉姓后很多以四大姓氏钟姓、蓝姓、盘姓以及雷姓作为畲族汉姓，这些姓氏除了极少部分特别例子，都是畲族特有的姓氏，而畲族中，有的把盘改为潘，雷姓改为吕、娄，蓝姓改为兰等。”著名历史学家傅衣凌认为：“盖谢氏本为江西畲族之有力者，当明正德十四年间，畲贼谢志山盘据赣南大庚、南康、上犹诸县为乱。漳平适处闽西，毗邻赣省，其间互相流徙移居，非无可能之事，故以推证福建亦有畲系之谢，谅无大缪。”[②]

无独有偶，我国著名民族学家施联朱先生在其文《面对二十一世纪畲族历史文化研究的几个问题》中，对于福建武平县的民族识别提出不同看法，认为早在宋元之际，闽西各县早已遍布畲族，与今天闽西各县畲族分布状况基本相符，但仅武平一县都为客家而没有畲族，令人质疑。厦门大学人类学研究所周钰在其《闽西武平县的民族识别问题》一文中指出：“据 1987 年的人口统计数字，武平全县雷、钟、蓝姓人口多达 59619 人，占全县总人口的 18.6%，广泛分布于武平县境内的 16 个乡镇。众所周知，畲族的主要姓氏即是蓝、雷、钟姓。虽然不能仅以姓氏作为评判其民族属性的标准，但武平县相关的姓氏如此众多，也可视之为参考。”

---

① 李筱文：《广东畲族与畲族研究》，《广东技术师范学院学报》2006 年第 2 期。

② 傅衣凌：《福建畲姓考》。见福州市政协文化文史和学习委员会编：《福建协和大学〈福建文化〉史料专辑》，福建美术出版社 2020 年版，第 110 页。

从以上专家对畲族历史的研究，特别是对福建武平畲族进一步考证的结论，有以下几个问题值得充分关注：第一，“钟姓、蓝姓、盘姓以及雷姓作为畲族汉姓，这些姓氏除了极少部分特别例子，都是畲族特有的姓氏。”第二，畲族历史上的客观分布及人数与中华人民共和国成立后的民族识别等各种原因，存在相当的差异。比如1987年4月武平县政府曾向福建省人民政府上报《关于要求批准恢复我县蓝姓群众畲族成分的报告》，福建省民族事务委员会闽民族（1987）015号文答复称，报告反映的情况属实，承认武平蓝姓群众属于畲族，但因语言、文化和风俗习惯等特点已消失，民族成分应维持现状，不宜恢复更正。由此可见，历史上的畲族与中华人民共和国成立后识别情况的差异是客观存在的。第三，畲族与客家在历史上特别是在党领导的革命斗争中有千丝万缕的关系。

基于上述的分析，至少可以得出以下的结论，其一，以毛泽东为代表的共产党人结合中国国情，认识到在半殖民地半封建的中国，“地方的农业经济（不是统一的资本主义经济）和帝国主义划分势力范围的分裂剥削政策。因为有了白色政权间的长期的分裂和战争，便给了一种条件，使一小块或若干小块的共产党领导的红色区域，能够在四围白色政权包围的中间发生和坚持下来”①。将中国革命从城市转向农村，实行工农武装割据的斗争实践时，由于畲族分布于毛泽东所描绘的这些地区，从而使畲族在毛泽东等探索中国革命道路之初，就已经深度融入其中，不仅成为参与党领导的土地革命斗争最早的少数民族，而且一开始就占有相当的比例，这是畲族与中央苏区密切联系中的最重要因素。其二，由于畲族的客观历史与分布情况，与中华人民共和国成立后的民族识别存在相当的差异，那么，研究历史上的畲族包括党领导的土地革命斗争历史中的畲族，必须正视这种差异，区分历史与现实的不同情况。历史是客观存在的，研究畲族与中央苏区的关系，不能仅仅局限于当前已被认定的畲族族群，应有更宽的历史视野和更全面的视角。同时鉴于历史上畲族与客家迁徙路线与居住地高度契合，使畲族与客家相互影响高度融合，这也成为在研究畲族与中央苏区关系时不得不高度重视的一个问题。

---

① 《中国的红色政权为什么能够存在？》（1928年10月5日）。《毛泽东选集》第1卷，人民出版社1991年版，第49页。

二、畲族人民忠勇的斗争传统

畲族世代口口相传忠勇王的传说：高辛时代，宫廷里诞生了一个被叫作“龙麒”（盘）的男性英雄。在外番入侵国难当头之际，高辛帝出皇榜招募抗敌英雄，“龙麒”出于“忠”和“勇”的本能，毅然揭了高辛帝的皇榜，只身前往番营，取了番王首级，为国立了大功，因而得到高辛帝的褒奖。高辛帝践诺将他招为驸马，并赐封为忠勇王。忠勇王与高辛帝的三公主婚后生了三男一女，然后举家迁往凤凰山垦山狩猎，繁衍出众多畲家子孙，忠勇王和三公主就成了畲族共同的始祖。

在畲族人民的观念中，始祖忠勇王的精神是畲民引以为傲的精神遗产和人生价值取向，一代又一代畲民讲述着忠勇王的故事，把“忠”“勇”二字镌刻在灵魂里，融入血液中，成为畲族民族性格的基本因子。一部畲族的发展史就是一部充满忠勇精神的编年史。

在封建统治苛政猛于虎的社会里，畲族人民反抗统治压迫的斗争和起义屡见于史。早在唐代就有畲族雷万兴、蓝奉高率领民众为反抗官府的“靖边方”政策的起义。“高宗总章二年，泉潮间蛮僚啸乱。”[①] 这是史书上畲族人民反抗斗争的最早记载。宋绍兴五年（1135 年），虔州、梅州以及汀漳等地畲民相继暴动。宁宗嘉定二年（1209 年），“郴州黑风峒寇李元励作乱，众数万，连破吉、郴诸县”[②]，后又向广东南雄进攻，并进逼赣州、南安，威震闽粤赣地区，起义坚持四年之久而失败。最后宋王朝诏以重赏，募人讨之，才将这次起义镇压下去。理宗景定二年（1261 年）漳州爆发了大规模的畲民起义，“郡冠益深，距城仅二十里，郡岌岌甚矣”[③]。朝廷一面派兵进剿，一面采用招安政策，把这次起义平息下去。

宋末元初，面对元军南下铁蹄的侵扰，汉畲人民联合起来共同开展抗元斗争。宋恭帝德祐元年（1275 年），元兵攻破鄂州，渡江南下，朝廷恐慌，连忙诏诸路勤王。时任赣州知府的文天祥“捧诏涕泣”，起兵勤王，“使陈继

---

① 薛凝度：《云霄厅志》（民国版）卷一一。

② 《道光广东通志》卷一百八十五。

③ ［宋］刘克庄：《后村先生大全集》卷九十三，《漳州谕畲》。

周（宁都人）发郡中豪杰，并结溪洞蛮；使方兴招吉州兵，诸豪杰皆应，有众万余”①。文天祥的妹婿彭震龙也组织畲民参加抗元队伍，“乃结峒獠起兵。天祥兵出岭，震龙接应，复永新”②。“人生自古谁无死，留取丹心照汗青。”文天祥在抗元斗争中留下的名句，正契合了畲族忠勇精神。在崖山之战，十万军民投海的悲壮之举中，不乏畲族的忠勇义士。当时还有一位著名的抗元大臣张世杰，其队伍中也有一支由畲族首领陈吊眼和畲妇许夫人率领的“畲军”。他们“聚众十万，连五十余寨，扼险自固”，斗争持续六年之久。陈吊眼在广东畲民中有着极高的威望，至今广东仍广泛流传着陈吊王抗元斗争的英雄事迹。传说他后来退守在凤凰山的一座山头上英勇牺牲，凤凰山区（广东潮安县）至今仍保存着历史遗迹“陈吊王寨”。许夫人也是畲民心目中的女英雄，战死在抗元疆场。“许夫人，潮州畲妇也。景炎元年，宋帝趋潮州，张世杰招义军，夫人倡率诸峒畲户应命。二年六月，世杰自将淮兵讨蒲寿庚，夫人率所部往会，兵势稍振。后帝泊浅湾，元兵攻浅湾，夫人复率兵海上援之，至百丈埔，遇元兵与战死焉，土人义而祀之。”③ 继陈吊眼之后，又有黄华和钟明亮领导的畲民起义，他们打出“复宋”旗帜，给元朝统治者以沉重的打击。

明洪武十八年（1385年）和成化十四年（1478年），钟子仁、钟三领导闽西上杭畲民起义；嘉靖四十二年（1563年）蓝松三领导粤东大埔、程乡畲民起义等。这一时期起义的一个重要特点，就是畲汉人民联合斗争，其中正德年间爆发于赣南横水、左溪、桶岗等地（今崇义县）以谢志珊、蓝天凤为首的畲汉民众起义规模最大。正德十一年（1516年），谢志珊、蓝天凤以横水、左溪、桶岗为中心发动起义，“谢志珊、蓝天凤各又自称盘皇子孙，收有流传宝印画像，蛊惑群贼，悉归约束。”④ 在下新地、稳下、义安等地驻扎，设营寨80多处，并与广东高快马、湖南龚福全等起义相互声援，转战于湖南的桂阳、郦县、宜章和江西的遂川、万安、泰和、永新等地，纵横千

① 嘉靖《江西通志》卷三十五。

② 《江西通志》卷七十六。

③ 民国《大埔县志》卷三十。

④ 《王文成公全书》卷十《横水桶冈捷音疏》。

里，“以南赣地连四省，山险林深，盗贼盘踞，三居其一”[①]。为此，明朝廷任命王阳明为南赣巡抚，节制赣、粤、闽、湘四省八府的兵力，采取剿抚并举的方针，才把这次起义给镇压下去。尽管反抗斗争不断遭到封建统治者的残酷镇压，但忠勇精神驱使畲族人民一如既往地顽强坚持反抗斗争。在抗清斗争中，有闽北的畲族余角结寨茶仔畲民的起义。甚至于郑成功抗清与收复台湾过程中也有众多的畲族渡海参与其中。

反抗封建统治者斗争的失败，使畲族民众为躲避迫害或战乱，不得不背井离乡，流亡他处。生活于社会的最底层，他们终年“薪担压肩走风雨”，却依然是“吃饭没有米，插秧没有地，天寒没有衣，夜晚没有被，砍柴没有山，修房没有木，要想买用具，只有卖孩子”。[②] 正是在此状态下，畲民一直过着每况愈下积贫积弱的生活。尽管长期处于弱势，但其忠勇的民族性格，使之不以弱小而委曲求全，而是不畏强暴持续地奋起反抗，以忠勇的斗争抗击封建统治者的压迫。同时，极为艰难的历史境遇，使畲族民众几乎处于普遍贫困的状态。民族内部绝大多数是贫雇农，中农不多，富农少，地主更少。江西省贵溪县樟坪乡樟坪村有 117 户，其中雇农 15 户，贫农 73 户，中农 28 户，富农 1 户。[③] 浙江省景宁县东衕村共有 78 户（畲族 75 户，汉族 3 户），其中地主 1 户，富农 1 户，中农 32 户，贫农 42 户，雇农 2 户，唯一的一户地主还是汉族。[④] 对福建、广东畲族的调查，也表明了绝对贫困是畲族的共同特点。福建福安的仙岩乡、可洋乡、双留乡及风洋村、王楼村共 1064 户，其中富农 2 户，富裕中农 7 户，中农 103 户，贫农 922 户，雇农 22 户。[⑤] 广东省丰顺县凤坪村有 29 户，其中中农 4 户，贫农 24 户，雇农 1 户。[⑥]

---

① 《王文成公全书》卷三二《附录一、年谱一》。

② 《南平地委统战部关于少数民族典型调查报告》（1953 年 5 月 27 日）。见陈永成主编：《福建畲族档案资料选编》（1937—1990 年），海峡文艺出版社 2003 年版，第 68 页。

③ 《江西省畲族情况调查》（1958 年）。见《中国少数民族社会历史调查资料丛刊》福建编写组：《畲族社会历史调查》，福建人民出版社 1986 年版，第 195 页。

④ 《浙江景宁县东衕村畲民情况调查》（1953 年）。见《中国少数民族社会历史调查资料丛刊》福建编写组：《畲族社会历史调查》，福建人民出版社 1986 年版，第 7—8 页。

⑤ 《福建福安县畲族情况调查》（1958 年）。见《中国少数民族社会历史调查资料丛刊》福建编写组：《畲族社会历史调查》，福建人民出版社 1986 年版，第 137 页。

⑥ 《广东畲民识别调查》（1955 年）。见《中国少数民族社会历史调查资料丛刊》福建编写组：《畲族社会历史调查》，福建人民出版社 1986 年版，第 28 页。

普遍贫困致使畲族内部阶层极不明显。渴望获得土地，改变困苦不堪的生活，几乎是全体畲民的共同愿望。当革命风暴袭来时，畲族民众积极投身其中，以其特有的忠勇精神成为革命队伍中的坚定分子，或成为支持革命的忠诚群体。更难能可贵的是，畲族的反抗斗争常常是与汉族相联系，构成了一部畲汉共同斗争的画卷。这种联合斗争不仅弥补了畲族虽忠勇执着但人数少、斗争力量不足的缺陷，而且在斗争中也进一步促进了畲汉的相互融合。这种斗争传统和态势，使畲族在参加中国共产党领导的革命斗争中，既有独特的民族性格，又与汉族的革命斗争相融合，也使畲族的忠勇精神很快升华为革命精神的重要元素，从而为畲族在创建、发展和保卫中央苏区的斗争中发挥重要作用打下了坚实基础。

三、来自时间与空间高度契合的历史机遇

我国的各个民族大多都有过迁徙的历史，只是有迁徙的时间长短之别，而畲族则是一个有漫长迁徙历史的少数民族。历史上原聚居于闽粤赣三省交界的畲族，由于不堪封建统治赋税差役压榨，“贫不能存，亡徙以走”，“遁入山谷中，不供窑赋”，“二三年一徙，无定居”。学者蒋炳钊认为：“畲族从闽、粤、赣三省交界地区向汉族地区迁移，从唐末五代已经开始，大量是在明清时代。为什么畲族的迁徙大量会出现在明代？这同畲族大规模的反元斗争被残酷镇压可能有关系。”① 在迁徙过程中，畲族穿过人口密集的汉族聚居区，向人烟稀少的山区寻找安身之地，“所居在丛箐邃谷，或三四里，或七八里始见一舍，无比屋而居者”②。到了明清时期，畲族基本完成了迁徙，以“大分散、小集中”的方式，广泛地分布于闽粤赣的广大地区。据江西省人民政府民政厅《铅山、贵溪畲民历史调查报告》称：铅山县畲族相传祖籍广东潮州凤凰山，后迁入福建宁化县，再由宁化县迁入赣东居住，大约传了23世，约在明末清初，迁到江西铅山县陈坊区大源乡狐狸岩。贵溪县的畲族相传也是由广东迁往福建，于清雍正乾隆年间迁来贵溪，至今已有十一二代。在赣南地区同样有志书记载“畲人杂居”。

---

① 蒋炳钊：《畲族史稿》，厦门大学出版社1988年版，第97页。

② 江远清等：《建阳县志》卷二《舆地志·附畲民风俗》。

畲族与土地革命

在福建，清代众多的各县地方志，如《临汀汇考》《汀州府志》《长汀县志》《龙岩县志》《上杭县志》《漳平县志》《连城县志》《宁化县志》《漳浦县志》《云霄县志》《诏安县志》《平和县志》《龙溪县志》《漳州府志》等都有畲族居住的记载。畲族是由闽粤赣交界的漳、潮地迁出，经泉州、莆田、福州，而后进入闽东。其他地区的畲族大都是从闽西、闽南地区迁去的，永安县半岭蓝姓畲族是从上杭庐丰迁去的，三明地区的畲族是从上杭迁去的，建阳地区畲族大部分是从三明迁去的，也有一部分来自福州、泉州双髻山的畲族。据晋江丰山《兰氏族谱》和《雷氏族谱》记载，晋江的畲族从漳州迁过去，而后有一部分兰姓再迁往仙游，有一部分雷姓迁到惠安。漳浦曾是畲族重要的祖居地，漳平山羊隔、晋江河市、华安官畲的畲族都是由漳浦赤岭迁去的，包括广东大埔、饶平的畲族也是由此迁去的。

畲族长期的迁徙和最后定居方式的形成，虽多为封建统治压迫所致，不得已而为之，但由于清末的中国社会正酝酿着急剧的变化，特别是闽粤赣交界地区将成为中国社会革命风暴掀起的风眼，这也给畲族人民参与社会变革提供了前所未有的历史机遇，而且这种历史机遇的来临是以畲族的分布居住情况和生产生活的状况等高度契合为基础的。

首先，是分布空间的高度契合。当中国共产党领导的革命斗争由城市转向农村时，土地革命的旗帜一开始就指向畲族聚居地区。毛泽东在《中国红色政权为什么能够存在?》《井冈山的斗争》中所提及的众多地方，如井冈山、上犹、崇义、永新、遂川、茶陵等均为畲族分布的地区。在中央革命根据地创建和形成过程中，越来越多的畲族聚居地纳入中央苏区的范围。在中共中央党史研究室认定的中央苏区范围的 97 个县中（见表一），绝大部分有畲族的分布[①]，江西 7 个畲族乡都在中央苏区范围内，另有散居的 77 个畲族行政村，有 62 个在中央苏区范围内；福建 18 个畲族乡，11 个分布于闽东苏区，7 个分布于中央苏区。此外福建还有 176 个畲族行政村分布在中央苏区范围（见表二、表三）。广东省的中央苏区县大埔、丰顺、兴宁、饶平、龙川、南雄等也都有畲族分布。所以，对于畲族人民而言，中国共产党领导的土地革命是发生在家门口的革命。除了行政区划的村乡（镇）外，星罗棋布于闽山赣水间的畲族自然村更是数不胜数。

---

① 仅指中华人民共和国成立后经识别认定的畲族。

表一 福建、江西、广东中央苏区县一览表①

省别	市别	中央苏区县	省别	市别	中央苏区县
福建	龙岩	新罗区	福建	南平	武夷山市
		长汀县			光泽县
		连城县			邵武市
		上杭县			建阳市
		永定县			浦城县
		武平县			建瓯市
		漳平市			松溪县
	三明	建宁县			政和县
		泰宁县			顺昌县
		宁化县			延平区
		清流县		漳州	平和县
		明溪县			诏安县
		沙县			南靖县
		将乐县			漳浦县
		永安市			云霄县
		三元区			芗城区
		梅列区			龙海市
		尤溪县			华安县
		大田县			
江西	赣州	瑞金市	江西	吉安	永丰县
		会昌县			青原区
		寻乌县			泰和县
		安远县			万安县
		信丰县			吉安县
		于都县			井冈山市
		兴国县			峡江县

① 《关于原中央苏区范围认定的有关情况》，中共中央党史研究室文件，中史字〔2013〕51号。

续表

省别	市别	中央苏区县	省别	市别	中央苏区县
江西	赣州	宁都县	江西	吉安	安福县
		石城县			遂川县
		崇义县			永新县
		上犹县			吉州区
		南康区			新干县
		赣县			吉水县
		章贡区		鹰潭	贵溪市
		大余县		上饶	铅山县
		定南县			广丰县
		龙南县			上饶县
		全南县		宜春	樟树市
	抚州	广昌县			袁州区
		黎川县		新余	渝水区
		乐安县			分宜县
		宜黄县		萍乡	莲花县
		南丰县			
		资溪县			
		崇仁县			
		南城县			
		金溪县			
广东	梅州	大埔县	广东	韶关	南雄市
		平远县		潮州	饶平县
		兴宁市		河源	龙川县
		梅县区			
		梅江区			
		蕉岭县			
		五华县			
		丰顺县			

表二 福建、江西、广东畲族乡一览表

省	市	县（市、区）	畲族乡
福建省	福州市	连江县	小沧乡
		罗源县	霍口乡
	三明市	永安市	青水乡
		宁化县	治平乡
	漳州市	龙海市	隆教乡
		漳浦县	赤岭乡
			湖西乡
	宁德市	蕉城区	金涵乡
		霞浦县	盐田乡
			水门乡
			崇儒乡
		福安市	坂中乡
			康厝乡
			穆云乡
		福鼎市	硖门乡
			佳阳乡
	龙岩市	上杭县	官庄乡
			庐丰乡
江西省	赣州市	南康市	赤土乡
	吉安市	青原区	东固乡
		永丰县	龙冈乡
	抚州市	乐安县	金竹乡
	上饶市	铅山县	太源乡
			篁碧乡
	鹰潭市	贵溪市	樟坪乡
广东省	河源市	东源县	漳溪乡

表三　江西省畲族行政村一览表①

上饶市	信州区茅家岭街道车头畲族村	上饶市	信州区茅家岭街道汪家园畲族社区
	铅山县陈乡长寿畲族村		铅山县天柱山乡叠石畲族村
	上饶县铁山乡九狮畲族村		上饶县铁山乡小溪畲族村
	上饶县五府山镇船坑畲族村		弋阳县葛溪乡雷蓝畲族村
	三清山管委会引浆畲族村		德兴市香屯镇蓝村畲族村
	横峰县姚家乡蓝子畲族村	吉安市	永新县三湾乡高车坳畲族村
吉安市	吉水县丁江镇铅坊畲族村		吉水县丁江镇袁家畲族村
	吉水县乌江镇凫冲畲族村		吉水县水南镇沙田畲族村
	永丰县君埠乡山岭畲族村		永丰县上溪乡礼坊畲族村
	永丰县潭头乡卧龙畲族村		永丰县潭头乡潭头畲族村
	永丰县上固乡汉下畲族村		泰和县水槎乡水槎畲族村
	泰和县水槎乡坑西畲族村		泰和县水槎乡四和畲族村
	泰和县水槎乡西阳山畲族村		泰和县中龙乡周溪畲族村
	万安县涧田乡晓东畲族村		万安县涧田乡里仁畲族村
	万安县枧头乡龙头畲族村		万安县宝山乡安长畲族村
	遂川县汤湖乡油湖畲族村		遂川县大汾镇和坪畲族村
	吉安县天河镇常林畲族村		吉州区长塘乡荷洁畲族村
	安福县洲湖镇北山畲族村		井冈山市睦村乡河桥畲族村
赣州市	兴国县古龙岗镇建设畲族村	赣州市	兴国县古龙岗镇瑶前畲族村
	兴国县枫边乡社坪畲族村		兴国县崇贤乡龙潭畲族村
	于都县宽田乡上堡畲族村		于都县梓山镇梓山畲族村
	上犹县平富乡信地畲族村		上犹县平富乡横坑畲族村
	崇义县乐洞乡高洞畲族村		崇义县聂都乡竹洞畲族村
	崇义县长龙镇沈埠畲族村		大余县青龙镇元龙畲族村
	大余县池江镇九水畲族村		大余县内良乡李洞畲族村
	大余县黄龙镇黄龙畲族村		信丰县安西镇田垅畲族村
	信丰县正平镇球狮畲族村		信丰县嘉定镇月岭畲族村
	信丰县古陂镇太平畲族村		龙南县黄沙乡黄沙畲族村

① 福建省畲族行政村有176个之多，限于篇幅，不一一罗列。

续表

赣州市	安远县龙布镇新村畲族村	赣州市	安远县高云山乡圩岗畲族村
	会昌县筠门岭镇上增畲族村		会昌县筠门岭镇龙头畲族村
	会昌县洞头乡洞头畲族村		寻乌县澄江镇北亭畲族村
	寻乌县澄江镇汶口畲族村		赣县湖江乡古田管理区尧口畲族村
	宁都县田埠乡龙下畲族村		瑞金市泽覃乡安治畲族村
抚州市	资溪县乌石镇新月畲族村	抚州市	乐安县招携镇东炉畲族村
	宜黄县中港乡何坊畲族村		崇仁县桃源乡王沙塘畲族村
九江市	武宁县罗坪镇漾都畲族村	九江市	武宁县东林乡山头畲族村
	武宁县船滩镇河潭畲族村		武宁县新宁镇团结畲族村
	永修县梅棠镇新庄畲族村		德安县车桥镇东塘河畲族村
	德安县邹桥乡磨盘洲畲族村		

其次，畲族随山而居的特点和地理分布格局，契合毛泽东所指出的实行工农武装割据必须“有便利于作战的地势”。畲族之所以用畲字为族名，是因为不论从字音还是字义，“畲”字都是开荒辟地、刀耕火种之意。畲民迁移到某一山头，刀耕火种、开斩山林几年后，山地肥力弱了，土壤贫瘠了，他们或迁往另一个山头，或往更深山处迁徙，由此，几乎遍布闽粤赣交界的广大山区之中。所以，畲族不仅分布于各省的边界地区，而且分布的地区均属于东南丘陵地带，境内山峦起伏，丘陵密布，溪流纵横。畲村所在地大多是“低头是坎抬头山，羊肠小道十八弯”。而这正是中国共产党和红军开展游击斗争以弱击强最为有利的地域依托，也就是毛泽东在《井冈山的斗争》中所指出的，“在四围白色政权中间的红色割据，利用山险是必要的”①。遭受挤压的畲族，为求生存，为避赋税，不得不迁往封建统治较为薄弱的省际交界的山区，尽量选择所谓的不管地带，如上杭县南阳乡南岭村就是一个被喻为鸡鸣三县的畲族山村。同时，逐山而居，“攀陟重岩艰，依栖穷谷僻，斫畲刀耕举，烧畲火种跖”② 的地势因素，是畲族躲避外来压迫的重要条件。历史发展趋势使畲族生存的地理优势随之转化为革命的优势。地处山高林深

① 《井冈山的斗争》(1928 年 11 月 25 日)。《毛泽东选集》第 1 卷，人民出版社 1991 年版，第 68 页。

② （清）周荣椿：《处州府志》卷三十《艺文志下・诗篇》。

的山区，地势复杂，只有崎岖难行的羊肠小道相连的畲族村寨，既是红军游击队的绝佳宿营地，又是打击敌人易守难攻的阵地。比如福建漳平桂林的畲族山羊隔村就位于悬崖峭壁之上，地势极其险要，为了反抗军阀的欺压，当地畲民在山岭路口险要处垒起石墙，一旦发现敌情，畲民群起推石阻击，高山滚石，犹如天崩地裂，势不可挡。

再者，畲族民众为了土地而漫长迁徙不得不逐山而居的经历，使他们对土地有着一种特别的渴望，当一个政党发动革命志在解决农民的土地问题，正契合了畲民的宿愿，为此他们必然誓死相从，甚至主动与党组织联系，要求参加革命斗争。福建漳浦县的畲族民众听闻共产党领导闹革命，便主动四处找共产党。当时国民党军队大派烟草捐，仅漳浦县即达 40 万银元，而且不管有无种植一律都要负担捐款。为此，在漳浦县各乡镇设立烟草苗所加紧催捐追税，还任意派遣官兵下乡拘捕、拷打未交烟苗捐的农民群众，引起广大农民的不满和强烈反抗。漳浦农民深深感到只有跟共产党起来闹革命，才是穷人唯一的出路。1928 年 1 月初的一天深夜，张坑蓝①的一个畲族农民怀揣《纪念列宁告民众书》传单，踏着夜幕来到党组织和农会所在地的马坪乡，打听到传单是马坪小学教师印发的，便敲开马坪小学教师的宿舍门，向教师述说张坑蓝农民被国民党第十一军吊打、逼交烟苗捐的惨状。并说他们已联络 20 多个农民，决定参加共产党。翌日晚，果然来了 20 多个张坑蓝的农民，到马坪夜校听课，还请求教师给他们讲解土地革命道理及共产党主张，同时要求介绍他们参加共产党。这就是党史上有名的“漳浦农民黑夜成群寻找共产党”的故事。正是在强烈革命意愿的驱使下，畲族成为最早参与创建农村革命根据地的少数民族。随着土地革命的展开，畲族分布地区成为中央革命根据地的重要支点。

---

① 张坑蓝闽南话即为漳浦蓝，实指漳浦蓝姓畲族聚居的赤岭、湖西一带。

第一章　苦难中的觉醒

第一节　新思想新文化对畲族青年的影响

毛泽东在《井冈山的斗争》一文中说道，“客籍占领山地，为占领平地的土籍所压迫，素无政治权利”①。之所以出现这种情况，主要是当时极不合理的户籍制度造成的。即土籍居民拥有本地正式的里甲户籍，也就是说，本地居民可以拥有本地的户籍，但是，那些从别的地方迁徙来的人却不可以拥有当地的正式户籍，只能是“寄籍”或者是“民尾户”。所谓“寄籍”就是客籍人不可以拥有自己独立自主的户籍，不得不把自己的户籍以及田地寄放到由当地土籍控制和支配的里甲户籍中。也就是说，他们的户籍会受到“里长户”（土籍大户）的管制，即使世世代代在此繁衍生息，田地居多，也不可能享有在当地参加科举考试等基本的社会政治权利。所谓“民尾户”，指的是在本地居民的户籍后另外再立一个户籍，它基本算是一个暂时使用的户籍，未配科举名额，自然也就不能参加科举考试。

由于封建统治阶级的歧视政策，致使畲族在历史上长期处于经济上受剥削、政治上受压迫、文化上受歧视的极不公平的处境之中，尤其是文化教育方面极为落后，志书记载：畲民“力耕作苦，或佃种田亩，或扛抬山舆，识字者绝少”②，几乎尚处于刻木记事阶段，“其贸易商贾，刻木大小长短为验”③。明正德年间的畲族大起义被镇压后，王阳明在“破心中贼”思想驱使下，将“愚民”转为“教化”，注重在当地推行文教措施。王阳明任南赣巡

---

① 《井冈山的斗争》（1928 年 11 月 25 日）。《毛泽东选集》第 1 卷，人民出版社 1991 年版，第 74 页。

② （清）周荣椿：《处州府志》卷二九《艺文志中》。

③ 顾炎武：《天下郡国利病书》第一六册《福建·联闽山寇议》。

抚期间，在镇压畲民反抗斗争的同时，于赣南各县兴建学校。首先是修复旧有的三座书院，即濂溪书院、道源书院和梅江书院，随后又创办阳明书院。在兴建学校的同时，他又注重指导教学，先后颁布《颁行社学条例》《教约》《兴举社学牌》《训读大意示读刘伯颂》。王阳明在推行兴办县学和社学的种种举措中，对于畲族聚居区的社学也颇为重视。例如王阳明在正德十三年（1518 年）建立崇义县治的同时，还设立了崇义县儒学，创立了孔子庙和社学两所。王阳明正是通过兴办社学等一系列学校，对畲民进行儒学教育，以期他们"知诗书""明礼仪"，培养新民。此外他还希望借助乡约对当地的青少年进行教化，对他们进行"致良知"和"知行合一"的教育，从而达到培养知书达理的畲族上层精英，进而缓和社会矛盾的目的。嘉靖二十二年（1543 年），南赣巡抚虞守愚也在赣州建立社学以教化畲民子弟。嘉靖二十三年，南赣巡抚谈恺令广大群众遵守乡约，并广建学校。由此，畲族地区的学校，从无到有，从少到多，为广大畲民接受学校教育提供了更多的便利。

"学成文武艺，货与帝王家"，在封建社会，寒门士子想要改变命运只有科举一条路。畲民在接受学校教育后，自然而然也开始进一步争取自身的科举权利。于是，有少数畲族子弟进汉学堂读书并参加科举考试。据《贵溪县志》记载：江西的畲民，"初时不识字，今略能书，为纳租时记其数"。[①] 也有县志记载："连江深山曰畲民，其秀者亦读书与试云。"[②] 屠本仁《畲客三十韵》记载，在浙南地区"十县闻，畲客且千万，子弟秀而良，亦足备选择。字或识九千，弓可挽五石，以之充学堂。……令下郡县庠，五姓咸欢择（兰、雷、钟、盆、娄五姓）"。[③] 但在旧社会，畲民学文化受到歧视，突出表现在限制畲族民众参加科举考试上，由此引起畲民学子的强烈不满，也曾引起畲民多次的抗争。清嘉庆八年（1803 年），浙江巡抚阮文达会同学使文宁奏准畲民参加科举，就是鉴于科举歧视遭到畲民的强烈反抗而上奏的。即使是后来勉强同意畲民参加科举考试，也对畲民参加科举做了种种限制，罗列出所谓"身家不清白者"，或"作舆台，为人役"的贫苦人仍不准与考。[④]

① 杨长杰等：《贵溪县志》卷一四《杂类轶事》，同治十年。
② 《连江县志》卷三四《清杂录》。
③ ［清］周荣椿：《处州府志》卷三四《诗篇》。
④ ［清］周荣椿：《处州府志》卷二四《风土》。

嘉庆七年，福建福鼎县童生、畲民钟良弼赴福宁府应试，不料考官阻止畲族考生进场考试，无理假借畲族盘瓠传说，诬称蓝、雷、钟、李、吴五姓为“禽兽养”，畲族考生为“异类”，不能享有科考资格，故而，将五姓畲族考生全部赶出考场。钟良弼遭辱悲愤填膺，变卖家产充盘缠并得族亲相助，到福建巡抚衙门上书“呈控县书串通生监诬指畲民不准与试”[①]。经不懈斗争，畲族学子的正当权益才得以伸张。第二年开科考试时，钟良弼再次应试，考取府学员第二十名，成为畲民中第一个秀才。又如光绪八年（1882年），浙江东衙村蓝培开、蓝炳瑞、蓝廷福三人应试，也因被评为“小姓人”，故未被录取，引起考生不服，酿成一场武斗，最终清政府才被迫允许畲民报考。[②] 在清末，被称为畲族歌王的钟学吉曾将钟良弼反对民族歧视、争取畲民入学权利的斗争事迹，编成小说歌——《钟良弼》广为流传。[③] 为了纪念钟良弼的义举，在畲族中逐渐形成了一个特色节目——“弼公节”，每年的八月十五日都要举行歌会，《钟良弼》必是保留曲目。

钟良弼

笔头落纸字来真，写出良弼一段情；
清朝管下第五帝，嘉庆皇帝坐朝廷。
写出歌言句句真，就讲单桥钟家情；
单桥出个钟良弼，全细读书聪明人。
歌言凭实编出来，良弼出去考秀才；
良弼也要府内考，福宁府内考秀才。
五县童生到福宁，学院出来点贤人；
五县童生都来考，良弼文章做的真。
文章字子写来真，再讲柘荣一个人；
倨是柘荣王府内，名字又叫王万年。

---

① 陈寿祺：《重纂福建通志》卷一四〇《国朝宦绩·李殿图》。

② 《浙江景宁县东衙村畲民情况调查》（1953年）。见《中国少数民族社会历史调查资料丛刊》福建编写组：《畲族社会历史调查》，福建人民出版社1986年版，第4页。

③ 钟学吉系福建省霞浦县南镇白露坑村人，曾在白露坑开馆倡学，创作大量畲族小说歌，代表作有《高辛氏》《钟良弼》《末朝纲》等，在畲族中有“未到白露坑，不算唱歌人”，“有山哈的地方，就有钟学吉的歌”的说法，被誉为畲族歌王。

万年主考监考官，无布良弼进考场；
蓝雷钟李吴无考，五姓人子不要忖。
良弼听讲气冲冲，回转福鼎单桥村；
万年主考个厉害，又请教习一大群。
又请教习一大群，良弼带去打考场；
考场打了去报卷，卷那报了又思忖。
卷那报了无智挨，五姓童生来会齐；
告你万年一帮贼，写呈告状上院台。
万年听讲也发性，连夜回转去做呈；
万年编出书四卷，四卷书内讲乌天。
良弼见讲气上天，连夜也写二张呈；
县内一张掏去了，府里也送一张呈。
府里也送一张呈，告状要钱走头先；
告状那无银钱使，思量个状告买赢。
良弼忖起不可斤①，安心用开几担银；
告状那无银钱使，不会告的何功名。
良弼使钱告功名，五姓童生真何心；
个个都来签名字，签名一个百六银。
个个签名又签姓，一心要告王万年；
也告文飞餮连玉，姓王一姓主考名。
相来良弼真告斤，告状要使几多银；
告状要使几多钱，总要功名留子孙。
良弼担银起身行，直直去到福州城；
良弼上省去告状，省主衙门去送呈。
良弼呈文一张书，告到武院衙内去；
姓李武院接呈看，看了呈词又发气。
看了呈词气台台，就骂万年个餮才；
天下无布五姓考，我个武院那里来。

① 可斤：甘心。

看了呈词气愤愤，就调万年上堂问；
良弼万年来对实，万年心里又思忖。
良弼万年审一堂，万年讲话是横强；
无话脱开三句讲，倨今又是头性[1]养。
倨今又是头性养，全身生毛白茫茫；
天下无让五姓考，无让五姓考文章。
武院心里又思忖，就调二人上堂问；
齐人脱开衫衣看，良弼白倨二三分。
万年主考欺负人，未受刑法你不知；
连打万年三十板，良弼去考何功名。
好个姓李武院官，良弼告赢何威风；
二十四拜谢武院，退行三步出衙门。
回转福宁考秀才，福州另拨主考来；
扛转福宁来主考，武院书信寄落来。
武院吩咐主考台，位好良弼二兄弟；
良弼个科来考试，不论本领是好呆。
主考见讲就应承，良弼去考何功名；
好个福州李武院，武院做官实是清。
五县童生上科场，良弼做的好文章；
文章进上主考看，良弼文章实是强。
看了文章榜发来，良弼个科冲秀才；
嘉庆癸亥年科进，齐人欢喜笑爱爱。
我郎造歌句句真，姓钟良弼告功名；
当先无布山哈考，好个良弼打头阵。
造歌人子白露坑，不出人名出地名；
借问歌言谁人造，四十七都不磨界。

辛亥革命终结了封建王朝后，“锢蔽文明之一大根源”的科举制度随之土崩瓦解。在教育救国的理念下，为启发民智，各类民办学堂纷纷涌现，并

① 头性：牲畜。

◎陈嘉庚先生

开始惠及广大的贫困子弟。如著名华侨陈嘉庚先生在创办集美学校师范部时，“鉴于福州省立师校偏弊，故力思改革，以期普遍。又恐殷实子弟志愿有乖，毕业后不肯服务教职，乃函告闽南卅余县劝学所长，请于每一大县代招贫寒学生五六人，小县三四人，共一百廿余人……再后逐期招师范生仍依此例”。同时，顾及贫困子弟生活困苦，无力支付学费，甚至连生活必需品都无力购置的情况，集美学校还规定：“中学生只交膳费，学宿费均免。师范生膳费亦免。各生不拘师中，所需被席蚊帐，概由校中供备，以资一律。”[①] 为贫寒子弟来集美学校学习提供种种方便。正是这样，集美学校吸收了闽南、闽西及广东、浙江、江苏、湖南、湖北各地的贫苦子弟，他们跋山涉水纷纷投考集美学校。到 1920 年，在集美学校就读的学生就达 1200 人。得益于时代的这一变化，一些畲族贫困子弟走出山门，开始了求学之路。

福建省上杭县是畲族集中分布的县份之一，在军阀割据、兵祸不断、民不聊生之际，有一大批畲族青年走出山门探求社会变革的道理。其中相当一部分考入厦门大学、集美学校就学，仅上杭县庐丰乡就有蓝维仁、蓝维龙、蓝树荣、蓝鸣岗、蓝晓垣等，进入集美学校学习。集美学校“自开办以来，一直很重视向学生介绍新知识、新思想。本世纪一二十年代流行于中国社会的各种思潮，在小小的集美学校里都有所反映”[②]。彻底改变旧学堂将“四书”“五经”灌输给学生的做法。在办校之初，陈嘉庚先生曾多次托人从其他教育发达的省份聘请教师。其弟陈敬贤先生也亲自往上海、江西、浙江、江苏、安徽、山东、河北、湖北等省份考察教育，并为集美学校聘请了许多具有先进思想的教师。当时，集美学校外国历史课的教师用辩证唯物主义和历史唯物主义的观点讲授外国史，讲英国的宪章运动、德国西里西亚纺织工人运动和法国资产阶级革命等，并能联系中国的实际，使学生“懂得社会发

① 《陈嘉庚回忆录》，山西古籍出版社 1996 年版，第 9 页。

② 《集美学生》第 4 期，1925 年 12 月 13 日。

◎众多畲族贫困子弟就读的集美学校

展史，懂得中国也应该进行革命”。地理教师既讲中国地理，也讲经济政治地理，并联系帝国主义的侵略和封建军阀的割据和混战的实际，启发学生起来进行反帝反封建军阀的斗争。语文教师不但努力提高学生的语文水平，而且还启发学生的革命思想，“时常联系到社会主义思想和广东第一次国共合作掀起大革命的斗争”①。同时，为了便于学生学习实验，探索真理，学校还设立了图书馆和科学馆。图书馆的藏书丰富，包括哲学、教育、社会科学、美术、自然科学、应用科学、语言学、史地等类，并“公开摆着马克思主义的书籍和其他各种主义的书刊”。为了“传布消息，研究学术，发表意见，交换知识”，学校还创办了《集美周刊》等刊物。这一切为新思想、新文化在集美学校的传播，为畲族学生接受新思想提供了有利的条件。众多的畲族青年在此得到了新思想、新文化的启蒙。

大革命时期，广州是南方革命的中心和大本营，革命斗争风起云涌，是全国有志青年向往的地方。众多探求改变不平社会现状的畲族青年纷纷到广

① 《罗明回忆录》，福建人民出版社 1991 年版，第 7—8 页。

州求学，如广东大埔县湖寮古城村的蓝裕业在1921年就考入广东高等师范学校学习。蓝裕业早在北京爆发五四运动之时，1919年5月7日，就组织潮安金山中学的2000多名学生举行示威游行，并组织学生分赴大街小巷演讲，宣传抵制日货。随后他常常在汕头的《平报》上发表政论文章，抨击帝国主义、封建主义以及黑暗的社会。在广州求学期间，蓝裕业广泛阅读《向导》《新青年》《广东群报》等进步报刊。他还给陈独秀写信，提出自己对时局政局的见解，这些见解受到了陈独秀的赞赏。

闽西地处闽粤边界，有不少的畲族青年得此地利之便，前往广州寻找救国救民的道路。上杭庐丰畲族乡丰乐村的蓝少华先后考入长汀师范学校、厦门大学、嘉州大学，后几经周折又到了广州英语专科学校，在国民革命环境的熏陶下，蓝少华如饥似渴地吸收新文化、新思想，并很快树立起自己的理想，加入了中国共产党。创办于广州的黄埔军校门前那副“升官发财请往他处，贪生畏死勿入斯门”的对联，曾令多少有志青年为之热血沸腾。上杭的

◎陈嘉庚先生创办的厦门大学

畲族青年蓝鸿翔、蓝超等也抱着同样的志向，考入了黄埔军校潮汕分校；武平的蓝和春、钟汉英考入黄埔军校三期。

在外求学的畲族青年一方面如饥似渴地吸收着新思想新文化，同时也不忘尚处于深山中的同胞们，他们采取各种方式将新思想新文化传播到畲族乡村中去。在集美学校求学的蓝维仁就邀集同学蓝维龙、蓝树荣等20多人，利用暑假时间，组织新剧团排练《孔雀东南飞》等节目，以民众喜闻乐见的形式回上杭演出，宣传反帝反封建的思想。此后，蓝维仁、蓝维龙、蓝树荣、蓝鸣岗、蓝晓垣等回到家乡庐丰，创办了平民学校，仿效集美学校的做法，免费吸收贫困子弟入学。在传播文化知识的同时，通过揭露土豪劣绅的种种罪行，唤起人民的斗争意识。平民学校很快吸收了300多名学生，深受当地民众的欢迎。

◎蓝飞鹤

福建省惠安县涂寨新亭村的蓝飞鹤、蓝飞凤兄弟也是先后就读于集美学校和厦门大学。在五四运动的影响下，他们接受《新青年》等革命书刊的熏陶，渐渐信仰了马克思主义。蓝飞鹤在集美学校加入进步学生组织并积极开展学生运动，表现出强烈的斗争精神。1920年因组织发动学生罢课闹学潮，反对学校当局对进步学生的迫害，被开除出校。随后，他进入泉州省立第十一中学读书，不久又因参与学潮被学校开除，转学到泉州私立明新师范学校。在这所学校读书期间，蓝飞鹤与进步师生一起组织了明新剧社，编演了现代话剧《黑籍冤魂》，宣传新文化、新思想、新科学，并写了一首吐露志向的诗：

闽南土匪惠安最，此剥彼敲无已时。
饭桶大官如醉梦，倒悬民苦有谁知？
读此死书无目的，只知黑板画葫芦。
我将求一真生活，朝向光明大坦途！

从泉州私立明新师范学校毕业后，蓝飞鹤即在一所乡间小学任教，教书之余，他潜心于中国画、水彩画、油画、木炭画、篆刻、金石之中，尤喜画足以表现心境的险峻山石、迎风古松和傲霜凌雪山水墨梅花。他曾在一个竹制笔筒上雕刻“科头箕踞长松下，白眼看他世上人”的诗句，在一幅自画的报晓雄鸡图上，他题了“长夜一声天地白”的诗句。在此期间他还写下了大量抒情言志的诗、词、短篇小说，汇编成《白云集》。

1923年，蓝飞鹤就聘于厦门禾山云梯中学，任美术教员。当时军阀混战，列强内侵，他在这座海上花园中目睹日本浪人、英美水兵种种令人发指的罪行，目睹反动官吏躬身媚外、奴颜婢膝的种种劣迹，深切感叹说：“物必先腐也，而后虫生之！”对反动当局表示了极大的义愤，对苦难的祖国寄予深切的忧虑。为了寻找改造社会、拯救国家的真理，他毅然辞去待遇较为优厚的云梯中学教职，于1925年只身出国，离开厦门到了新加坡。

在那所谓金山银窟的花花世界，蓝飞鹤不愿依附资本家谋生，靠卖画维持艰辛的生活，在与贫困华侨同甘共苦中，他看清西方世界的丑恶面貌，原来要向西方寻找救国之道的思想从此轰毁了。他在一封家书中写道：“资本主义国家的大人先生们大谈其所谓民主……实则是强盗的世界。”[①] 随后，他回到了自己的祖国，认识了共产党员、黄埔军校第五期学生陈平山。他从陈平山那里借阅了许多马列主义著作，比较系统地接受了马列主义思想，联系中国的社会现状，研究中国革命的实践，懂得一个真理：只有中国共产党才能拯救国家民族于危难，解救工农大众于水火，革命要成功，必须唤醒民众，必须用革命的武装去反抗国民党反动派的反革命武装。

第二节　走上中国共产党指引的道路

在外求学的畲族青年，接触到新思想新文化后，便开始努力以新思想新文化思考社会问题，并致力于社会的变革。与其他青年一样，他们也是首先从创办社团入手，积蓄力量，着力于新思想新文化的传播，倡导社会的变革，探求改变命运和变革社会的道路。

1921年，在北京高等师范学校求学的钟蔚升与其他学子一起捐资组织基金会，筹办江西瑞金有史以来第一所中学——私立绵江中学。该所学校1923

① 惠安县地方志办公室编：《惠安历史人物传》，1992年，第166页。

年开始正式招生，校董也逐渐增加到18人，其中有钟蔚升、钟光熊、钟秀荅、钟秀琼等。这所新办的学校顺应时代潮流，提倡新文化，鼓励学生主动发展，同时用白话文教学，添置教学仪器和图书标本，引导学生学科学，还排练公演文明戏。1923年6月，在广东高等师范学校学习的蓝裕业参加了在广州成立的广东新学生社，随之在广东高等师范学校成立了新学生社，并主编了《新学生》半月刊，在学生中宣传革命思想。

1926年3月间，在厦门集美学校加入中国共产党的蓝维仁回到上杭庐丰，邀集同学蓝维龙、蓝树荣、蓝鸣岗、蓝夏桥、蓝晓垣等人，在畲乡庐丰七厅里创办平民学校。同时，组织学生排演节目，走出校门演唱，先后演出了《赌钱嫁妻》《鸦片之害》等歌话剧，并演唱了反封建的歌谣："六月割禾真辛苦，点点汗珠滴下土，哎哟哟！点点汗珠滴下土。……""豪绅收租真太过，把我的谷种抢走了，哎哟哟！把我的谷种抢走了……"[①] 以民众通俗易懂的形式控诉地主豪绅、反动官僚黑暗统治的罪恶，唤起受压迫剥削的贫苦农民的觉醒。1926年秋，进步青年蓝鸣岗与傅柏翠、张楷等人，在上杭城区秘密组织奋斗社，其宗旨是：打倒帝国主义，打倒军阀，打倒土豪劣绅，拥护孙中山的"三大政策"。在发展社员扩大组织的同时，出版刊物《奋斗》，宣传革命思想，每期油印100份，由社员们秘密散发、张贴。刊物主要内容是转载广东农民运动讲习所寄来的有关反帝反封建的文章，传播马列主义，鼓动开展工农运动，推翻反动统治。

在革命形势风起云涌的大背景下，畲族青年从革命的气息中得到启发，变革社会的思想出现了质变，从改变命运开始上升为改造社会的革命理念，这种革命理念随着革命斗争的向前发展不断升华，最终走上中国共产党指引的革命道路。

一、投身国民革命

国共合作掀起了大革命的浪潮，赴广州求学的青年们率先感受到革命的气息，并投身于轰轰烈烈的斗争。在彭湃主办的农民运动讲习所和黄埔军校

① 黄集良主编：《上杭畲族英才录》，厦门大学出版社1998年版，第13页。

学习的福建武平县学员钟用宾、蓝和春、钟汉英等，“参加香港罢工工人、广州各界群众联席大会和示威游行，以及东征、平定滇桂军叛乱、北伐战争等，在斗争中得到了锻炼，蓝和春等还成为优秀的军事指挥官”①。1924 年，因集美学校第二次学生“风潮”而离校的进步青年罗善培在汕头客栈里遇到了广东团区委执行委员蓝裕业。蓝裕业是罗善培在潮州金山中学的同学，他听了罗善培对集美学校学生“风潮”的介绍后，鼓励罗善培回到集美学校继续完成学业，同时继续开展学生运动；他还以广东团区委领导成员的身份，向罗善培着重谈了国共合作后的革命形势和任务，以及回集美后进行革命活动的有关事项，并要罗善培与他通信联系。罗善培回到集美学校后，即与李觉民、罗扬才、刘端生、邱泮林等志向相同的同学商谈，在学校秘密建立和发展国民党左派组织。于是，罗善培通过蓝裕业与广州国民党中央组织部的杨匏安（共产党员）取得联系，请他把入党登记表、证件、文件等从广州寄来。此后，罗善培、李觉民、罗扬才等从师范部各班开始，秘密联系同学，吸收国民党左派党员，并向中学、水产、商业、小学等部发展，不到 3 个月，就发展 100 余人。随后，李觉民、罗善培把星火周报社扩大为福建青年协进社，协进社社员即国民党左派党员。

上杭县立中学进步青年学生雷三明，与厦门集美师范的国民党组织取得联系，不久经厦门国民党左派组织批准，加入了国民党。1925 年秋，厦门集美学校学生蓝维仁、蓝维龙等人回到家乡进行革命活动，也着手吸收先进分子加入国民党，并着手筹建国民党上杭县党部。他们在国民党福建省党部召集全省代表大会之前，在庐丰水尾村秘密召集全县国民党党员会议，到会六七十人，其中有阮山、蓝维仁、蓝维龙、蓝鸣岗、蓝惠元、蓝鸿翔、郭上屏、黄华榕、周之鼎、雷三明、罗大准、李定权、李豪等人。会议由阮山主持。会后，国民党组织在上杭城区很快发展到 100 多人。1926 年 4 月，中国国民党福建省临时党部在厦门召开第一次代表大会，上杭县选派 8 名代表参加，其中就有蓝维仁、蓝天丰、蓝公霁等三人出席大会，在执行“联俄、联共、扶助农工”三大政策，支援北伐，反帝反封建斗争中发挥了积极作用。

1926 年 7 月，国民革命军开始北伐。10 月，北伐东路军从广东进入闽

---

① 中共武平县委党史研究室编：《武平人民革命史》，北京广播学院出版社 1995 年版，第 13 页。

◎广州农民运动讲习所旧址

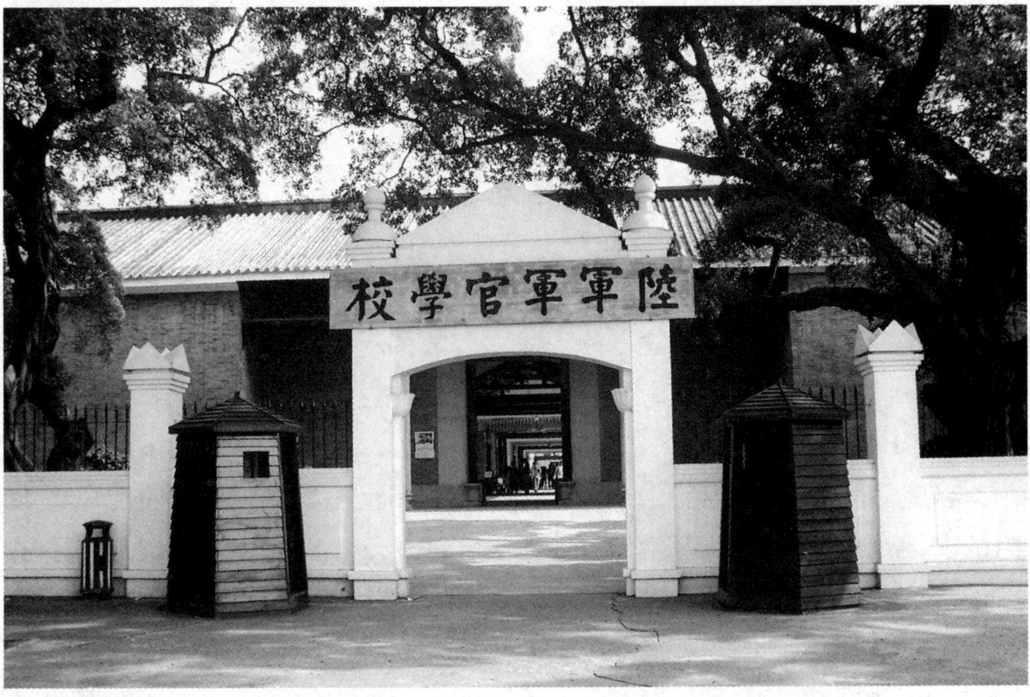

◎黄埔军校旧址

西，攻克永定城，逼近上杭城，上杭驻军、北洋军阀曹万顺见大势已去，接受改编为国民革命军第十七军。上杭国民党组织由秘密转向公开活动，十七军政治部在上杭城乡发布告示，通告全县所有国民党员，随带党员证到政治部登记。蓝维仁、蓝鸣岗等随即着手成立国民党上杭县党部筹备处，经过协商正式成立国民党上杭县党部，蓝鸣岗任宣传部长，蓝维龙任农民部长。

◎蓝维仁

蓝维仁以国民党县党部为阵地，发起了驱逐反动军阀残余的斗争。曹万顺易帜反正后留其部卢明凤、田德胜两营四五百人在上杭城内。可这些军阀劣性不改，以看护弹药物资为由，向县署勒索军饷，并勾结当地土豪劣绅，巧立名目，派粮款、抓民夫，鱼肉百姓，民众恨之入骨。蓝维仁、蓝维龙等以国民党县党部的名义，与当地民军蓝玉田部和孔弼臣部建立统一战线，联合开展驱赶军阀卢明凤、田德胜的斗争。县党部组织了 3000 余农会会员，配合民军蓝玉田、孔弼臣部包围上杭城，城区的工人纠察队 300 余人紧密配合，最后逼迫军阀逃亡广东，缴获枪支 200 余支，民军蓝玉田部随即进驻上杭城。

二、加入共产党并创建党的地方组织

在大革命的洪流中，众多畲族青年经过思索对照，逐渐认识到只有中国共产党才能担负起反帝反封建、为人民求解放的重任，于是，一批畲族青年纷纷加入中国共产党，并致力于在家乡成立共产党地方组织。比如广东大埔的蓝裕业 1922 年 5 月就加入了社会主义青年团，第二年又加入了中国共产党，担任了社会主义青年团广东区委执行委员和宣传委员，同时还在广东大学团支部干事会任职。江西赣州的钟赤心、钟友千分别在黄埔军校加入了中国共产党，福建上杭的蓝维仁、蓝维龙、蓝树荣、雷三明等先后在集美学校、广东海陆丰农讲所和黄埔军校潮汕分校加入了中国共产党，蓝少华也在广州加入了中国共产党，他们都先后返回家乡开展党的活动。漳州海澄的集美学生共产党员钟盛道也回到海澄，着手家乡共产党组织的建立，成立了中共海澄支部。

1925年，作为广东团区委通讯员的罗善培写信给广东团区委执行委员蓝裕业，要求蓝裕业到厦门集美指导工作。6月中旬，共青团广东区委执行委员蓝裕业根据广东团区委的指示，以国民会议促进会代表的身份来到厦门，指导集美学校的学生运动。蓝裕业来到厦门后，即与李觉民等人取得了联系，他根据李觉民对集美学生运动状况和集美学生、毕业生中信仰共产主义的先进分子的介绍，吸收罗扬才、刘端生、邱泮林、罗良厚、罗贤开、罗调金等人加入共青团，在集美学校师范部成立了共青团厦门支部，支部书记由李觉民担任，团支部归广东团区委领导。对于共青团厦门支部成立事宜，蓝裕业当即给时任共青团中央委员、宣传部部长恽代英写了一封信，介绍了李觉民和厦门团组织的情况：

代英兄：

久不致信，想念得很。沪学生会代表来后，弟与接洽，得知一切。弟于粤局变后，即奉广委来厦作工，现已有十余日了。成绩尚不错，唯闻沙面惨剧又发生，广东必紧，此间非十分重要，弟拟日内返汕绕道回粤。此间有同学李觉民兄，系兄所介绍。集美方面，有信仰C者[①]，经由觉民兄介绍，弟经与他组织一支部，人数七人。唯将来属中央管辖或广地管辖，须俟弟将情形报告广委后，请由广委请示。厦门学生运动颇有希望，但缺乏人作工耳。俟弟返粤后，将情形与广委商量。

蓝裕业[②]

1926年5月，国民革命军北伐前夕，钟友千和陈奇涵等秘密回到赣南策应北伐，钟友千参加了对驻防在会昌一带的北洋军阀江西第四师师长赖世璜的策反工作，对赖世璜晓以大义，使其率部起义，将部队改编为国民革命军第十四军，并于9月攻占赣州，钟友千等随军进入赣州，与当时的党员一道成立了中共赣州特别支部，钟友千任特支委员。10月10日，在赣州各界举行的“纪念辛亥革命节”大会上，中共赣州特支在会上公开散发了2000多份中国共产党赣州特别支部委员会宣言，在赣州产生了广泛的影响。1926年

① C指共产主义。

② 《蓝裕业给代英的信——报告厦门团的工作情况》（1925年6月）。中央档案馆、福建省档案馆：《福建革命历史文件汇集》（一九二三年——一九二六年），1983年6月。

11月，中共党员、国民党江西赣东特派员钟赤心发展一批青年加入中国共产党，成立了中共临时支部干事会，随后钟赤心在东乡视察国民党党务期间，于11月下旬主持召开东乡县第一次党员会议，成立了中国共产党东乡支部。

1926年夏，林心尧受中共厦门特支派遣到永定、上杭进行革命活动。他到上杭后，先在庐丰与蓝维仁、蓝维龙取得联系，开展农民运动和建立共产党地方组织。在革命发展的大好形势下，中共广东区委决定把广州农讲所学习毕业的13名福建籍学员，介绍到中共汕头地委转派回闽西南各县，开展农民运动和建立党的组织。随后，在广东海陆丰农讲所学习并加入共产党的雷三明也回到上杭，雷三明与温家福先后介绍了罗大准、吴梅林等加入共产党。12月，温家福、雷三明、罗大准、吴梅林在城内学坪里常初堂择日馆楼上开会，成立中共上杭支部，推举温家福为支部书记，归属中共汕头地委领导。会上温家福宣布党的纪律，要求慎重发展党员，并分发了《共产党宣言》《向导》刊物，作为党员学习材料。不久，林心尧、谢秉琼、蓝维仁、蓝维龙、谢如香等参加支部工作。党员人数增加后，支部进行了改选，由林心尧担任支部书记，蓝维仁为宣传委员。随后雷三明、蓝维龙等共产党员又在上杭成立了县临时农民协会，随后深入广大农村发动群众，“组织乡农民协会颇多，各区农民协会亦已先后成立”①。

三、农民运动的开展

尽管有不少畲族有识之士走出山门，探求革命之路，但更多的畲族乡亲都留在山中，过着日出而作、日落而息的生活。为此，一些有识青年在外接受新思想后，马上回到山中发动民众。江西弋阳青年雷夏1925年初受党组织的委派到深山老林的西源山区发动群众，这里有40多户人家。雷夏向他们宣讲革命是为了帮助穷人翻身过好日子的道理。雷夏待在最苦的农民家里，跟他们一道劳动、生活，并把自己仅有的一点钱拿出来，给群众买粮食，以解燃眉之急。经过他身体力行的努力，山区的农民迅速组织起来，成

① 《上杭县党部报告》(1927年3月1日)。转自中共福建省龙岩市委党史研究室：《闽西人民革命史》，中央文献出版社2001年版，第58页。

立了农民武装。1926 年一个冬夜，弋阳漆工镇方圆几个村的 200 多名暴动队员聚集于湖塘村。在雷夏、黄镇中、方远杰等率领下，暴动队擎红旗，握梭镖，舞大刀，扛鸟铳，冲进了漆工镇，捣毁了警察所，赶走了反动巡官余麻子，缴获了两条半枪（一条“汉阳造”，一条“双套筒”，另一条“九响毛瑟枪”，因无退子弹的钩子兼截去半截，故称半条），这就是著名的“两条半枪闹革命”的由来。漆工镇暴动以后，有一次，反动靖卫团的探子，探得方志敏、邵式平的行踪，便跟踪上来。这时，熟悉地形的雷夏，带着方志敏、邵式平躲在一道沟里，接着翻到十字坑，敌人尾随不放，雷夏又伴同方、邵穿过毕坞，转到花椒坞等地。从入夜到天明，连续越过了 7 个山头，走了 30 多华里的崎岖山路，终于抛开了二三十个敌人的追击，安全地回到了西源山根据地，继续领导开展农民运动。

在国民革命的大背景下，不少畲族民众接受中国共产党主张，投身于革命运动中。江西永丰县龙冈畲族乡大嵊山村的蓝金邦，受中国共产党的感召，从草莽英雄走上了革命的道路。蓝金邦平日务农狩猎，闲时外出舞狮(当地称“打狮”)。他的打狮队在东固、罗坊良村一带演出。打狮是一种传统的民间艺术，有习武防身的传统，蓝金邦武艺更胜一筹，自然当上了打狮队的师傅。一个队为十至二十人，除了舞狮外，还有刀、剑、流星、棍子等武术表演，靠观赏者赐赏钱为生。有次在良村，蓝金邦因没有登门拜门子，得罪了一个姓何的财主。何财主命手下人来砸场子，毁狮具，双方发生了冲突。蓝金邦生性刚烈，在冲突中失手打死了何家一名打手。何家一张状纸把蓝金邦告上衙门，说他是土匪。当地政府派兵到大嵊山围剿，蓝金邦率领打狮队突出重围，干脆上山聚义落草，自称是劫富济贫的“棍子会”。在一个月黑风高的夜晚，棍子会潜入良村把何家大院烧了个精光，一时间人心惶惶。

当时正值北伐，北伐军教导团军事教官杨澄清（中共党员）前去进行招抚。杨澄清扮作收购兽皮的商人上了大嵊山，在途中听见一阵锣声，接着有人吆喝：“蓝金邦！有本事就出来！我们把你娘绑来了！”只见几十个保安团丁，牵着一位白发苍苍的老大娘，边敲锣，边喊着爬上山来。原来棍子会的劫富济贫行动激怒了吉安、东固的绅士，他们花重金请来一个排的正规军和保安团丁，组织了联合征剿队，对棍子会进行征剿。可是又找不到棍子会藏身处，便把蓝金邦母亲抓来，企图把蓝金邦引出来加以歼灭。杨澄清见机从中周旋，救下了蓝金邦母亲，进而说服蓝金邦将棍子会改编为北伐军，成为一支共产党领导的革命军队。蓝金邦后来在随北伐军攻打南昌时壮烈牺牲。

广东潮汕的凤凰山是畲族的祖地，此外，莲花山区、罗浮山区也是广东畲族的主要聚居地。早在彭湃组织农会，领导海陆丰农民运动时，畲族蓝镜清、蓝陈润等就是农会的骨干。1923 年 7 月 26 日和 8 月 5 日，海陆丰连续两次遭受台风袭击，狂风、暴雨不停，海潮猛烈上涨，人民生命财产受到极大的损失，农作物 90%失收。农会立即组织救灾队实施抢救，并调查灾情。鉴于灾情严重，农会执行委员会议和农民代表会议通过了“至多三成交租”的决议，并发表《为减租而告农民》的公开信，要求减租。但收租时地主仍强行要求农民十足交纳，引起农民与地主之间的争执。8 月 15 日，海丰农会举行减租誓师大会，到会农民 2 万多人，陆丰农会也派出 2000 多人参加。海丰县长王作新与地主豪绅沆瀣一气，竟于 8 月 16 日（农历七月初五）凌晨派军警 300 多人，包围、袭击海丰总农会会所，逮捕农会干部杨其珊等 25 人，并下令取缔农会，通缉彭湃，同时派出警兵到各乡各村催迫农民十足交租，查缴农会会员证章。陆丰县政府也下令取缔农会，拘捕、迫害农会干部。此为广东农民运动史上的“七五农潮”。

斗争至紧要关头，彭湃和蓝镜清等退守至地形险要的大嶂山边的小庵寺，此地四周都是热心的农会农民，又有农民在山顶及山口放步哨。随后，农会决定由彭湃、林甦、蓝陈润去与军阀陈炯明谈判，迫使陈炯明不得不给海丰县长发电，电文如下：

> 海丰王县长览，凶年农民要求减租，事属正当，业主要求分割，必令农民损失过重。农会提出三成交纳，也不能一律如此；应组织农租公判会，业主农民各派代表参加。查邑中最公平者为吕铁槎先生，可请其办理，至于捕杨其珊等二十余人，查非聚众扰乱治安，应即省释，以免地方受害，并函知粮业维持会为要，炯明。[①]

为了进一步推动农民运动的发展，彭湃于 1924 年 7 月 3 日创办第一届广州农民运动讲习所，讲习所一直办到 1926 年，先后共六届，毛泽东曾任第

① 中共中央文献研究室、中央档案馆编：《建党以来重要文献选编（一九二一—一九四九）》第 3 册，中央文献出版社 2011 年版，第 52 页。

六届农民运动讲习所所长，培养了800多人的农民运动骨干，一些畲族青年也有幸参加了讲习所的学习。从讲习所学习归来的雷三明，不仅与蓝维龙等共产党员在上杭成立了县临时农民协会，而且还与蓝维仁等共产党员参与了汀属社会运动人员养成所的筹办，并担任教员，该养成所招收来自长汀、上杭、武平、永定、连城、宁化、清流、归化（现为明溪）等八县的学员160多人，仿照广州农民运动讲习所和海陆丰农讲所的教学内容和方法，既学习政治理论也学习军事常识，同时注重学员实际工作能力的培养，组织学员深入乡村、深入工农群众中进行社会调查，让学员积极投身到反帝反封建反军阀的实际斗争中。这种理论与实践相结合的教学方法，提高了学员的政治理论水平和实际工作能力，为农民运动的开展培养了大批的骨干。在广州农讲所学成归来的武平青年钟用宾与钟武、练文澜等，积极筹建武平县农民协会，1926年冬，在成立8个乡农协和10个乡正筹建的基础上，成立了武平县农民协会。

1927年，中共闽南特委在获悉党中央八七会议精神后，制定了《特委工作大纲及对付政治环境策略》，认为漳浦等县民众较剽悍，武装亦多，因受张毅、土匪、三会等压迫及烟苗捐等苛刻剥削，反抗情绪甚浓厚，决定在漳浦、平和等地开展农民运动，建立农民武装。在党的领导发动下，漳浦张坑蓝、马坪等畲族聚居区的民众迅速起来成立农会，开展抗捐抗税斗争，农会拘捕了无恶不作的捐棍，押送到张坑蓝、马坪进行公审，大快人心，对附近各乡村的农民斗争起到示范作用。

1925年春，共产党员蓝秋帆奉中共广东党组织的指示，赴漳平永福中学进行革命活动，成立漳平县农民运动委员会，办起了农民夜校，组织农民学文化、学武术、学革命道理，培养了一批农民运动骨干。1926年春，农民运动委员会会员从永福扩展到城关、顶郊、福满、桂林、拱桥等地，桂林山羊隔的畲族群众也组织起来，到1927年，宁洋约有15000名有组织的农友，双洋的中村、坑源，赤水的岭兜、香寮等畲村也有了农会组织，开展二五减租、反对苛捐杂税的斗争。在革命的风暴中，被畲族公认为祖地的广东凤凰山区“碗窑和山犁两个畲族居住村，也是革命活动的地区之一。碗窑大队的蓝欣熊回忆在他很小的时候，他哥哥蓝欣江参加过农会，在他哥哥外出回来所戴的斗笠上有农会的字样”①。

---

① 《广东潮安县凤凰山区畲族情况调查》（1982年）。《中国少数民族社会历史调查资料丛刊》福建省编辑组：《畲族社会历史调查》，福建人民出版社1986年版，第264页。

四、工人运动的开展

中国共产党成立后，发动了一系列的工人运动，1925 年 6 月，在党的领导下，省港大罢工爆发，斗争持续了一年零四个月。在罢工期间，时任团广东区委执行委员的蓝裕业，接受中共广东区委和共青团广东区委的任务，前往香港协助共青团香港地委发动学生罢课，支援香港工人罢工，组织华人、圣保罗、圣士提等书院的学生及其他 30 所中小学的学生、教师近万人参加罢课斗争。蓝裕业还协助共青团香港地委编印《香港学生》月刊，指导学生开展斗争。随后蓝裕业又担任《工人之路》编辑。他在该刊《小言》《吼声》《无情斧》等专栏中，用“热血”“余热”“农谷”“丘玖”“大任”“群名”“维秀”“裕业”等笔名发表近百篇短评或评论，抨击英帝国主义和广东军阀陈炯明、邓本殷的黑暗统治，号召广大工人起来斗争。当时，广东大学校长、国民党青年部长邹鲁，企图利用同乡关系拉拢蓝裕业，而蓝裕业不为所动，并毫不留情地批驳邹鲁破坏革命统一战线的言行。

在被誉为“一广州二赣州”的工人运动中，钟友千领导赣州工人开展的斗争，产生了重大的影响。1926 年 10 月 12 日，赣州总工会筹备处成立，钟友千任筹备委员。11 月 3 日，赣州第一届工人代表大会召开，成立了赣州总工会，陈赞贤当选为委员长，钟友千当选为副委员长兼宣传部长。为了加强对革命斗争的领导，培养革命斗争骨干力量，组织上决定创办“赣南农工训练班”，从组织上、干部上做好开展工农运动的准备。经过 1 个月的筹办工作，1926 年 11 月初，赣南农工训练班在赣州西津路广东会馆正式开学。来自赣县（含赣州城）、南康、宁都、于都、信丰、崇义、瑞金、兴国、大余、定南、龙南、全南、上犹、石城等 14 个县的 92 名学员参加了为期 2 个月的培训。学员们学习了政治理论、形势和政策、群众工作方法等，培训班结束后，他们肩负发动与组织工农运动的光荣使命，回到赣南各县积极投身于大革命的洪流之中。学员中 95%以上担任了各级工会、农会的负责人，成为革命的中坚力量。农工训练班培养的工农骨干，战斗在工农运动最前列，由于他们的艰苦努力，在短短时间里，工农运动在赣南各县全面展开，工会、农协像雨后春笋般建立起来。赣南农工训练班培养了干部，训练了骨干，不仅适应了大革命时期赣南革命运动发展的需要，还为土地革命播下了火种。

赣州是一座以手工业生产为主的城市，约有手工业工人和店员工人近万名。北洋军阀统治时期，赣州城里政治腐败，经济凋敝。赣州工人阶级同全国工人阶级一样，政治上受压迫，经济上受剥削，过着十分痛苦的生活。大革命前，工人工资以米折算，低的每月仅三四斗米，高的也只有一石左右，能养家糊口的不足三分之一。码头工人的生活更为艰难，他们不仅没有固定收入，而且劳动强度大，还要受到把头的层层盘剥。赣州工人处在“佣值之人，三日无东则吊”的悲惨境地。为了改善困境，工人们也曾利用具有封建色彩的“神会”组织，多次进行经济斗争，但这些斗争，终告失败。

赣州总工会成立后，钟友千积极协助陈赞贤，带领工人发动了一场以“保职业，涨薪资，提高待遇，实行 8 小时工作制”为中心的斗争，当资方拒绝工人的合理要求时，就发动工人罢工。钟友千还经常到农工训练班和青年干社讲课，为赣南工农运动培养骨干力量。在赣州钱业工人罢工斗争中，资本家企图利用金钱美色腐蚀工会领导人，宴请工会领导人，给工会领导人送礼送钱，钟友千一概予以拒绝。他还公开揭穿资本家的诡计，和陈赞贤、萧韶等人在报纸刊物上发表声明：“近因工作繁忙，各界酒筵应酬，一律谢绝心领。”

1927 年 3 月 6 日，陈赞贤被国民党右派杀害。钟友千接任赣州总工会委员长，并召开赣州总工会会议，决定罢工 3 天，哀悼陈赞贤，抗议国民党右派的罪行。他亲自带领 300 多人赴南昌、武汉向国民政府请愿，高举陈赞贤血衣，声泪俱下地叙述惨案经过，将国民党右派罪行公之于众，要求严惩凶手，得到全国各界声援。4 月 10 日至 12 日，赣州各界公祭陈赞贤。13 日为陈赞贤举行追悼大会，3 万多人参加。钟友千大义凛然地献上“你死我来，看又怎样”的挽联，并在追悼大会上说：“烈士的鲜血染红了赣州，染红了江西，将来全江西、全中国、全世界都会变成红色！”①

毛泽东在《中国的红色政权为什么能够存在?》一文中指出，中国红色政权首先发生和能够长期地存在的地方，不是那种并未经过民主革命影响的

---

① 中国人民政治协商会议赣县委员会文史资料研究委员会编：《赣县文史资料》第 1 辑，1991 年，第 41 页。

地方……而是在一九二六年和一九二七年后资产阶级民主革命过程中工农兵士群众曾经大大的起来过的地方……曾经有过很广大的工会和农民协会的组织，有过工农阶级对地主豪绅阶级和资产阶级的许多经济的政治的斗争。[①]由此而论，不少畲族青年在接触新思想新文化中较早觉醒，很快加入了中国共产党并在畲乡建立起党的组织，进而在大革命斗争中广泛开展了工农运动，这为畲乡在土地革命战争时期成为中央苏区的重要组成部分奠定了斗争的基础。

第三节　畲族民众见到的第一支革命军队

大革命失败后，1927 年 8 月 3 日，中共中央发布《关于湘鄂粤赣四省农民秋收暴动大纲》，指出“党的政策需要新的变更，革命的社会势力需要新的聚集和训练。现时反动的统治始终没有稳定，农民群众满心期望秋收胜利，因为新遭了挫折，正在寻找他们新的奋斗的方略，‘秋收暴动’是对于这个客观情势的适当的答案”[②]。并具体部署在江西、广东等省，1. 马上夺取乡县政权；2. 实行中央土地革命纲要；3. 尽量处决土豪劣绅与反革命；4. 积极参加革命军队对反革命派的军事战争。在此前后，中国共产党先后领导了南昌起义、秋收起义和广州起义。南昌起义胜利后，起义部队从南昌取道赣东经赣南闽西进军广东，这是共产党领导的军队第一次经过这些地方，沿途各级党组织积极行动起来，组织和发动民众欢迎南昌起义军。位于庐丰畲乡的上杭县党支部在南昌起义军进入上杭时，由支部书记蓝维仁主持组织了一个临时兵差办事处，协助起义军筹集粮草、安置伤病员和解决运输等。起义军在上杭期间，周恩来、朱德还接见了上杭党组织的负责人蓝维仁、蓝夏桥等，介绍了南昌起义的经过、意义及南进途中打击敌人的情况，以及起义军要打到潮汕去，跟海陆丰农民斗争汇合起义，见机行事开展武装斗争。

---

① 《中国的红色政权为什么能够存在？》（1928 年 10 月 5 日）。《毛泽东选集》第 1 卷，人民出版社 1991 年版，第 49—50 页。

② 《中央关于湘鄂粤赣四省农民秋收暴动大纲》（1927 年 8 月 3 日）。《中共中央文件选集》第 3 册，中共中央党校出版社 1989 年版，第 240 页。

周恩来还对闽西的武装斗争和土地革命作出指示。

◎南昌起义军南征途中在上杭留下的标语

南昌起义军是畲族民众见到的第一支共产党领导的人民军队，那种不同于历史上任何一支军队的亲切感受，使广大畲族民众更坚定了跟共产党闹革命的决心。福建上杭官庄畲族乡中蓝姓为第一大姓，在 18 个行政村中，蓝姓分布于 16 个行政村，其中七里、璜头两村是清一色的蓝姓，钟姓畲民也有少量的分布。当南昌起义军途经官庄乡时，当地民众记录下了这一真切的感受：

我的家乡在福建省上杭县官庄区三围乡蓝屋易村。记得一九二七年八一南昌起义爆发后，在周恩来、贺龙、叶挺等同志的领导下，起义部队经赣州、宁都、会昌，南下广东途中，于同年九月来福建上杭。部队到来之前，各种各样的消息传来，我们村几个水手从外面捎信说："又要来军队了，快躲一躲吧！"乡亲们以为又是军阀和国民党军队来洗劫，赶忙收拾一下东西，关门闭户地躲藏起来。一天夜里，军队果然进村了，人们的心都绷得紧紧的，等待着灾祸的降临。可是，过了一阵又一阵，不但没有砸百姓家门的，也听不见大声喧嚷，只有"唰""唰"的脚步声。

人们的忧虑一下子变成了疑团：这是什么军队……乡亲们围坐在屋里，你看看我，我看看你，谁也说不清是怎么回事。过了一会脚步声停止了，为了看个究竟，有的人撬着门缝朝外张望，借着月光隐隐约约看到路边躺着一排排的人，人们更感到奇怪了。为了弄个明白，乡亲们合计着应该派人出去看一下，由于小伙子们都担心被抓丁，最后商定去几个老年人。第二天清早，老人们冒着"危险"走了出来，刚一出门，看到眼前的军队尽管着装不齐，可是大部分人的着装打扮与过去来村里抢劫的军队毫无两样。老人们的心一下子凉了半截，提心吊胆地往人多的地方瞧瞧。他们被眼前的情景惊住了：几个士兵押着两个作恶多端的民团头子，其他人有的在收拾街道，有的在一旁打草鞋，有的在给伤病员喂水、喂药。老人们壮了壮胆继续往前走，刚路过部队驻地，士兵就一口一个“大爷”地问好，接着走过来一个大个子军官（后来才知道他是营长），先是热情地同老人们一一握手，然后十分和蔼地说：“大爷，你们不要害怕，我们是周恩来、贺龙领导的南昌起义军，是共产党的队伍，是主张打富济贫，为穷人找出路的……”大个子营长告诉他们，周恩来、贺龙、叶挺就是夜里从这儿走过的。老人们回到乡亲中间一说，人们逐渐走了出来。然而，由于受反动军队的长期压榨和欺骗，大家从心眼里对军队有一种憎恶感。虽然这个军队的言行举止与之前来过的军队不同，乡亲们还是不大敢接近他们。部队的人见老乡有恐惧情绪，就热情地打招呼，还帮助群众收割稻谷、打扫街道，无论做啥他们从不惊扰百姓，虽然乡亲们的大门开着，他们却不进去，部队还把自己的粮食拿来救济群众。有一次，我家断了粮，全家人正围着锅台吃野菜时，被部队的两个士兵看见了，就赶忙送来米饭，而他们自己却吃起了野菜……

一桩桩，一件件的事情，深深感化了群众，人们的疑虑不打自消了。全村穷人主动腾出房子让部队住，给他们拿来生活用具、用品，有的还主动前来护理伤员，大家经常围着部队人员听他们讲革命道理。起义部队了解了群众的疾苦与憎恶。按着乡亲们的意愿，对那两个民愤极大的民团头子进行了公审，并执行了枪决。乡亲们拍手称快。起义部队又将村里有名的大地主蓝锡光家粮仓打开，把粮食分给各家各户，许多乡亲捧着白花花的大米，激动地说：“是起义军让我们吃上了第一顿饱饭啊！”

起义部队对人民群众既有一颗真诚的心，更有铁的群众纪律。有一次，一名战士看到不少同志在行军中穿烂了草鞋，赤着脚走路，准备找点麻给大家绑几双草鞋，恰巧在一个祠堂边找到一捆，就随手拿了回来，原来这麻是穷苦农民蓝石娣的。部队首长知道后，把这个战士严厉地批评了一顿，并当即关禁闭。这事被蓝石娣知道了，他急忙赶到部队驻地，对部队首长说：“你们是咱穷人的队伍，别说用一捆麻，就是用十捆我也心甘情愿呀!”再三要求放出这个战士。部队领导认为战士侵犯群众利益就该处罚，当下没放他出来，却诚恳地向蓝石娣赔了礼，退了麻，这下可急坏了蓝石娣，他只好跑回村里叫来不少群众帮助说情，最后，在群众的纷纷要求下，才把这个战士从禁闭中放出来。

部队在村上的几天里，一方面为群众解除疾苦，更重要的是宣传革命道理，传播革命火种。他们耐心给大家讲人民为什么长年累月拼命干，却不得好日子；为什么亲手打下的粮食自己却吃不上等道理，大量的事实揭穿军阀和国民党反动派祸国殃民的罪恶行径，启发人们要想翻身得解放，过上好日子，就必须起来跟国民党军队斗，跟军阀和地方民团斗。部队同志还用石灰往墙壁上写了许多大字标语。内容是“打富济贫为百姓”“拥护反帝大联盟”“反对苛捐杂税”“反对抓丁抓差”等等。部队还发动村里骨干组织成立了贫农会，成为第一个领导人们起来斗争的组织，广大群众在革命道理的影响下，对起来革命开始有了认识。

部队突然接到转移的命令。群众闻知后，纷纷赶到部队驻地看望同志们，有的群众不解地问：“有你们在，我们才有安生日子，你们为啥要走呢?!”大个子营长耐心地解释说：“我们的队伍是要解放整个中国的，现在为了这个大目标，去执行新的任务，请乡亲们放心，我们很快还会回来的。你们要团结起来进行斗争，穷人一定能过上好日子的!”乡亲们热爱这支队伍，理解这些道理，相信起义部队终究会打回来的。顿时，在蓝屋易村掀起了父亲送儿子，妻子送丈夫，青年们积极报名参军的热潮。午饭后，部队要出发了，全村男女老少都出来欢送，就连一些患病的老人也让人扶着赶来了。青年妇女唱起了自编的民歌：“一送我郎哥去当兵哎去当兵，贺龙、叶挺上广东哎上广东……”人们怀着深切的情意把起义部队送出很远很远，期待他们早日回来。

起义部队走了，他们播下的革命火种却点燃了熊熊大火。不久，敌人卷土重来，但这回可不比从前了，群众自动组织起来拖捐抗捐，反对抓丁抓差，迫使民团和地主豪绅不得不减少“船头税”“人头税”等苛捐杂税。①

① 刘发椿：《新型的军队、崇高的风尚——忆南昌起义军路过官庄》。

之所以要将这篇回忆资料全文引述，因为这篇回忆资料翔实地反映了南昌起义军在畲乡群众中所展现出的不同于历史上任何一支军队的全新风范和种下的种子、带来的希望。曾几何时，凡是军队进村对于畲民而言都犹如灾祸降临，备受祸害。如今所见到的军队尽管着装不齐，但与其他军队有着天壤之别，这支军队纪律严明，丝毫不扰百姓，不但没有抢钱抢物，还给村民送米送粮；这支军队对百姓亲切友善，对作恶多端的民团头子却毫不留情，公审枪决；这支军队不仅反对抓丁抓差，而且还鼓励民众自己组织起来与军阀和地主民团斗……这一切不曾见过的现象，让畲民由衷地感到自己不再无助，有这样一支人民自己的军队可以作为靠山，只要跟着这支军队闹革命就有了希望，就可以改变不平的黑暗社会。

南昌起义军南征途中虽来去匆匆，但其产生的影响不亚于一场大的战斗，留下的革命种子深深地根植于民众的心中。一旦认清这是一支人民自己的军队，民众就会倾其全力无私支援。

与此同时，为了支援南昌起义军进军广东，闽西的2000名“大脚妇女”① 担任南昌起义军的担架运输，其中也不乏畲族妇女的身影。上杭庐丰畲乡党组织发动畲族民众协助起义军安置伤病员、筹集粮草，还在安乡一带组织一批船工并征用部分木船，帮助起义军运输兵员和物资。

与此同时，为了迎接南昌起义军南下广东，一位畲族革命者在为之来回奔波。时任中共潮梅特委委员的蓝裕业受广东省委的委派前往粤东北迎接起义军南下广东。他经香港到达汕头，扮装后冒着被国民党军警搜捕的危险，在潮梅辗转20余天，到达赣南寻乌县时，方知南昌起义军改道福建长汀上杭向广东大埔、潮汕挺进了。他折返汕头，见到了周恩来。9月下旬，起义军在潮州、揭阳、丰顺之役失利，汕头局势危急。周恩来交给蓝裕业一封密信，要其火速前往大埔三河坝，将信交给指挥起义军作战的朱德副军长。蓝裕业不休不眠赶到大埔高陂时，却获悉朱德已率部取道饶平向闽西转移了，只好留在大埔高陂、百侯、湖寮一带农村开展革命斗争。1928年1月1日，蓝裕业带领高陂一带农民发动了高陂农民暴动，将南昌起义播撒下的武装斗争，化成农民暴动的熊熊烈火。

---

① 客家妇女、畲族妇女为了长期迁徙和生产劳动的需要，多不缠足，赤脚干活，故被称为“大脚妇女”。

第二章 星火燎原

第一节 爆发于畲族乡村的农民暴动

南昌起义军不仅打响了武装反抗国民党反动派的第一枪，而且途经闽粤赣三省，在沿途宣传了武装斗争的主张，镇压了反动势力，留下了一批伤病员和武器弹药，以实际行动播撒下武装斗争的革命火种，为各地的武装暴动打下了重要的基础。在南昌起义的影响下，广大畲乡迅速爆发了农民武装暴动。

畲族聚居的江西东固乡率先爆发了农民暴动。早在大革命时期，东固就有党组织的活动，敖上畲族村的赖经邦 1926 年加入了中国共产党，并以小学为据点吸收党员，发展党的组织。1927 年 7 月 15 日，吉安的国民党右派发动反革命政变，大批的共产党员和革命群众遭到捕杀，吉安人民自卫队长钟祥钦也惨遭杀害。为了反抗国民党反动派的屠杀政策，1927 年 9 月下旬，赖经邦在畲族聚居的东固敖上脚头村主持召开党员会议。会议决定成立东龙党支部（东固和南龙），由赖经邦任支部书记，下设 5 个党小组，并组织了东固农民协会，发动农民开展抗粮、抗债斗争。在斗争的基础上，着手建立农民武装，于当年 10 月，在东固敖上成立东固最早的工农革命武装——东龙游击队，由赖经邦任队长。随后，通过争取"三点会"使游击队的力量迅速壮大，拥有近百人、30 多支枪，不少的畲族青年参加了游击队。

1927 年 11 月 12 日晚，赖经邦率领东龙游击队趁吉安反动军队换防之际，举行农民暴动，攻打富田的反动堡垒王家村，矛头直指大恶霸王初曦。从东固到富田 20 多公里山路，要翻过几个山头。趁着夜幕，游击队员沿着蜿蜒曲折的崎岖小道急行军，很快抵达离王家村不远的磨盘岭。随后游击队兵分两路对王家大院进行迂回包抄，迅速攻入王家，缴获了长枪 6 支，子弹几十发，并没收了大量的财物分发给当地的贫苦农民。在群众大会上赖经邦发表了热情洋溢的讲话：“我们是东固的游击队，来打地主土豪王初曦的，他过去欺压我们，现在要和他算账，今天他跑了，但跑得了今天，跑不了明天，跑得了和尚，跑不了庙。我们不但要和王初曦这样的人算账，我们还要和所有的地主豪绅作斗争，天下穷人出头的日子到了，跟共产党闹革命，翻身就在明天。”在群众大会上，不少畲族民众当即决定加入游击队，随后游击队乘胜开到离吉安县城仅有五公里的永和圩、永南圩一带打土豪，威震赣西南。

方志敏曾说：“横丰像一个革命的火药箱，我毫不讳言的，我是燃线人，我走进横丰，把这火药箱的线点燃着，火药爆炸了——革命的暴动很快就爆发起来了。”① 横峰是个畲族聚居的地方，其中楼底蓝家就是畲族的聚居村，楼底蓝家是楼底和蓝子坂两个毗邻小村的总称，是横峰靠近弋阳边界的百余户人家的小山村。这里的畲民受尽地主豪绅的剥削和压迫，生活十分困苦，楼底蓝家一带各村就欠弋阳横峰两县豪绅地主的租债达四千余担。方志敏在此调查民情时曾问畲民：“你家几口人，种几多田，欠债吗?”畲民愁云满脸地说：“我家吃口多，种的都是客田，年成不好租又重，每年都要驮债。”“有什么办法啊，慢慢还呗，这辈子还不清，还有下辈子。”“我是还不起，要命，有一条。能拖就拖，能抗就抗。”哪里有压迫哪里就有反抗，不堪重负的畲民积蓄着强烈的斗争要求。早在北伐时期，楼底蓝家的畲民就起来开展斗争，涌现出蓝长金、蓝高茂等农民运动的领袖。

根据中共中央的指示，方志敏深入弋阳横峰传达中央八七会议精神，组织农民准备举行暴动。1927 年 11 月下旬，方志敏在弋阳县窖头村的祠堂里主持召开了弋阳横峰等五县党员会议，会议决定于年关在弋阳横峰率先举起暴动大旗。并决定以各村为单位，组织农民群众组建革命团，团以下设排，排以下设班，三人一班，十人一排。参加革命团的每个人都要宣誓遵守公约：“绝对保守机密，不得走漏消息，利用亲邻关系秘密发展团员，利用打猎名义，各人准备武装，大家齐心努力，听从上级指挥。”

---

① 方志敏著，中共江西省委党史资料征集委员会编：《方志敏文集》，江西人民出版社 1999 年版，第 43 页。横丰 1914 年改名横峰。

随后，方志敏以畲族山村楼底蓝家为中心，开展了紧锣密鼓的宣传发动工作，在发动中采取了“上名字”的方式，即找苦大仇深赞同暴动的民众秘密“上名字”，生活于社会最底层受尽压迫的畲民纷纷“上名字”，成为革命团的骨干分子。很快弋阳的北乡和横峰的大部分地区的群众基本被发动起来，纵横百数十里地区相互连成一片，成立了上百个农民革命团，农民武装暴动已呈一触即发之势，只待点燃导火线即可爆发。而农民暴动的导火线正是在楼底蓝家村被点燃，江西人民出版社出版的《方志敏传》详细记录了这一历史细节：

原来，楼底村的农民革命团团长蓝长金，迫于生活，与同村的几户贫苦农民，用土法在西山挖了一个小煤窑，作为农闲的副业收入。每天钻进窑洞里挖出的煤，可以卖个块把两块钱。为着这一两块钱的收入，要脱得一身精光，在漆黑无光、水蒸汗臭的窑洞里，累死累活地劳动十几个钟头，随时都有被砸死砸伤的危险。爬出洞来，满脸满身一团乌黑。真是一分钱，一滴血。可是，横峰县衙门连他们赚这几个血汗钱，也不肯放过搜刮的机会，要他们每个月交五块钱的捐税，叫“上煤捐”。

自从组织了农民革命团以后，蓝长金他们对这笔苛捐杂税就一直拖着，不再向县衙门缴交了。

到了十二月初九这一天，小煤窑洞口的茅屋里，来了一个县衙门催收煤捐的委员。这家伙端着一副官架子，两眼朝天，神态十分傲慢。一进来就坐在那里，等着给他敬茶递烟。

过去对于县衙门来人收捐，哪个敢不恭恭敬敬，笑脸相迎？至于捐款呢，不劳开口，有钱赶快拿出，双手捧上，还要连声说：“有劳贵委员走路了，真对不住！”没有钱，就更得向委员赔小心，说好话，恳求宽限几天。印把子掌握在他们手里，有什么办法呢？

但是，今天的情况却不同了。当委员进来时，大家瞧他那副作威作福的样子，睬也不睬他，只管自己坐的坐，抽烟的抽烟。

这委员平素狐假虎威地抖惯了威风，哪里受过这种冷遇？他涨红着脸，大声嚷道：“你们每个月五块钱的捐，为什么不按时送县缴纳，还要我亲自来催？”

“近来煤出得不旺，凿进一洞又一洞，尽是些石壁烂皮，找不着煤！”

一个挖煤的坐在石凳上，一边慢悠悠地磕旱烟灰，一边懒洋洋地答道。

“我们衙门只是要捐，哪管你这些！”委员蛮横地说。

“没有煤，家里锅都掀不开，哪来钱交捐？你这个人讲话，好不懂道理！”刚出煤洞的蓝长金，听后忍不住高声叫起来。

“嗯——？原来你们这班狗东西是有意抗捐。我早听说你们楼底蓝家一带想要结党造反，好，我回衙门报告，明天把你们一齐捉进牢里去，坐到头发三尺长。”

“你说那个是狗？你才是狗，不交捐，你敢把老子怎样？”蓝长金是个性情暴躁的汉子，那里容得这鸟委员出口伤人，他气得指着委员的鼻子说。

这一下，把委员激得有点恼羞成怒了，他下乡从来不曾遇见有哪个穷汉子敢于对他顶撞。今天受这抢白，气得跳将起来，朝着蓝长金的脑袋一拳打过去。蓝长金是个彪形大汉，膂力过人，只用手轻轻一隔，顺势向委员的肋夹一推，这个委员顿时两脚朝天，滚倒在地。他见风势不对，飞快地翻身爬起来：“你们抗捐不交，还要殴辱官府委员！好，我明日派兵来，有你们好看的……”边骂边飞也似地逃跑了。

大家对委员的这番威吓之词，开始还不甚在意，后来过细一想，有些担心了：今天对他这么莽撞，回去岂肯罢休？如果明天真的搬了兵来，可不是好耍的，于是你望着我，我望着你，面面相觑，不知如何是好。这时，蓝长金把拳头攥得紧紧地朝自己胸脯前一捶：“怕什么！敲起锣来，把各村农民革命团的人召拢，将那个鸟委员抓回来杀掉，就没有人去搬兵了！”

大家赞成蓝长金的意见，急忙跑回村里，拎起一面铜锣，边敲边喊：“农民革命团的人都快点来，卡回前边跑的那个收捐委员，他要搬兵来捉我们的人啦！”

各村农民革命团的人，听到锣声和喊声，扛梭镖的，端鸟铳的，拿大刀的，立刻集合了四、五百人，朝着大路拼命往前追。那委员早已跑回城里去了。

他们一直追到离县城只几里路的地方才转回来，都集中到蓝子坂的大祠堂里，七嘴八舌地议论开了：“县衙门的刀快搁到我们脖子上来了，没有别的话说，豁出来同他们干吧！”

这时，方志敏恰巧回到弋阳九区开会去了。花春山、蓝长金连夜派人将他追回。方志敏一到，大家就围拢来了，闹哄哄地，情绪激昂得很。这个说：“老汪哥，下命令干吧！”那个说：“汪先生，再不掀开，真的会逼出人命来的。”

方志敏沉思了片刻，考虑到准备工作虽然还不十分成熟，但事情已经发展到这种地步，年关也一天天逼近，确实再也不能按捺下去了。于是，他站了起来，断然答道：“好吧，就照往日所讲内容，努力去做。亮出农民革命团的旗帜——武装暴动！”①

当晚，方志敏召集了楼底、蓝子坂、姚家垅、琯山等周围 9 个村的农民革命团团长在花春山家里开会，说明为什么要提前暴动。会议作出立即暴动的决定，并就暴动事宜进行了研究和分工。楼底蓝家各村的农民革命团，打起火把，带着刀枪绳索，没收了地主豪绅、高利贷者的粮食财物，烧毁了田契债约和各种借条、契据。农民革命团随即埋伏了前来镇压抗捐斗争的横峰县警察队，十几名全副武装的警察全部束手就擒，从而拉开了弋横大暴动的序幕。

楼底蓝家暴动的消息很快就传遍了远近的各个村庄，方志敏当即以暴动总指挥的身份发出通令：凡是组织了农民革命团的地方，立即统一行动，并积极支援邻村，要以百倍的勇敢，扩大暴动范围。一声令下，犹如点燃了遍地布满的干柴，短短几天暴动区域迅速扩散到百余里之外，六七万农民参加了暴动。“暴动了的各村农民群众自动起来进行革命户口登记，扩大农民革命团组织，成立农军，向豪绅地主开展当面锣、对面鼓的斗争。”

声势浩大的农民革命军以楼底蓝家、青板桥、漆工、樟树墩、枫树坞为中心，兵分六路向周围猛烈发展。1926 年就加入中国共产党并担任中共弋阳特别支部委员的雷夏，担任第四路的总指挥。以畲民为主力的楼底蓝家一路向县城猛攻，进攻到了横峰城周围。昔日高高在上的县城老爷们，在畲民自制土枪土炮的攻击下龟缩在城里不敢出城半步，暴动取得了巨大的胜利。

暴动的民众，以歌谣表达了胜利的喜悦：

---

① 《方志敏传》编写组编：《方志敏传》，江西人民出版社 1982 年版，第 117—119 页。

湖塘塌塌岭，出了个方志敏，
一心干革命，为的是穷人。

弋阳方志敏，横峰吴先民，
领头大暴动，穷人翻了身。

只要雷夏到，红旗竖起来，
雷夏到哪里，哪里得胜利。

葛源三午烟，出了程伯谦，
程伯谦开了口，举人姥爷都要走。

1928年1月20日，钟公哉、钟佐才召集江西信丰崇仙各村农会负责人在吴刚庙开会，决定组织农民暴动。他们利用年前年后走亲访友之机，进行秘密串联，发展农会会员。经过十几天的工作，农会会员发展到1500多人，成立了70多个村农会或农会小组，并成立了南区农民协会。2月22日晚，在钟公哉、钟佐才领导下，2000多名农民举行暴动，击毙了崇仙圩上罪大恶极的大土豪。23日，400多名暴动赤卫队员集中在崇仙圩整训队伍。此后，暴动赤卫队到桐子树下、曾屋、崇泥塘等村抄了几家土豪，查封了土豪的财产。

与此同时，根据中共中央关于举行农民暴动的指示，1928年1月，中共福建临时省委派郭柏屏到上杭庐丰乡与蓝维仁取得联系，一方面加强党组织建设，成立了中共上杭临时县委，随后又正式成立了中共上杭县委；另一方面，加紧工作部署，加快农民暴动的准备，中共上杭县委派遣黄埔军校潮汕分校毕业生蓝鸿翔深入乡村中酝酿组织农民暴动。6月3日，蓝洪慈、蓝维仁、蓝树荣等开始在庐丰乡举行农民暴动。6月7日，蓝树荣又在白砂领导农民暴动。

1928年5月，广东九龙嶂山区的党组织成立了梅县、兴宁、王华、丰顺和大埔五县暴动委员会，组成近40人的短枪突击队、100余人的长枪队、约2000人的没收队，决定在梅县的畲坑举行农民暴动，并选择在6月上旬的畲坑圩日进行。那天上午八九点，短枪队员一个个化装成赶圩买卖的农民，头戴竹笠，挑着箩筐，或担着柴草混在农民的赴圩队伍中，在熙熙攘攘的码头等待着过渡。突击队员过渡后，为了缩小目标，各自向预订的两个目标靠拢，然后长枪队和没收队也分别来到江边隐蔽待机。上午 10 时许，突击队同时分别向早前已侦察到的两处敌人发起袭击。敌人被突击队一阵猛打，便懵懵懂懂地缴了械，此时，前来增援的敌人从正面和侧面向突击队包围过来。突击队员占据有利地势抗击敌人，长枪队迅速渡江投入战斗，同时，700 余名没收队员集中起来，打起旗帜，冲向江边，隔江摇旗呐喊，以为疑兵之计。敌人见河上渡船来往穿梭，岸上红旗招展，不知虚实，以为是革命军后续大队来到，慌忙向北面高地退去。突击队、长枪队趁机反击。敌无心恋战，丢盔弃甲，择路逃命如鸟兽四散。此仗计击溃民团 400 余众，长短枪数十支，以及一批物资弹药，畲坑暴动的胜利震撼了粤东。

1928 年 4 月，中共兴国临时县委在长岗乡冰心洞清静观召开扩大会议，传达中共中央八七会议精神和江西省委关于全省暴动的决定，决定在群众基础较好的崇贤、大龙等乡村首先举行暴动。崇贤位于兴国北部，是畲汉杂居的地方，泥屋、下坑、龙下、源头山、横岗、上石溪、下石溪、龙潭口、狮形、深田坑、鹅形、龙上、凤形子等十几个自然村基本都是清一色的雷、蓝姓畲民。1928 年春，崇贤党组织以防贼防盗为名，成立了崇贤农民自卫队，配有梭镖、大刀、鸟铳等武器。为确保暴动成功，崇贤党组织派共产党员雷贵鹏（李挺）以暴动领导人的身份前往东固，带回赣西工农革命军第七纵队七八十人抄小路赶到崇贤助战。5 月 10 日黄昏，红七纵队用计击毙靖卫团总并缴枪 30 余支，紧接着，在崇贤游击队的配合下，活捉了当地作恶多端的恶霸地主。11 日，红七纵队和游击队包围了地主的大庄园，缴获 15 支步枪、1 支短枪，把粮食、布匹等分发给贫苦群众。崇贤暴动的胜利，开辟了兴国北部的红色区域，并与东固红色区域连成一片。

1928 年 6 月 25 日，在福建上杭蛟洋也爆发了大规模的农民暴动。为了准备农民暴动，中共北四区区委发动群众夺取民团的枪支，建立农民自卫军，并向土豪筹款，从广东请来打铁师傅，自制枪支弹药。为了解决经费的不足，还发动群众砍伐木材售得数千元，用于购置武器。暴动前夕，北四区农民自卫军共有 800 人，160 余支单响步枪，还有土铳、鸟枪、长矛、大刀等其他武器。中共上杭县委为了加强蛟洋农民自卫军的建设，把蓝鸿翔调到蛟洋，帮助搞军事训练。蓝鸿翔用在黄埔军校潮汕分校学的军事本领，加紧训练农民自卫军，从中挑选了一批骨干组织“敢死队”。当军阀郭凤鸣兵分两路进攻蛟洋时，蛟洋农民自卫军举行武装暴动，组织“敢死队”和农民武装近千人，在村口黄泥岗与石灰庵背两个山头，迎击来犯之敌，当场击毙敌排长。上杭蛟洋的农民暴动给畲族民众带来强烈的影响，同年 8 月，上杭南阳南岭村的进步青年钟正元、钟占春、钟如汤等专门去找在南阳一带开展革命斗争的罗化成，要求在该村打土豪分田地。

南昌起义军途经武平，对于当地革命斗争的发展起到重要的促进作用。1927 年 10 月，在武平县成立了以钟武为书记的中共武平特别支部。随后，上杭庐丰的蓝鸿翔、蓝维龙赴象洞举办了党员训练班，以怎样做秘密工作怎样组织暴动为主题，训练农民运动骨干，准备开展武装暴动。随即蓝维龙深入地处崇山密林的浩甲、小澜、澜园、亭头、田里、江坑等乡村，宣传革命思想，组织农民武装，发动当地农民蓝永福等 40 多人成立的铁血团。随着铁血团的发展壮大，1928 年 6 月 22 日端午节，铁血团成员有刀备刀，有枪带枪，在亭头、湘洋两地举行了武装集会游行，宣布有枪不交出来，查着枪毙，不给减租的枪毙；镇压和不让青少年参加农会的枪毙；还当场将土豪劣绅的粮食分给特困农户，为武装斗争的进一步开展打下了重要基础。①

瑞金与闽西仅一山之隔，两地人员来往密切，中共闽西特委为了进一步推动闽赣边界革命斗争的发展，委派蓝夏桥到瑞金与当地党组织联系，相机发展革命力量。蓝夏桥乔装打扮，以做生意为掩护，来到瑞金畲族最为集中的泽覃乡安治村。这一带地处闽赣交界的深山老林，山多田少，多数人靠租田耕种及造土纸、挑担等维持生计。蓝夏桥首先与当地畲族民众拉起了家常：“家里有多少人吃饭?”“有多少土地?”得到的回答是：“一干作田，挑担，无田地。”蓝夏桥又问：“交多少租?”进而启发道：“为什么会苦？你们天天起来劳动为什么没有吃？地主不劳动有租收，吃得好，穿得好，为什么？你们回去想一想。”随后，蓝夏桥进一步启发他们，他说：“你们讲了苦的原因，是受人剥削，土豪有权有势把地夺去了，我们生产的东西自己得不到一半。没有钱的人要团结起来，起来革命就可以夺回土地，把土豪的财产没收过来分给贫苦人。”在通俗易懂讲解的基础上，蓝夏桥进一步引导道：

① 中共武平县委党史研究室编：《武平人民革命史》，北京广播学院出版社 1995 年版，第 37 页。

“要革命就要参加共产党，参加党必须坚守秘密，老婆、父母、兄弟都不能讲。参加了共产党，要服从组织，再黑的天，再大的雨都要出发，如被土豪认出被捕，要牺牲个人。”经过一段时间的努力，发展了五六十人加入共产党，建立了三个党支部。

此时，恰逢驻守瑞金县城的国民党李文彬旅第六十八团和七十一团，因争饷而火拼，死伤无数，残军一路溃逃到安治山区。中共瑞金党的领导人蓝夏桥、邓希平等发动群众，采用与溃兵“结拜兄弟”的办法，获取 30 多支枪。1930 年 3 月 27 日，蓝夏桥见暴动时机已成熟，指示邓希平立即准备好 60 个红袖套和两面红旗，准备武装暴动，并告知拟从寻乌调拨 20 多支枪支援暴动。4 月 3 日傍晚，300 多名暴动队员手持长枪、鸟铳、梭镖和大刀在安治集合，当场镇压了当地流氓兵痞，缴枪 4 支。随后，暴动队浩浩荡荡冲向土豪家中，没收其粮食和其他家产，分给贫苦农民。安治暴动的胜利，为瑞金广大农村树起了标杆，在其影响下，陶朱、蓝崇、黄沙、历任、武阳、九堡、黄柏也先后爆发了农民武装暴动，从而极大地鼓舞了全县人民的革命斗志，革命气势日益高涨。中共瑞金组织负责人蓝夏桥、邓希平顺势而为，决定组织各路暴动队攻打县城。4 月 30 日，安治暴动队与黄沙暴动队、武阳暴动队率先向县城发起进攻，守敌闻风而逃，暴动队伍一举将红旗插上了县城城楼，随即打开监狱，释放被关押的群众。

如此广泛、此起彼伏的畲乡农民暴动，这在畲族历史上尚是第一次，使畲族民众受到空前的武装斗争的洗礼，使之深切感受到枪杆子的重要性，为畲族民众进一步参与和开展武装斗争打下了坚实的基础。同时，农民武装在举行暴动后，有不少转移到地形险要的畲乡山区坚持斗争，这也促进了畲乡武装斗争的发展，并进而使这些畲乡成为开辟农村革命根据地的重要支点。

第二节　上有井冈山，下有东固山

1927 年 9 月爆发的湘赣边界秋收起义，由于敌强我弱，加上分兵作战，工农革命军连遭挫折，在攻打长沙无望的情况下，毛泽东冷静地分析了工农革命军的处境及前途，分析了敌我力量的对比及态势，果断地做出停止攻打长沙，工农革命军向浏阳文家市集结的决定。在工农革命军攻下莲花县后，毛泽东做出重大决策：引兵井冈山，向宁冈进发，开始工农武装割据的创新实践。1928 年 4 月 24 日，朱德、陈毅率领的南昌起义余部及湘南起义农军陆续转移到井冈山地区，与毛泽东领导的部队在宁冈砻市会师，并成立了中国工农红军第四军（后改称红军第四军）。从此，红四军成为探索中国革命道路的先锋，并成为创建中央革命根据地的骨干力量。

1927 年 9 月 29 日，毛泽东率工农革命军在三湾对部队进行改编，实行“支部建在连上”，即班设党小组，连设党支部，营团设党委，全军由前委统一领导，史称三湾改编。当时的三湾虽人口稀少，但在此及周边却有着不少畲民居住，① 红军也曾驻扎在三湾的钟家祠，畲族民众见证了革命军队的脱胎换骨。同年 10 月中旬，朱德率南昌起义军余部进入江西，经安远、信丰、大余、崇义、上犹进入湖南，并在途中进行了著名的“赣南四整”，所经之地也均为畲族分布较多的县份，尤其崇义县就是明朝守将王阳明在镇压了畲族民众起义后，试图进一步控制畲族民众而专门设县的，畲族在崇义县及附近的大余县的分布更是集中。② 在创建井冈山革命根据地时，毛泽东认为“第一个根据地是井冈山，介在宁冈、酃县、遂川、永新四县之交。北麓是宁冈的茅坪，南麓是遂川的黄坳，两地相距九十里。东麓是永新的拿山，西麓是酃县的水口，两地相距百八十里。四周从拿山起经龙源口（以上永新）、新城、茅坪、大陇（以上宁冈）、十都、水口、下村（以上酃县）、营盘圩、戴家埔、大汾、堆子前、黄坳、五斗江、车坳（以上遂川）到拿山，共计五百五十里”③。在井冈山革命根据地全盛时，拥有了宁冈、永新、莲花三县的全部，遂川北部、酃县东南部，以及吉安、安福各一部分，以上地区各地均有畲族的分布。④ 对于畲族民众而言，这场发生于家门口的革命，不仅对他们产生巨大的影响，同时也为他们投身于革命的洪流提供了得天独厚的条

① 三湾乡位于吉安市永新县西南，现所辖的行政村就有一个高东坳畲族村。

② 崇义县现有乐洞乡高洞、长龙镇沈埠、聂都乡竹洞三个畲族村。大余县现有池江镇九水、黄龙镇黄龙、青龙镇元龙、内良乡李洞四个畲族村。

③ 《井冈山的斗争》（1928 年 11 月 25 日）。《毛泽东选集》第 1 卷，人民出版社 1991 年版，第 68 页。

④ 2015 年，井冈山创办了畲族生态园。

件。正如毛泽东在《井冈山的斗争》中所指出的：“边界的红旗子，业已打了一年，虽然一方面引起了湘鄂赣三省乃至全国豪绅阶级的痛恨，另一方面却渐渐引起了附近省份工农士兵群众的希望。”①

继创建井冈山革命根据地之后，1928 年春，在赣西南吉安的东固也形成了与井冈山成掎角之势的一块工农武装割据区域。当时有“上有井冈山，下有东固山”之称。东固位于吉安东南部，地处吉安、吉水、永丰、兴国、泰和五县之交。这里地势险要，四周有钟鼓山、大乌山、荒石岭、白云山、观音崖、九寸岭、东固山等崇山峻岭，形成天然屏障。腹地为东固小盆地，物产丰富，可为革命武装提供足够的给养。五县之交的地理位置，是反动统治力量薄弱的地方，有利于革命武装力量的回旋，且政治影响可及于赣西和赣南两地。这些都为东固的武装割据提供了重要条件。同时，东固也是畲族聚居的地区，龙家塘、樟洲、六渡、上黄沙、峰岭、钢灶、江口 7 个村为畲族行政村。除此之外，螺坑、傲上、三彩、白云山、灵丰、东固等村均有畲族分布，是畲汉杂居的村落。②

东固武装割据是在东固农民暴动的基础上发展起来的。1927 年 11 月，中共东龙（东固、南龙）支部领导的东固工农革命军，在东固农民的配合下举行暴动，开展游击斗争，开辟了以东固为中心的小块武装割据。东固暴动胜利后，根据中共江西省委关于争取“会匪”的指示精神，中共东龙支部加紧了对周边“三点会”等绿林武装的争取工作。在党的富有成效的工作和东固暴动胜利的影响下，继在暴动前加入东固工农革命军的兴国蜈蚣山“三点会”段月泉部外，永丰良村民团首领梁人杰、泰和紫瑶山绿林武装首领孙道发和东固“三点会”首领曾金山等，均在东固暴动后相继率部投奔工农革命军，东固工农革命军得到迅速发展。

1928 年 2 月，根据中共江西省委军事部的工作计划，中共赣西特委决定将赖经邦领导的吉安东固工农革命军与袁振亚、吴江领导的永丰、吉水工农革命军合并，成立江西工农革命军第三师第七纵队。在赣西南特委代表的指导下，第七纵队在东固养军山成立，下辖 3 个区队，共 150 余人、80 多支

---

① 《毛泽东选集》第 1 卷，人民出版社 1991 年版，第 81 页。

② 2001 年 4 月经人民政府批准，龙家塘、樟洲、六渡、上黄沙、峰岭、钢灶、江口 7 个村为畲族民族村。2002 年 7 月，东固撤镇改为畲族乡。

枪。与此同时，经中共赣西特委批准，以吉安延福地区组建江西工农革命军第三师第九纵队。第七、第九纵队建立后，以吉安东固为基地，纵横于吉安、吉水、永丰、兴国、雩都、泰和等县边界地区开展游击斗争，拔除地主武装据点，摧毁乡村地主政权，发动群众打击土豪劣绅，建立以农民协会为过渡形式的革命政权。到 1928 年春，以东固为中心的永丰、兴国、雩都三县交界处已形成割据，这是赣西南地区继井冈山革命根据地创建之后，与井冈山成掎角之势的又一小块工农武装割据区域。后来陈毅称东固革命根据地为“东井冈”。

东固割据区域形成后，赣西南地区 1928 年春农民武装暴动失败后保存下来的部分革命武装，如万安河东的农军、吉水水南地区的农军，均先后转移到东固，使东固革命武装力量不断壮大。第七、第九纵队在当地群众的配合下，以灵活的游击战术，对各路地主武装实施各个击破。各路地主武装先后被歼后，国民党又纠集吉安、吉水、永丰、泰和、兴国五县反动武装，兵分四路向东固根据地发动“五县会剿”。第七纵队退守东固养军山，与敌周旋 20 余天，以突袭方式分三路包围驻东固圩之敌，一举歼灭五县“会剿”的国民党军。从此，国民党军再不敢贸然侵犯东固革命根据地，东固革命根据地由此得到壮大和巩固。

1928 年 9 月，第七、第九纵队奉上级命令到吉水阜田整训，第七、第九纵队合并，编为江西工农红军独立第二团，李文林任团长，下辖四个连和一个政治宣传队，全团 300 余人，受中共赣西特委军委指挥。红二团成立后，留下部分兵力与安福、吉安边界游击队组建赣西游击第一大队，在延福、阜田地区开展游击斗争。主力则东渡赣江，游击于峡江、永丰、乐安之间，扩大割据区域。1928 年 12 月 10 日，红二团攻克乐安县城，歼灭乐安靖卫团，缴枪 57 支。接着，进攻永丰靖卫团，缴枪 70 余支。随后又击败国民党军刘士毅部，缴枪 20 余支。这时，红二团已发展到 800 余人，有枪 430 余支，“江西红军二团。不绝的在赣西南区域内游击，与敌人肉搏，消灭不少的豪绅地主，夺取了地主阶级很多的武装”[1]，成为开辟赣西南武装割据的一支

① 江虞：《赣西南工农群众的斗争》。见江西省档案馆、中共江西省委党校党史教研室编：《中央革命根据地史料选编》上册，江西人民出版社 1982 年版，第 216 页。

劲旅。

与此同时，在赣南地区，在中共赣南特委的领导下，也组建了几支小型的工农游击队和地方红军。1928 年 4 月，于都北部桥头暴动的农军转移到兴国县东南边境樟木山地区，组建桥头游击队（又称赤卫队），钟声楼任队长，朱学玖任党代表。于都西部和南部也在农民武装暴动的基础上组建了雩西游击队和雩南游击队。1928 年 5 月，兴国崇贤农民在第七纵队的支援下举行暴动，击毙崇贤靖卫团首领，缴枪 16 支，取得了崇贤暴动的胜利，打通了东固革命根据地与雩兴游击根据地的联系。1928 年 12 月，红十五纵队配合红二团一举攻克兴国县城，缴获兴国商团枪支 110 余支，增强了赣西南革命武装的实力，扩大和巩固了东固——雩兴根据地。1929 年 1 月，以于都桥头赤卫大队为基础，加上兴国东村地区农民武装及部分“三点会”武装，在兴国祭脑组建赣南红军十六纵队，钟先桐任纵队长，张文焕任党代表。全纵队 80 余人，枪 30 余支。1928 年 9 月，中共寻乌县委在寻乌黄砂西云庵组建赣南红军第二十一纵队，钟锡球任纵队长，古柏任党代表。1928 年秋，安远版石赤卫队和信丰新田、金鸡等地赤卫队在新田合编为赣南红军第十九纵队，蓝广孚任纵队长，隶属中共安远县委指挥。

在武装暴动中成立的赣南各县地方红军的发展，为建立赣南第一支团以上的地方红军奠定了基础。1929 年 2 月 15 日，江西工农红军独立第二团与赣南红军第十五、第十六纵队在兴国莲塘会合。为了统一赣南红军的指挥，中共赣西特委秘书长、红二团团长兼党代表李文林和中共雩北特区委书记李骏，在莲塘主持召开两军会议，决定以赣南红军第十五纵队和第十六纵队为基础，并从红二团抽调 100 余名党、团员骨干，组建江西工农红军独立第四团，全团 400 余人，300 余支枪，隶属中共赣南特委，并受中共赣西特委指导。红四团的组建，为赣西南的武装割据增添了一支劲旅。

对于在东固创建革命根据地的模式，正在探索中国革命道路的毛泽东大为赞赏，称“由二十五支枪起手的七九两纵队，现改为江西红军独立第二团，差不多抵得上四军的三十一团了，他的战术是飘忽不定的游击，游击的区域是很宽的……他们消灭了许多靖卫队团，打败了三十六旅的二十七团，他们经常是一角五分一天士兵伙食，从不发生经济问题，他们与省委的关系很密切，交通也方便，敌人完全是奈何他们不得，用这种方法，游击区域可以很广，即是说发动群众的地点可以很多，可以在许多地方建立党和群众的秘密组织”①。

在四周都是反动政权的环境里，小块的红色政权如何才能更有利于生存？“朱德毛泽东式”“贺龙式”“方志敏式”的革命根据地，都是采取公开割据的方式，这种方式利于扩大影响、发动群众，但往往招致敌人的不断围攻，斗争异常残酷。而东固革命根据地则采取同敌人进行公开武装斗争的同时，实行秘密割据的方式，这种独特的方式被毛泽东称之为“李文林式”的革命根据地，其特点是既有利于革命斗争的开展，又有利于保护革命骨干和人民群众免遭迫害，使“边界所受的痛苦这里完全没有”②。其最为关键的条件是根据地上下必须严守秘密。正是畲乡民众最保守秘密、最团结的民族性，使“李文林式”的革命根据地得以建立和发展。

第三节　源于畲乡的“方志敏式”革命根据地

《星星之火，可以燎原》是毛泽东探索中国革命道路的重要成果，文中指出，“朱德毛泽东式、方志敏式之有根据地的，有计划地建设政权的，深入土地革命的，扩大人民武装的路线是经由乡赤卫队、区赤卫大队、县赤卫总队、地方红军直至正规红军这样一套办法的，政权发展是波浪式地向前扩大的，等等的政策，无疑义地是正确的”③。这种“方志敏式”革命根据地的创建起始于横峰楼底蓝家村。1927年12月10日，横峰楼底蓝家村的暴动极大地提高了广大农民的革命热情，受之鼓舞，各地农民相继举行暴动，暴动区域不断扩展，大半个县的农民都加入了暴动队伍。

◎方志敏同志青年时代

---

① 《中共湘赣边界特委报告（第二号）》（1929年6月6日）。见《井冈山革命根据地》（历史文献5），1986年，第13页。

② 《毛泽东前委来信（摘要）》（1929年4月13日），《党的文献》2008年第2期。

③ 《毛泽东选集》第1卷，人民出版社1991年版，第98页。

◎1928年1月2日，方志敏在江西弋阳九区窑头村主持召开弋阳、横峰等五县党员会议，会后，弋阳、横峰两县农民革命团发起了弋横农民武装大暴动。图为会议旧址

1928年1月2日，方志敏在弋阳九区窑头村主持召开弋阳、横峰、贵溪、上饶、铅山五县党员会议（即窑头会议）。会议正确分析了形势，确定了武装起义的纲领，提出目前的中心任务是土地革命，以地方武装暴动夺取政权。会议选举组成中共五县工作委员会，方志敏任书记；同时成立了暴动总指挥部，方志敏任总指挥。窑头会议后，为了扩大暴动区域，暴动总指挥部于1928年1月间发出各地同时暴动的指示，并要求各地暴动队伍向外围猛烈出击。在暴动总指挥部的统一部署下，弋阳、横峰的农民革命团组成六路纵队，向四周全面扩散发展，一个月内，投入暴动的农民多达七八万人，弋、横两县纵横100余里的广大地区到处都是暴动的队伍，红旗飘扬在每个村庄的上空，乡村国民党政权土崩瓦解，取而代之的是农民革命团。那些作恶多端的土豪劣绅被镇压，他们的粮食和财物也都分给了贫苦农民，弋横乡村出现了非常火热的革命景象。

弋横暴动的胜利，使国民党当局大为震惊。进驻赣东北河口镇的国民党军由一个连增加至一个团，并迅速分兵进驻弋阳、横峰，还纠集了广信七县的反动地方武装，联合向弋横暴动区域大举进攻。在强敌进攻之下，起义指挥部所在地葛源失陷。为了夺回葛源，起义指挥部组织了五路农军会攻葛源，但遭遇埋伏，一万余农军队伍被打散，坚持两个月的弋横暴动遭到严重挫折。在这严峻时刻，中共五县工作委员会冷静地分析敌强我弱形势，总结葛源战役失败的教训，果断地作出了停止进攻，转移到磨盘山一带进行游击战争的战略决策。

磨盘山位于横峰弋阳交界，山高林密，地形复杂，不少畲族散居此地，新篁的陈村湾、刘家坞存有畲族部落。大革命失败后，雷夏曾隐蔽在磨盘山西源山区一带坚持革命活动。1928 年 3 月，方志敏率工农革命军转入磨盘山区开展游击战争，利用这里有利地形，采取“出敌不意，攻其不备，声东击西，避实击虚，集中兵力，争取主动，打不打操之于我，扎口子，打埋伏，打小仗，吃补药，吃得下就吃，吃不下就跑”的战术，与敌周旋，保存和发展了革命力量。在全国各地武装暴动中，“公开打着红旗坚持下来没有垮的，主要的是毛泽东领导的这一部分和方志敏同志在赣东北领导的一小部分武装力量”①。

5 月上旬，弋阳县第一次工农兵代表大会召开，赣东北地区第一个县级苏维埃政府——弋阳县苏维埃政府宣告成立，方志敏任主席。十余天后，横峰县也召开第一次工农兵代表大会，成立横峰县苏维埃政府，邵式平任主席。此时，弋横革命根据地的范围包括弋阳九区全部，八区一部及横峰的十余个村，纵横约六七十里。

革命根据地成立后，遭到国民党军队的疯狂“围剿”，国民党当局成立了横峰、弋阳、青山、上饶、玉山、广丰、贵溪的“七县军民联合剿匪委员会”，采取“四面围攻”和“以农治农”的策略。当时革命根据地仅有刚成立的工农革命军一个连，枪 40 余支，如何才能粉碎敌人的“围剿”？为此，6 月 25 日，在弋阳、横峰交界处方胜峰的一座破庙里，方志敏主持召开了弋横两县委联席会议。会议批判“埋枪逃跑”的错误主张，否决了将队伍带到根据地外流动的意见。方志敏提出了坚持根据地斗争、依靠群众与群众共存亡的主张；强调在最困难的时候丢下群众逃跑，不是共产党员应有的态度，共产党员应当与群众同生死共患难。方志敏这种依靠群众、与群众共患难的

---

① 黄克诚：《关于对毛泽东评价和对毛泽东思想的态度问题》，《解放军报》1981 年 4 月 10 日。

主张，使得广大群众得以广泛地发动，当地的畲族民众铁了心跟着方志敏干革命，以各种方式支持游击战争的开展。由此，虽然当时的弋横根据地“只有弋阳九区四十余村，与横丰十余村，纵横不过六七十里”[①]，但这一源于畲村农民暴动的革命风暴，奠定了赣东北革命根据地的基础，创造了一整套建党建军和建立红色政权的经验，为中国革命道路的探寻提供了方向。这正是毛泽东在《星星之火，可以燎原》一文中将“方志敏式”的革命根据地与“朱德毛泽东式”的革命根据地相提并论的重要原因。

① 《方志敏文集》，江西人民出版社 1999 年版，第 50 页。

第三章　风暴席卷

第一节　红四军“围魏救赵”途经畲乡

1929年1月4日，红四军前委在江西省宁冈县柏路村召开会议，决定在井冈山“内无粮草，外无救兵怎能坚固军心，期望蒋桂战争爆发，来解井冈之围这当然是一个毫无把握的事”的情况下，由毛泽东、朱德率领红四军主力第二十八、三十一团以及独立营、特务营，总计3600人，采取“围魏救赵”的战术，离开井冈山向赣南出击。即“以三分之一兵力加上边界群众总动员应付边界四周敌人的进攻力量，以三分之二（我军的主力）的兵力出间道以迅速手段占领江西敌人后方，乘虚而入，使江西军队回兵救援，则此次敌人之会剿计划可以打破了”[①]。10天后，红四军主力沿着赣南靠近湘南、粤北边境的崇山峡谷，直下赣南偏僻的遂川、崇义、大余、信丰等地，以游击战术分散和调动敌军。红四军采取“围魏救赵”战术向赣南进军，这一决策虽“前后各级党部讨论约经过一月的时间”，但却是在探索中国革命道路上迈出了新的一步，使探索的视野投向更广阔的空间。同时，红四军主动进军赣南所经地区，大多为畲族广泛分布的区域，这为畲族民众更广泛深入地投身和参与革命斗争创造了新的条件。

由于国民党军觉察了红四军分兵的作战意图，相应调整了部署，以湘军主力进攻井冈山，以赣军主力对红四军主力围追堵截，结果导致红军由原来的主动游击战陷入被动的突围战。由于离开了原有根据地，前有堵截，后有追兵，红四军出击赣南的军事行动，屡次陷入险境，处境十分艰难和被动。

---

① 《陈毅关于朱毛红军的党务概况报告》（1929年9月1日）。《中共中央文件选集》第5册，中共中央党校出版社1990年版，第781—782页。

1929年2月3日，毛泽东在寻乌罗福嶂主持召开前委扩大会议，分析了严峻复杂的敌情，决定全军向吉安东固进发，找个落脚之地。随后红四军从罗福嶂出发，沿着赣闽边界崎岖山路前进。2月9日，红四军抵达瑞金以北30公里的大柏地，这是一条长达5公里的峡谷，两侧峰峦重叠，山林茂密，其间有一条瑞金至宁都的交通要道。

1929年2月9日，红四军发动了大柏地伏击战，这场战斗是红四军自下井冈山以来，在屡战屡败之后，面对强敌而奋起反击的“最后一掷”。战斗中，红四军官兵在弹尽援绝的情况下，用树枝、石块乃至空枪，同敌人肉搏，杀声震天，血洒黄土，伤重倒地仍挣扎着站起来扑向敌人，直至获得最后的胜利。此役击败国民党军两个团，俘兵800余人，缴枪800余支。红军抱定必胜的决心与一往无前有我无敌的牺牲精神，绝地反击，悲怆而壮烈。陈毅说，这场战斗是在“血泊中挣扎”才获得“最后胜利”，是“红军成立以来最有荣誉之战争”。①

大柏地战斗胜利后，红四军乘胜占领宁都城，随后，从黄陂经永丰的君埠、龙冈向吉安东固进发。2月17日，在红二团党代表李文林接应下，毛泽东、朱德、陈毅率领红四军到达东固革命根据地，2月20日，与江西红军第二、四团在畲乡东固螺坑胜利会师。螺坑群众鸣放鞭炮、宰牛杀猪、送肉送粮热情欢迎和慰劳红四军。红四军在螺坑召开了两军团以上干部和东固中共组织负责人联席会议，毛泽东详细了解红二、四团的情况，并介绍了红四军的建军经验。2月22日，红四军和红二、四团在螺坑召开胜利会师大会。毛泽东在会上对东固革命根据地给予高度赞扬，说红四军是铁军，红二、四团是钢军，东固和井冈山最终一定会连接起来，最后一定可以解放全中国。朱德也在会上强调了没有武装斗争就没有革命人民的地位，他还幽默地说道，国民党反动派天天喊打倒“朱毛”，“朱毛”越打越多，现在你们也成了“朱毛”了，高度评价了两军会师的意义。陈毅在东固会师大会后欣然写下了《红四军军次葛坳突围赴东固口占》，用生动形象的诗句，高度称赞了东固会师的重大意义和历史作用。诗云：

① 《陈毅关于朱毛军的历史及其状况的报告（一）》（1929年9月1日）。《中共中央文件选集》第5册，中共中央党校出版社1990年版，第755页。

大军突敌围，关山渡若飞。今朝何处去？昨夜梦未归。
带梦催上马，睡意斗寒风。军号声凄厉，春月似张弓。
尖兵报有敌，后队转向东。急行四十里，敌截已扑空。
东固山势高，峰峦如屏障。此是东井冈，会师天下壮。

红四军在红二、四团的掩护下，在东固休整了7天，一改过去一个月来长途行军作战的被动局面，士气大为振奋，战斗力得到加强。红二、四团和东固革命群众赠送了4000元银元和大批弹药物资给红四军，红四军也回赠枪炮给红二、四团，并留下毛泽覃、谢唯俊、陈东日等一批干部帮助东固革命根据地工作。

在东固，从红四军的领导到一般指战员无不例外地都感到惊讶。据萧克回忆："我军占宁都城后，军中传闻，说西去不远的东固山，那儿有苏区，有李文林领导的游击队在活动，我们连日向东固进发，走了两三天，部队到南龙宿营，据说是进苏区了。奇怪的是，这儿没有苏区那种热闹场面，看不到苏维埃的名义，也没有农民协会招牌，尤其明显的是没有烧房子的现象，第二天到东固所见亦如此。在此之前，红四军所到之处，总是要打土豪，要烧掉旧的衙门、警察所等等国民党行政机关，在东固地区却没有这种事。然而，红四军三千余人一到就有军需供给，不仅有饭吃，还有蔬菜、猪肉吃，经常有人送东西来，我们住了六七天，没打土豪，但生活得比较好。"①

这种完全不同于井冈山的全新的情况，使毛泽东对于工农武装割据探索和认识上升到新的层面。毛泽东在给《中共湘赣边界特委报告》中颇有感触地说："这番我们到东固，则另是一种形式，反动势力是驱逐了，权利完全是我们的，但公开的政权机关和固定的赤卫队却没有。邮路是照常的，商业贸易是照常的，边界所受的痛苦此间完全没有。……在接近总暴动之前，这种形式是最好的，因为这种形式取得了群众而不致失掉群众。武装的形式不是守土的赤卫队，而是游击部队。"② 毛泽东甚至说东固的这种斗争形式和发

① 萧克：《朱毛红军侧记》，中共中央党校出版社1993年版，第132—133页。

② 《中共红四军前委给湘赣边界特委的信》（1929年4月13日）。中共中央文献研究室、中央档案馆编：《建党以来重要文献选编（一九二一——一九四九）》第6册，中央文献出版社2011年版，第155页。

展状况，让“四军的同志见了他们直是惭愧万分”[①]。为什么东固的斗争形式会得到毛泽东如此高的评价，其最为主要的是隐蔽的武装割据，不仅党是秘密的，红军武装是秘密的，政权组织也是秘密的。要达到这种程度的秘密武装割据，显然一方面与群众工作的方式有直接的关系，比如，在东固革命根据地就连领导人的穿着打扮都与当地群众没有差别，完全与当地群众打成一片。正如萧克所说的：“在东固，红四军与江西红军二、四团会师，我们一起开了个会师大会，我记得最清楚的是二、四团的代表，他穿着棉布长袍，像个绅士，他在大会上讲话既文雅又激昂。他说，大家欢迎红四军到来。我们这里有很好的群众，还有战斗力强的部队，我们的战术是打得赢就打，打不赢就走上山，敌人找不到我们，我们可以看住他，有条件的话能打他一两个团。我们对于这位不像军人的军队代表的讲演，既惊奇，又有好感。”[②]

另一方面，“这里有很好的群众”[③]，这也是令东固党和红军所自豪的。东固是个畲族聚居的地方，畲族民众之所以坚定地拥护革命，与其所处的经济地位有关。据统计，畲族民众一般贫富差距不大，地主的比例很小，仅为汉族中的十分之一。同时，也与畲族所崇尚的忠勇精神有关。叶飞将军在其回忆录中曾深有感触地说，畲族“具有两大特点：第一，最保守秘密，对党很忠实；第二，最团结”[④]。陈毅在当年给中央的报告中也讲道：“赣南群众斗争有两个最红的地方可以为赣南群众斗争的代表，一个是东固（……）为江西红军第二团之根据地。”[⑤]

毛泽东在谈到东固革命根据地时说道：“敌军到来寻不到目标，党的组织和群众的组织（农民协会）完全秘密着。”[⑥] 要达到这种在反动统治眼皮底

---

① 《给林彪的信》（1929 年 6 月 14 日）。《毛泽东文集》第 1 卷，人民出版社 1993 年版，第 67 页。

② 萧克：《朱毛红军侧记》，中共中央党校出版社 1993 年版，第 133 页。

③ 萧克：《朱毛红军侧记》，中共中央党校出版社 1993 年版，第 133 页。

④ 《叶飞回忆录》，解放军出版社 1988 年版，第 80 页。

⑤ 陈毅：《关于赣南、闽西、粤东江情况的报告》（1929 年 9 月 1 日）。见中共江西省委党史研究室等编：《中央革命根据地历史资料文库·军事系统》，中央文献出版社、江西人民出版社 2015 年版，第 105 页。

⑥ 《中共红四军前委给湘赣边界特委的信》（1929 年 4 月 13 日）。中共中央文献研究室、中央档案馆编：《建党以来重要文献选编（一九二一——一九四九）》第 6 册，中央文献出版社 2011 年版，第 155 页。

下的隐蔽斗争，不仅党组织和革命武装要善于隐蔽，更为重要的是当地群众的全力支持和严守秘密，只有人民群众才是真正的铁壁铜墙，对此，萧克曾不禁感慨：“任何险要地形和坚固工事都是靠不住的。”①

第二节 红四军分兵行动与畲族群众的广泛发动

毛泽东、朱德率红四军主力向赣南进军，井冈山在国民党军队的围攻下失陷了，原定的内外线配合以打破敌人对井冈山根据地“会剿”的计划已无法实现，且此时蒋桂战争已爆发，红四军遂于1929年2月下旬离开东固，经广昌、石城等地向闽赣边界挺进。到达瑞金壬田镇时，得知尾追的国民党军第十二师第三十五旅忽然调头西返，红四军于3月11日离开壬田镇挥师东进福建。3月11日，红四军到达闽西长汀（汀州）县境，12日驻扎在长汀县四都镇。

盘踞在长汀城内的福建省防军第二混成旅郭凤鸣部闻讯后，企图在四都渔溪截击红军。红四军三路进击渔溪击溃敌军，各部乘胜追击，直逼长岭寨。长岭寨又名胜华山，位于武夷山脉南段，距汀州城15里，是汀州城南的屏障。当红军主力进抵长岭寨时，郭凤鸣部已占据长岭寨东侧的梁屋头和河龙头等有利地形。3月14日晨，红四军军部特务营迂回敌后，切断敌之退路，朱德率主力向长岭寨发起攻击，很快占领了长岭寨主峰。在红四军主力的猛烈攻击下，郭凤鸣旅溃不成军。为了夺回长岭寨阵地，郭凤鸣集中余下兵力进行反扑，但连续3次都被红四军击败。朱德见时机已到，一声令下，红军战士以猛虎下山之势，冲下长岭，直捣郭旅指挥部，郭凤鸣在狼狈逃命中被红军战士击毙。红四军浩浩荡荡进入长汀城。

3月20日，毛泽东在闽西长汀辛耕别墅主持召开红四军前委扩大会议，决定利用蒋桂战争大爆发的有利形势，以及赣南闽西革命基础较好、军阀势力较弱的有利条件，“以赣南闽西二十余县为范围，用游击战术，从发动群众以至于公开苏维埃政权割据”。会议强调指出：“唯闽西赣南区内之由发动

---

① 萧克：《朱毛红军侧记》，中共中央党校出版社1993年版，第134页。

群众到公开割据，这一计划是决须确立，无论如何，不能放弃，因为这是前进的基础。”① 这一决策充分说明了毛泽东对于中国革命道路的探索，已经从实行工农武装割据上升为创建农村革命根据地的新的层面。其关键首先在于突破了井冈山时期据险而守的观点，强调以充分地发动群众作为首要的前提，从游击战争、发动群众到公开苏维埃政权割据，“分兵以发动群众，集中以应付敌人”，“正如打网，要随时打开，又要随时收拢。打开以争取群众，收拢以应付敌人”。② 其次，也突破了畲乡“李文林式”仅限一地隐蔽革命根据地的模式，把视野投向赣南、闽西20余县的更大范围，“固定区域的割据，用波浪式的推进政策。强敌跟追，用盘旋式的打圈子政策”③。“这时候的红军不是一个单纯打仗的东西，他的主要作用是发动群众，打仗仅是一种手段，并且打仗的时间与做群众工作的时间是一与十之比。”④ 这一重要的决策奠定了创建中央革命根据地的基础。同时，由于赣南、闽西是畲族分布最为集中的地区之一，党和红军在此充分发动群众，实行土地革命，使畲族更加广泛地参与到这如火如荼的苏维埃运动之中。

根据这一新的战略决策，1929年4月至7月，红四军在中共赣南特委、闽西特委和地方红军游击队的配合下，先后在赣南、闽西举行著名的“四月分兵”和“七月分兵”，广泛地发动群众，扫荡地方反动势力，促进了各县红色政权的建立和土地革命的发展，初步创建了以兴国、宁都、于都三县为中心的赣南革命根据地和以龙岩、永定、上杭三县为中心的闽西革命根据地。红四军在分兵行动中，广泛地发动群众，声势不断扩大，民众“听我们宣传员的演讲，非常高兴，欢呼声音，常常打断演讲的进行”⑤。红

① 《中共红四军前委给中央的信》（1929年3月20日）。中共中央文献研究室、中央档案馆编：《建党以来重要文献选编（一九二一——一九四九）》第6册，中央文献出版社2011年版，第89页。

② 《星星之火，可以燎原》（1930年1月5日）。《毛泽东选集》第1卷，人民出版社1991年版，第104页。

③ 《星星之火，可以燎原》（1930年1月5日）。《毛泽东选集》第1卷，人民出版社1991年版，第104页。

④ 《红军第四军前委给中央的信》（1929年4月5日）。中央档案馆：《中共中央文件选集》第5册，中共中央党校出版社1990年版，第675页。

⑤ 攻石：《朱毛到了汀州》（1929年4月20日）。中共龙岩地委党史资料征集领导小组、龙岩地区行政公署文物管理委员会编：《闽西革命史文献资料》第2辑，1982年内部版，第64页。

军在于都、兴国、宁都、永定、龙岩等县先后召开了5000人至万余人的群众大会。

1929年5月19日，毛泽东、朱德率红四军从瑞金武阳越过闽赣交界，疾速向闽西挺进。20日上午9时许，红四军全体指战员来到汀江渡口长汀水口。当时正值雨季，水口又正处于濯田溪和汀江两水交汇的地方，江水猛涨，江面增阔100多米，水流湍急，浊浪翻滚。在后有追敌的情况下，红四军前委决定部队迅速过江，尽快甩开追敌李文彬旅。要渡过汀江，就必须有渡船。红四军一方面召集贫雇农代表开会，及时调查了解情况，布置横渡汀江事宜，另一方面立即派出红军小分队到各村征集渡江船只。当时，土豪劣绅早已逃走了，一些船夫听说兵来了，一时弄不清楚是什么军队，害怕又会连人带船被劫去服劳役。因此，把船撑到离渡口较远的偏僻处，自己躲回家里闭门不出。红军一支小分队很快来到水口附近的蓝坊村，发现一条大木船，经调查找到了主人蓝星朗。战士们耐心地向他宣传党的纲领、红军的宗旨和纪律，请他召集乡村船工帮助红军撑船渡江。蓝星朗兄弟俩看到身穿灰军装、脚穿草鞋的红军战士都是穷苦人出身，态度和蔼，讲话诚恳，与凶神恶煞的国民党军根本不同，疑虑很快消除了。兄弟俩立即拿起竹篙，带着战士们把本村另外两条大木船的船夫也动员出来，一起撑船来到渡口。这时已是上午10点多钟，其他小分队也先后找到了6条大木船及其主人，都陆续撑船来到渡口。

上午11时左右，18位船夫撑着9条船，满载着红军战士（每条大船坐30至40人）开始横渡汀江。到下午4时左右，红四军全部顺利渡过了汀江，每位船夫领到了红军发给的工钱银洋一元，船夫们对照过去连船带人被国民党军队抓去当劳役，不仅拿不到工钱还遭到拳打脚踢的情景，看到红军纪律严明、处处为穷人的实况，都啧啧称赞不已。

红四军主力安全地渡过了汀江，经涂坊、南岭、南阳，直下龙岩、上杭，沿途到处张贴毛泽东、朱德、陈毅签发的《红军第四军司令部政治部布告》，宣传“我们红军受共产党的领导，执行民权革命三大任务，打倒帝国主义，打倒地主阶级，打倒国民党政府，以帮助工人农民，及一切被压迫阶级得到解放为宗旨”，并号召“大多数人，应该联合起来，打倒这少数豪绅，求得多数人的利益”。[①] 毕占云在《三战闽西》一文中指出：“二度入闽与第一次大为不同。自从红军消灭了小军阀郭凤鸣之后，闽西人民都称红军是自己的‘命根子’，是‘天兵天将’、‘救命菩萨’。因此，在红军进军到古城、濯田、水口和涂坊等地时，群众纷纷烧茶水、送干粮（红薯）；青年人争先参加红军；老太太们烧香祈祷，保佑红军打胜仗。当时，虽然天气炎热，行军极度疲劳，但在毛党代表‘开辟闽西’的号召下，和群众的热情鼓舞下，个个情绪高涨，斗志昂扬。”[②]

5 月 25 日红四军攻占永定城，“大批红军官兵被派到各处乡村去开展宣传工作，毛泽东、朱德出席了有一万人参加的群众集会。这个小县城总共也不过两三万人，几乎是倾城而出。还有许多是从很远的山区农村赶来的农民，大家都争先恐后地挤上前去，看一看朱、毛二人的模样”[③]。在永定县城，“党便在群众大会上通过打毁城墙的议案。随后各乡打城群众自早晨八时起便各路迤逦而来绕城工作，有如黑蚁。夕阳西下又鱼贯而归”[④]。在广大民众中产生了重大的反响，此后，红四军又三打龙岩，消灭了军阀陈国辉部，并执行了在闽西各县的分兵计划：红四军第一纵队分兵在杭永边界的坎市、合溪、丰稔、太拔、蓝溪、庐丰、安乡、湖洋、寨背、千家村、官庄、回龙和才溪等地；第四纵队分兵在上杭的白砂、旧县一带，红四军迅速打击国民党军阀残部和反动民团，势如破竹。上杭党组织为了迎接红四军的到来，在畲乡庐丰召开会议进行部署和发动，蓝维仁、蓝细哥、蓝光天、蓝宏、蓝其中、蓝细妹、蓝衍庆、蓝锦声、蓝华文、蓝国宝、蓝同声、蓝文彩、蓝启明、蓝上标等众多的畲民参加了会议。在红四军帮助下，上杭各地迅速建立起农民武装，东五区赤卫队有枪支百多条，白砂 90 多支，北五区 30 多支。此后，全县 12 个区各乡村农民武装暴动如火如荼地兴起，畲族民众以空前的热情投身于土地革命的热潮之中。在上杭官庄最为边远偏僻的焦

---

① 《红军第四军司令部政治部布告》（1929 年 6 月）。中共江西省委党史研究室等编：《中央革命根据地历史资料文库・军事系统》，中央文献出版社、江西人民出版社 2015 年版，第 45 页。

② 中共长汀县委党史资料征集研究委员会编：《汀江红旗　党史资料汇编》第 1 辑，1993 年，第 41 页。

③ 蒋伯英：《1929 年朱毛红军与古田会议》，福建人民出版社 2009 年版，第 132 页。

④ 《中共闽西特委报告——闽西斗争形式和组织状况》（1929 年 8 月 28 日）。《福建革命历史文件汇集》（闽西特委文件）1928 年—1936 年，1984 年，第 121 页。

坑村，在红四军召开的群众大会上，当场就有15名青年报名参加红军，妇联主席蓝银连还送30双布鞋给红四军。

7月7日，红四军萧克支队由龙岩进军上杭，到达东三区后，李立民、蓝树荣、丘伯琴等带领数百名农民暴动武装，在萧克指挥下，进攻庐丰圩，消灭了反动民团，缴获长短枪20多支。庐丰的庐丰、下庐丰、黄坊、太古、湖洋、大燮、久太、樟树、黄连科、罗家山、黄竹墩、官山、茶地、上坊、下坊、将军地、横岗炜官山等乡村，在蓝洪慈、蓝维仁、赖友发等人领导下举行武装暴动。各乡村农民情绪十分高涨，全县农会会员由300多人发展到500多人，党团员由30多人发展到50多人。各乡陆续成立革命委员会，领导农民打土豪，杀猪分粮。

随后，萧克支队分兵进军蓝家渡和太拔，派吴译勋率领部分红军指战员到达蓝家渡，策动农民举行武装暴动，在黄潭、岐滩、湖里、梅永、载厚、党坊等乡村，迅速组成暴动队，开展打土豪、分粮仓、烧田契、没收地主豪绅财产的斗争；红军进入太拔后，该区的太拔、大地、园东坑、张芬、彩霞、院田、丘辉、松尾、崇厦等地打土豪，烧田契，成立东三区革命委员会。

7月19日，红四军一纵队到达南阳。当地党组织在罗化成领导下，在康屋背头大草坪召开群众大会欢迎红四军。红四军第一纵队还抵达畲族聚居的南阳南岭村，在天后宫召开群众大会，号召民众团结起来，建立红色政权，在会上就有钟光华、钟茂华、钟荣标等10多名畲族青年参加红军。接着在南坑鞍山冈召集全区党员大会，部署武装暴动，组建区游击支队，而后成立外宣河区革命委员会。7月21日（农历六月十五日），在红四军一纵队策应下，才溪党组织负责人蓝鸿翔、罗化成、林鹏等人领导农民武装暴动，1000多群众在才溪花厅下集会，成立赤卫队、农民协会。旋即在各乡村打土豪、烧契纸、废债务，进剿盘踞在下王村的反动民团，缴获枪支30多支。原来逃到才溪的钟铭清残部及旧县民团闻风逃往官庄。红四军一纵队乘势追击到达官庄，策动了官庄农民武装暴动。在此同时，红四军分兵到达中都、洪山寺、峰市和湖洋、寨背等地，策动农民武装暴动。

1929年7月29日，朱德率领红四军第二、第三纵队和军部出击闽中，以期从外线打破国民党军的闽粤赣三省“会剿”，8月4日至6日，红四军进驻宁洋县城（今漳平双洋镇），大量张贴布告和标语，没收土豪劣绅的财粮分给贫苦工农。在红四军节节胜利的鼓舞下，许多村庄的群众揭竿而起，举行武装暴动，建立苏维埃政权。1929年冬，在龙岩县委直接领导下，成立了宁洋县赤水赤卫中队，活动区域遍及双洋、赤水各村，双洋的中村、坑源，赤水的岭兜、香寮等畲村建立了赤卫队，开展打土豪、减租减息斗争，逐渐形成以香寮、黄山、罗坑、中村为据点的红色区域。9月上中旬，当红四军攻打上杭城的决定下达之后，白砂黄蕉坑村的畲汉群众，根据这里竹山多、离上杭城近的特点，昼夜不停赶制竹梯350多排，造好后，由钟锦来、钟锦高、钟锦无、钟文煊、廖玉英、卢中书等把竹梯抬到上杭，以备红军架设浮桥强渡汀江和登城之用。9月19日，红四军攻打“铁上杭”，蓝鸿翔率赤卫队参战，众多畲族民众参加了攻城战斗。

除了在赣南和闽西的分兵外，1929年10月19日，红四军前委接到中共福建省委的指示信，信中转达中共中央指示，要求红四军“全部立［即］开到东江去帮助东江广大群众的斗争”[①]。根据这一精神，10月19日，红四军主力开始南下广东，先后转战大埔、蕉岭、梅县、丰顺等县，占领了蕉岭和梅县县城。红四军出击东江虽然失利，但对当地革命斗争的发展产生深远的影响。“在红军未来之前，反动派说红军怎样杀人放火、抢东西……红军到后群众出来看我们的是很多，商家也开了门做生意”[②]。红军每在一处驻扎，朱德都要召集群众召开大会，亲自登台将党和红军的宗旨、任务、方针、政策等一系列政治主张告知民众。梅州的畲江是历史上畲族居住地，地名也是由此而得；梅州的梅县、丰顺是广东畲族较为集中的地方，红四军到了梅县、丰顺以后，受到了群众热烈的欢迎，纷纷送米送肉给红军。在这里红四军还专门召开了畲区群众大会。据史料记载：“到会的达万人，梅南赴会者达数千人，该两区并成立苏维埃，实行没收分配地主阶级的土地。”[③] 随后，

① 《中共福建省委给闽西特委及前委的信》（1929年10月6日）。《福建革命历史文件汇集》（省委文件）1929年下，1984年，第330页。

② 《中共东江特委给省委报告——目前政治军事形势》（1929年11月2日）。中央档案馆、广东省档案馆：《广东革命历史文件汇集》（中共东江特委文件）1929年，1983年，第104页。

③ 《西北七联会致西北各县指示信》（1929年11月15日）。中央档案馆、广东省档案馆：《广东革命历史文件汇集》（中共潮、梅县委文件）1928—1932，1983年，第2页。

“梅南畲坑已成为苏维埃区域，同时有向东发展的趋势，梅西、梅北、松口、西阳都有相当的进展。所有红军经过的地方，以前中的一般群众都异口同声的说□共产党好”①。

随着红四军以发动群众为主要目的分兵行动的展开，红四军已不再拘泥于军事行动，而是扩大活动范围，广泛地发动群众起来进行斗争，在此过程中，即便是处于边远山区的畲族民众也受到革命风暴的影响，从而为畲族民众更广泛地投身于土地革命，迎接更宏大的革命斗争创造了条件。

① 《中共梅县县委致东委报告——政治概况、党组织、群众工作情况》（1929年11月7日）。中央档案馆、广东省档案馆：《广东革命历史文件汇集》（中共潮、梅县委文件）1928—1932，1983年，第182页。

第四章　历史际遇

第一节　毛泽东在畲村——苏家坡

1929 年 7 月，红四军党的第七次代表大会后，不再担任红四军前委书记的毛泽东和中共闽西特委秘书长江华、闽西特委组织科科长蔡协民等一行，前往上杭蛟洋参加中共闽西第一次代表大会。在会上毛泽东指出了巩固和发展闽西革命根据地的六个条件：“（一）闽西苏区已有 80 万群众，经过长期斗争，而且暴动起来了；（二）闽西各县有了共产党，这个党与群众建立了亲密的联系；(三）闽西各县已建立了人民武装——红军、赤卫队；(四）闽西的粮食可以自给；（五）闽西处于闽、粤、赣三省边沿，山岭重叠，地形险阻，便于与敌人作战；(六）敌人内部有矛盾，可以利用。”[①]

会议期间，由于国民党军队闽粤赣“三省会剿”向闽西苏区步步逼近，同时“因为毛同志患病，遂把组织、宣传、工运三个重要问题留去，先把其他问题提前讨论。不料毛同志病体未痊，而李旅入汀消息传来，前委召集紧急会议，变更行动计划。特委为应付敌人起见，讨论一个应付敌人计划，发出紧急通告。为要各地执行起见，大会不能继续下去，遂在 29 日以前闭幕了”[②]。为了应对国民党军队的“三省会剿”，中共闽西特委机关撤出龙岩，转移到了龙岩与上杭交界的古田苏家坡，身患重病的毛泽东也坐着担架一同前往。据时任中共闽西特委委员的雷时标回忆：在中共闽西第一次代表大会召开期间，“邓子恢同志把主席介绍给我认识，说叫毛主席要叫杨主任，要

---

① 邓子恢、张鼎丞：《闽西暴动与红十二军》。见中共才溪镇委员会、毛泽东才溪乡调查纪念馆编：《才溪人民革命史》，北京广播学院出版社 1997 年版，第 13 页。

② 《闽西代表会议情形》（1929 年 7 月）。《福建革命历史文件汇集》（闽西特委文件）1928 年—1936 年，1984 年，第 90—91 页。

我请医生为他治疗。”①

苏家坡背依尖尾仔山，面对大菇山、小菇山，深藏于梅花山南麓的崇山峻岭之中，这里山环水绕，人迹罕至。虽村名为苏家坡，住的却是清一色的雷姓人家，因为这里是个畲族村庄，畲人傍山结茅，依山而筑，沿坡而居，一条名叫黄潭河的支流穿山越谷绕村而过。由于地处偏僻，当地畲族群众生活十分艰辛，传唱着这样一首民谣：“有女莫嫁苏家坡，地瘦人穷石头多；三餐稀粥地瓜饭，出门三步就爬坡。不见骑马抬轿过，世代没个读书哥。”毛泽东此次到苏家坡仅小住几日，由于“无西药医治，延长到今，更为沉重”②，中共闽西特委决定送毛泽东到永定养病。

10月20日，朱德率红四军从上杭出发，出击东江，鉴于苏区内部空虚，国民党军有可能乘虚而入袭击永定，中共闽西特委决定护送毛泽东再次转移到更为隐秘的苏家坡。由此，毛泽东第二次来到苏家坡，据曾志回忆：“身体已完全恢复后的毛委员，和我们一起走回苏家坡。毛委员边说边缓缓迈着大步，一副优哉游哉的样子，而我们都要一溜小跑地跟在旁边。但当时我们这群年轻人还是最爱跟着毛委员行军，听他讲笑话，摆‘龙门阵’，走一路笑一路。”③

毛泽东又回到了苏家坡，住在闽西特委为他安排的“树槐堂”。“树槐堂”是一座砖木结构的二层小楼，建筑面积672平方米，一正两横布局。正楼分前、中、后三进厅堂，后厅为两层堂屋，中后厅左右两侧均设有厢房；两横为南北两侧护厝。相传是张献忠部属雷进坤回乡隐居时所建。毛泽东与贺子珍住在二楼北面的一间屋子，对面住着蔡协民、曾志夫妇。闽西特委机关也在“树槐堂”办公。

曾志记得大病初愈的毛泽东还是以休息为主，他的休息就是读书看报。他很用功，不知道从哪里弄来两本《模范英文读本》，是当时初中二年级的英文课本，“虽然他有很重的湖南口音，读得也不很准，听起来令人发笑，

---

① 雷时标：《毛主席在古田的一些情况》。

② 〔日〕村田忠禧：《一九二九年的毛泽东——围绕离开与返回红四军》，《党史研究资料》1987年第12期。

③ 曾志：《一个革命的幸存者——曾志回忆实录》（上），广东人民出版社1999年版，第99页。

但他天天读”。[①]

曾志还记得毛泽东夫妇之间的不少生活情趣，她说他们就如一对顽皮的青年夫妻那样喜欢打打闹闹，有时也闹些别扭。曾志说，那时贺子珍怀孕，心绪时有烦躁，“毛委员又喜欢开玩笑，开过了头，贺子珍就生气，两个人便吵了起来。吵着吵着，你打我一下，我也打你一下，就这样打起来了。但一会儿，两人又和好如初有说有笑了。我和蔡协民就住在对面的房间里，经常耳闻目睹他们的打闹说笑”[②]。毛泽东在贺子珍的帮助和悉心照顾下，身体逐渐康复，他们在山清水秀的苏家坡度过了一段宁静的田园时光。

◎福建苏家坡畲族村“平民小学”旧址

毛泽东虽是在苏家坡养病，但却依然处处造福于这里的畲民。当毛泽东了解到苏家坡人民世世代代都是文盲，且没有钱请老师后，便谋划起在这里创办学校，让孩子们上学读书。他对农民说：“你们这一辈种田人，因为受反动政府、封建势力的压迫和剥削，没有机会读书，并吃尽了种种苦头，如今地方红了，大家分了田地要办个学堂才好呀！”大家听他一说，觉得很对，但是没有教书先生怎么办？毛主席想起了替他做过饭的雷明新认得不少字，

① 曾志：《一个革命的幸存者——曾志回忆实录》（上），广东人民出版社 1999 年版，第 100 页。

② 曾志：《一个革命的幸存者——曾志回忆实录》（上），广东人民出版社 1999 年版，第 100 页。

就推举他当教师，并鼓励雷明新说："有什么困难，可以来找我。"随后他又将此想法与闽西特委书记邓子恢沟通后，决定将"树槐堂"的后厅作为课堂，招收农民子女入学。很快，苏家坡平民小学就办起来了。[①] 小学创办后，毛泽东还特地为孩子们上了生动形象的第一堂课，他用粉笔在黑板上一撇一捺地教孩子们写"人"字，并解释："人有穷人、富人，人类不平等。富人整天不做工，坐着吃，坐着穿；穷人整天做苦工，吃不饱，穿不暖。穷人要团结起来，打倒共同的敌人。"他还发给孩子们每人一支"公鸡牌"铅笔，鼓励孩子们为革命努力学好文化知识。据苏家坡已年过百岁的雷耀庚回忆："当年我就坐在第一排，看着毛委员在黑板上写'人'、'手'两个字，他和蔼可亲，我们都很喜欢他。""每当上课时人都来的很齐，我的哥哥、弟弟也和我一起来听课。"为此，在苏家坡还流传着这样一首山歌："斗字不识苦难当，世世代代睁眼盲。毛委员来了天地翻，穷苦孩子上学堂。"[②]

身体逐渐康复后，毛泽东就经常深入农户开展调查研究，与当地百姓拉家常，召开各种调查会、座谈会，关心群众生活，了解群众困难，切实解决群众的"心头事"。有一天清晨，毛泽东经过老贫农雷选如家，和他攀谈了起来。毛泽东问："老乡，苏维埃政府的工作还有哪些做得不够？"雷选如起初还有些许顾虑，不敢轻易开口，经过毛泽东开导后终于敞开心扉，说道："我们这人多田少，收到稻谷只够半年，一些粮食贩子在收获季节，趁谷价便宜就大量囤积。等到来年青黄不接时，高价卖出让我们吃贵米。而大部分人家没钱买米，就将还未成熟的即将收成的稻子贱价卖给他们，我们叫做'卖青苗'。年年如此，家家一般，穷人都饿肚皮。要是苏维埃政府能管管这事，定个章程来就好了。"毛泽东回去后便与闽西特委同志分析情况，提出解决办法，在各区成立粮食调剂局，平抑粮价，安定民心，解决贫困农民的吃饭问题。

在苏家坡期间，毛泽东经常来到"树槐堂"右侧小山上的圳背岩洞，这是一个天然岩洞，风景宜人、光线充足、洞里宽敞，洞口四周被野草、树木所掩盖，只通了一条羊肠小道，洞口有一块厅堂宽的空地，站在这里可以看到河水湍急的黄潭河支流。毛泽东很喜欢这里，"便亲自割除路上杂草，打

---

① 雷时标：《毛主席在古田的一些情况》。

② 中共龙岩地委宣传部编：《革命领袖在闽西》，海潮摄影艺术出版社 1991 年版，第 45 页。

扫石洞，从此，白天主席便常常打一筒开水到洞里工作。”① 当地畲族群众担心狡猾的敌人会顺着倒伏的草找到石洞，为保证毛泽东的安全，在送饭时，情愿划着竹筏逆流而上，再攀岩到洞口，将饭送给毛泽东。

有一天傍晚，邓子恢和毛泽东一起在树林里散步。谈话过程中，毛泽东把话题转到了党的群众路线和工作方法上。对这个问题，邓子恢有些茫然，他还没有认真想过，一时不知如何回答，由此引起毛泽东的一番教诲。邓子恢茅塞顿开，大受教益。也正因此，邓子恢对这次谈话刻骨铭心终生难忘，在之后的回忆录中写道：

> 毛泽东同志忽然问我说：“领导者的任务究竟是什么？”当时我答不出来，以后他说：“据我看来领导者并没有什么了不起的本事，他的任务就在于替群众当传达员，把大多数群众的意见传达给党委，党委根据群众意见加以总结分析作出决定，然后再传达到群众中去。”这一段话用现在的话来解释，就是“从群众中来，到群众中去”，就是群众路线的领导方法。毛泽东同志这个指示当时我曾传达给各县县委，这对龙岩党的群众路线工作作风进一步养成有很大帮助，对龙岩人民革命斗争的长期坚持也有巨大作用。②

在中共闽西特委会议上，邓子恢特意把这次与毛泽东的谈话内容传达给与会者，要求在实际工作中按照这一思想努力实践自己的使命。随后特委将这一精神以《特委通告第十四号》的文件形式迅速下发到闽西各县党政部门，要求“政府工作人员应有很好分工，各明责任，各级应尽量裁汰冗员，节省开支，办事要敏速，防止官僚习气之发展”，“各级政府工作应针对群众要求，为群众解除痛苦”，进一步养成群众路线和求真务实的工作作风。

毛泽东在苏家坡虽是养病且时间也不长，但“他待人和气，平易近人，所以农民群众都喜欢毛主席，愿意接近他”。毛泽东外出时，当地党组织考虑毛泽东有病在身经不住翻山越岭，就派雷坤汉等群众为他抬担架。结果雷坤汉回来却说：“这位同志一路上还是不让抬，照样每人给了二元银元的工资，路上我们劝他坐担架，他却笑着说：路小又陡，步行已很辛苦，你们给

① 雷时标：《毛主席在古田的一些情况》。

② 邓子恢：《龙岩人民革命斗争回忆录》，福建人民出版社1961年版，第51页。

我带路就很好了，怎么还能叫你们抬我呢！”① 毛泽东身上所体现出的优良作风给苏家坡的畲族民众留下了深刻的印象。

第二节 “九月来信”在畲村上杭官庄鹧鸪塘传达

在红四军主力进军赣南闽西的过程中，红四军内部围绕着党和军队的关系产生了不同意见和争论。“红军第四军的共产党内存在着各种非无产阶级的思想，这对于执行党的正确路线，妨碍极大。”② 正如党中央“八月来信”所指出的，“朱、毛红军对于全国的政治影响较对于闽西一处大得多，能保全这部分实力而更扩大之，便是对于全国政治影响的保存与扩大”。③ 党中央对于红四军情况高度关注，急于了解红四军党内的具体情况，为此红四军决定由时任红四军前委书记的陈毅前往上海，向党中央直接汇报红四军的情况。陈毅经厦门转到香港，于1929年8月下旬抵达上海。到上海后，陈毅用不到一周的时间完成了写给中央的五份报告，全面、客观、详实地反映了红四军的情况。正是基于陈毅的汇报，党中央对于红四军的情况迅速做出准确的判断。于1929年9月28日形成了《中共中央给红军第四军前委的指示信》，史称“九月来信”。

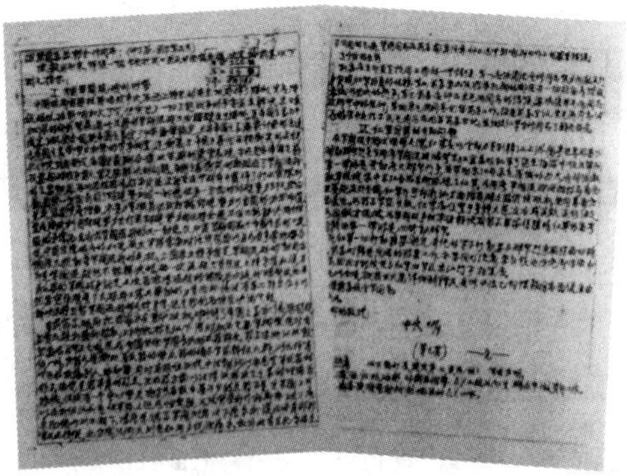

◎“九月来信”原稿影印件

中共中央给红四军前委的指示信，包括九个方面的内容：一、目前军阀混战的形势；二、红军的根本任务与其前途；三、红军发展方向及其战略；四、红军与群众；五、红军的组织与训练；六、红军给养与经济问题；七、红军中党的工作；八、朱毛问题；九、

① 雷时标：《毛主席在古田的一些情况》。

② 《关于纠正党内的错误思想》（1929年12月）。《毛泽东选集》第1卷，人民出版社1991年版，第85页。

③ 《中共中央给红四军前委的指示信》（1929年8月21日）。中共中央文献研究室、中央档案馆编：《建党以来重要文献选编》（1921—1949）第6册，中央文献出版社2011年版，第393页。

红军目前的行动问题。其核心要点是明确了中国革命的特征："先有农村红军，后有城市政权，这是中国革命的特征，这是中国经济基础的产物。如有人怀疑红军的存在，他就是不懂得中国革命的实际，就是一种取消观念。如果红军中藏有这种取消观念，于红军有特殊的危险，前委应该坚决的予以斗争，以教育的方法肃清。"规定了红军的基本任务，这就是："一、发动群众斗争，实行土地革命，建立苏维埃政权；二、实行游击战争，武装农民，并扩大本身组织；三、扩大游击区域及政治影响于全国。"同时，强调党应加强对红军的领导："党对军队的指挥尽可能实现党团路线，不要直接指挥军队，经过军部指挥军事工作，经过政治部指挥政治工作。"并指出"党管一切这口号，在原则上事实上都是不通，党只能经过党团作用作政治的领导"，"一切工作归支部这个口号是对的，是作经过支部去工作的解释，但不是与党的民主集权制相对立"，强调必须"纠正一切不正确倾向"。信中指出：对"红军中右倾思想，如取消观念，分家观念，离队观念，与缩小团体倾向，极端民主化，红军脱离生产即不能存在等观念，都非常错误，皆源于同志理论水平低落，党的教育缺乏。这些观念不肃清于红军前途有极大危险，前委应坚决以斗争的态度来肃清之"。

在此基础上，党中央的"九月来信"对于红四军党内争论表明了明确的态度，强调"朱毛两同志仍留前委工作。经过前委会议，朱毛两同志诚恳接受中央指示后，毛同志应仍为前委书记，并须使红军全体同志了解而接受"①。中共中央的"九月来信"，对正确解决红四军党内争论的一系列根本问题，加强红军中党的建设与军队建设，具有极为深远而重大的意义。

陈毅带着中央的指示信离开上海经香港立即返回红四军，在广东东江的松源与朱德等会合，随即召开前委会议，传达中央"九月来信"精神。会后，陈毅将中央"九月来信"和自己写给毛泽东的一封信，派专人送交仍在苏家坡的毛泽东。随后，红四军东进返闽，经平远、武平抵达上杭官庄树人村。据《陈毅年谱》载："1929 年 11 月中旬初，闽赣敌金汉鼎部韦杵旅已从闽西撤回赣南，陈毅和朱德乃率领红四军经广东平远返闽西"，"11 月 18 日，

① 《中央给红军第四军前委的指示信》（1929 年 9 月 28 日）。中央档案馆编：《中共中央文件选集》第 5 册，中共中央党校出版社 1989 年版，第 447—489 页。

进驻上杭官庄。和朱德召开前委会，‘决定扩大闽西赤色区域，建立闽西政权的政策’。”①

树人村是畲族聚居村，村中的鹧鸪塘见证了红军这一历史性时刻。据当地老人回忆：

红军大约是在那年冬季挖番薯的时候来的，冬天汀江河水浅，起初有红军小分队先过江，在树康村周边几个山头放哨警戒。

过了一段时间，红军的大部队扛着红旗，从对岸的吴前村一带蹚水过河。大家从来没有见过红军，以为又有“土匪”来了，呼儿叫娘抱着值钱的东西躲到山上去。红军的宣传员一队队上山来找，叫大家不要怕，赶快回家搞生产生活。大家看到红军战士和蔼可亲，不打人、不骂人、不抢东西，慢慢地试探了才敢回家来。

第二天一早，大家看到红军战士把头天夜里睡觉借用的门板都安上了，争着帮群众挑水、打扫卫生，有的还帮助群众种田，老百姓都觉得好新奇。红军炊事班的人员有的在空坪里做饭，有的借用人家的锅灶做饭。大家纷纷拿出家里的番薯、芋卵、南瓜、青菜给红军煮，红军一定要给铜板，这下大家更觉得红军很好亲近了，都说天底下竟然还有这样好的军队。

◎上杭官庄树人村红军标语

① 刘树发主编：《陈毅年谱》，人民出版社 1995 年版，第 140 页。

当时的老人还清晰地记住当时红军开会的情况："红军在鹧鸪塘开会的时候，没有桌子，也没有台子。几千个人就围在这一片平缓的山坡地，一个个坐在地上开会。山坡上到处都是坟墓，红军战士也不忌讳，连墓塘里也坐满了人。红军开会，四周都有哨兵警卫，群众一个都不能靠近，谁也不知道他们讲什么。有些好事的人远远看过去，看到时不时有人站在队伍的前面讲话，讲完一个，红军队伍就鼓掌、喊口号。"

史料记载红四军于1929年11月18日在官庄开了前委扩大会议传达中央的"九月来信"精神，除此之外，据当时的村民回忆可以进一步发现，红四军还在此召开了全军的会议作了进一步的传达。

据官庄福乐村村民钟昌培回忆：当时红军指挥部就设在福乐村的钟氏祖屋，这座钟氏祖屋系钟氏十六世祖接兴公所建，是座典型的"三进两摆"宗祠建筑：

> 那年农历十月挖地瓜的时候，很多红军来到村里。群众对他们不了解，都跑到山上躲开了。我父亲钟裕煌是个老实巴交、与世无争的农民，当时30多岁。他认为自家穷得叮当响，又住得偏僻，没什么好怕的。再说房子后面山连山，真有什么动静再跑也来得及。所以，红军来借房子住的时候，没见过世面的父亲很意外又很紧张。还好红军官兵都很和气，主动帮家里打扫卫生，有的战士还帮忙种田。家里把厅堂让给红军住，自家人都住到横屋里。红军战士在门口的大坪里架锅焖饭，看到附近有小孩，经常拿一些锅巴给孩子吃。
>
> 红军的卫兵把房子四周都戒严了，馒头山和几个地势高的地方都架了机枪。一些战士在家里拉电线、架电话机，几个指挥官天天在厅堂里看地图、开会讨论，这个时候谁都不让靠近。过了两天互相之间熟悉了，父亲母亲才敢和红军搭话。可家里没什么好吃的，只能把一些煮熟的地瓜、芋卵、腌菜端给红军吃。慢慢才知道中等个子、身体壮实、面色赤黑的是朱德军长，还有一个叫王良的师长。朱德军长和王良师长的房间只隔着一道木板墙，他们晚上睡觉的时候房门都不关，前后左右都有卫兵。那时候天气还不是很冷，很多红军就在正厅的地板上打地铺睡觉。

福乐村的村民见红军对老百姓秋毫无犯，纷纷从山上回到村里，仅几天

◎福建上杭官庄圩下街红军标语

时间就跟红军亲密无间。当年才 14 岁的钟裕才曾在江西瑞金读中学，见过一些世面，跟朱德军长攀谈不犯怵。他见朱德军长吃地瓜不剥皮就问为什么？朱德和蔼地说："地瓜皮更有营养。"钟裕才还私下问朱德军长能不能当红军，朱德军长见他年纪尚小，叫他等过些年长大了再说。红军在此虽只驻扎了个把星期，但在这里留下的"遭匪灾的人民团结起来清匪肃患""收缴粤军枪械""男女平等""消灭钟绍奎匪部""消灭反动保安团，欢迎慰劳我武装"等红军标语，深深地留在当地畲族人民的心中。正是受红四军的影响，随后该村的钟清贵、钟森昌、钟树基、蓝金台等一批青年参加了红军。

◎红四军在福建官庄上濯园坑创办的兵工厂旧址

而此时，在另一个畲村苏家坡的毛泽东，先后收到陈毅转来的中央"九月来信"、红四军前委官庄会议的决定，以及陈毅和朱德的信后，立即在中共福建省委常委兼组织部长谢汉秋的陪同下，离开苏家坡前往长汀与朱德陈毅汇合。临行前，毛泽东特意将在苏家坡盖的棉絮留给中共闽西特委。原来，在苏家坡的一天夜里，他提着小马灯走家串户，了解群众的生产生活。见炊事员杨冬冬的房间灯亮着，门开着，毛泽东就走了进去，与她拉起家常。山区的冬夜冷气逼人。毛泽东发现，杨冬冬的床上只铺了薄薄一层稻草，盖的是田间劳作时防雨用的破棕衣，便关切地问："大婶，你年纪大，天那么冷，就盖这个棕衣能行吗？"杨冬冬笑了笑说："忍忍也就过去了。"毛泽东又问："暴动时你没分得棉被？"杨冬冬忙说："分啦，儿子随赤卫队去执行任务，我就让他把那床被子带走了。"听到这儿，毛泽东很感动："大婶，现在我们的生活还很艰苦，但你们这么热情支援红军，我们的革命事业一定能成功！"说完，毛泽东匆匆回到自己房间，卷起床上仅有的一张毛毯，又来到杨冬冬家，把毛毯塞到她的手里说："这条毛毯总比那棕衣暖和一点，天气冷了，保重身体要紧啊！"

杨冬冬激动得落下泪来。闽西特委的同志得知此事深受感动，考虑毛泽东尚在病中，就又给他买了一床新棉絮。毛泽东行前又物归原主把棉絮留给了闽西特委。

毛泽东返回红四军后即在给中央报告中说："四军党内的团结，在中央正确指导之下，完全不成问题。陈毅同志已到，中央的意思已完全达到。唯党员理论常识太低，须赶急进行教育。"① 从而开始红四军党的第九次代表大会的准备工作，并于 1929 年 12 月 28 日召开了在建党建军史上具有里程碑意义的古田会议。

---

① 《致中共中央》（1929 年 11 月 28 日）。《毛泽东书信选集》，人民出版社 1983 年版，第 22 页。

第五章　血与火的洗礼

第一节　小畲乡布下大战场

农村革命根据地的不断发展，使国民党反动当局如芒刺在背、如鲠在喉。为了阻止日益发展的苏维埃运动，消灭日益壮大的红军，1930 年 10 月，在蒋、冯、阎中原大战结束后，蒋介石迫不及待地设立了“海陆空军总司令南昌行营”，委任江西省主席兼第九路军司令鲁涤平兼行营主任，调集十万大军，向正在袁水流域开展群众工作的红一方面军扑来，开始对中央苏区的第一次军事“围剿”，并扬言“三个月内消灭共军”。在获得十万敌军将大举进攻中央苏区的情报后，红一方面军总前委在新余罗坊召开前委扩大会议，决定全军迅速收拢集结，向苏区腹地撤退，诱敌深入苏区，待敌疲惫时，再集中红军优势兵力，将来犯敌军各个歼灭。

11 月 1 日，按照罗坊会议的战略部署，红一方面军总部发布了《诱敌深入赤色区域待敌疲惫而歼灭之的命令》，随后红一方面军离开袁水流域，东渡赣江向苏区中心区域收拢。这是红军有史以来最大一次的对敌军事行动，在确定反“围剿”斗争的战略战术的同时，对于怎样选择预定战场，毛泽东也高度重视，认为红军要取得胜利，必须具备六个条件：“（一）积极援助红军的人民；（二）有利作战的阵地；（三）红军主力的全部集中；（四）发现敌人的薄弱部分；（五）使敌人疲劳沮丧；（六）使敌人发生过失。”① 为此红一方面军总部经过认真研究，11 月 25 日，命令红军主力退至吉安的东固、南垄和永丰的龙冈一线。同时，总部派出红十二军军长罗炳辉率红三十五师

---

① 《中国革命战争的战略问题》（1936 年 12 月）。《毛泽东选集》第 1 卷，人民出版社 1991 年版，第 207 页。

佯装主力，引诱国民党军向吉安富田、东固地区靠拢，以便伺机各个击破。不料，12 月 12 日苏区发生了“富田事变”[①]，东固、富田已不适合作为预定战场。于是，红一方面军总部又于 12 月 14 日发布《红字第七号命令》，决定放弃在富田、东固歼敌的计划，将部队再向东移至黄陂东边的平田、安福、砍柴冈一带，公开的理由是“为便利采办给养”。总部机关则仍驻扎在黄陂中排不动。至此，红一方面军主力已顺利完成战略退却、诱敌深入之目的。

随后，红一方面军总前委发布了《八个大胜利的条件》，从不同角度全面地分析了红军战胜国民党军、粉碎国民党军“围剿”的八大有利条件：1. 国际形势有利于阶级决战，不利于帝国主义；2. 国内形势有利于阶级决战，不利于蒋介石、鲁涤平；3. 我们的战略好，着着胜利；4. 我们有群众配合，敌人没有；5. 我们的兵力是集中的，敌人的兵力是分散的；6. 我们的军队是团结的，敌人的军队是动摇的；7. 我们准备充足，敌人财政恐慌；8. 我们得地利，敌人不得地利。其中强调：“诱敌深入到赤色区域”，“就好像虾子落到滩头，这一着就是敌败我胜”，“采用持久战略。这次敌人要快打，我们偏不同他快打。”“现在熬了他差不多两个零月，使他们步步扑个空，要熬得他内部发作，给他一个猛打。”“敌人妄想给我们重围久困，河东河西开起几路军队来包围，我们就来一个坚壁清野，号召群众参战，给他一个久困重围。”特别是在地利方面强调指出：“宁都永丰兴国一带，既是赤色区域，又是山多岭峻，路又窄，地又险，敌人大的步伐摆不开，大炮啦，机关枪啦，也失去作用。红军行动又快，地势又熟，山前一个正面攻击，山后一个包抄打来，要教那陷在那里的白军走投无路，打个片甲不留”。[②]

12 月 16 日，各路的国民党军队开始发起进攻，其中鲁涤平的第九路军以张辉瓒的第十八师、谭道源的第五十师和公秉藩的第五师分别从永丰、乐安和吉安三个方向，向吉安的东固和永丰的龙冈进攻。而毛泽东鉴于以下的有利条件，着手部署围歼敌人：一、“张、谭两师是‘围剿’主力军，‘围

---

① 1930 年 12 月 12 日，红二十军第一七四团政委刘敌、红二十军政治部主任谢汉昌率领红二十军直属队战士，营救被当作反革命“AB 团”而被关押的江西行委成员段良弼、李白方等人。这一事件发生在江西省苏维埃政府所在地的富田，因而被称为“富田事变”。

② 《八个大胜利的条件——工作紧张起来，争取决战胜利》（1930 年 12 月 22 日）。《中央革命根据地历史资料文库》第 9 册，中央文献出版社 2015 年版，第 607—612 页。

剿’军总司令江西主席鲁涤平的嫡系部队，张又是前线总指挥。消灭此两师，‘围剿’就基本上打破了。两师各约一万四千人，张师又分置两处，我一次打一个师是绝对优势。”二、“张、谭两师主力所在的龙冈、源头一带接近我之集中地，且人民条件好，能荫蔽接近。”“龙冈有优良阵地。源头不好打。如敌攻小布就我，则阵地亦好”。三、“我在龙冈方向能集中最大兵力。龙冈西南数十里之兴国，尚有一个千余人的独立师，亦可迂回于敌后”。四、“我军实行中间突破，将敌人的阵线打开一缺口后，敌之东西诸纵队便被分离为远距之两群。”① 由此，宁都的小布和永丰的龙冈有利位置日益凸显出来，成为红军围歼敌军的战场。

12 月 24 日，国民党军谭道源师在源头大肆抓差抓夫，企图向小布进攻。毛泽东、朱德发布第九号命令，决定在小布与源头之间的一条峡谷里伏击该敌。红军各部随即先在宁都的小布设伏，静候由源头向小布方向移动的谭道源师。但因有人告密，谭道源师在进抵距小布 15 里的树陂后随即返回源头，红军小布设伏未能奏效。12 月 28 日，红一方面军总部得知张辉瓒的第十八师由源头向上固、龙冈推进，决定集中兵力在龙冈围歼张辉瓒师。

龙冈，是永丰县南部的一个小圩镇。这是畲族聚居的区域，其中羊石、胜丰、表湖畲族人口占龙冈人口的三分之一。这里四面环山，中间是一个狭长的峡谷，便于红军利用地形隐蔽接近敌军，而在峡谷中的敌军则不易展开兵力，是红军围歼敌军的理想阵地。12 月 29 日，红一方面军总司令部在君埠发出《攻击龙冈张辉瓒部的命令》。畲乡众多地势险要的地名出现于总司令部的命令之中：“龙冈圩”“向表湖前进”“龙冈南端水西西端之万工山”“以主力截断通南龙之大道（经兰石、茅坪）”“占领木坑以右地区及亭子岭之主要阵地”“经回龙到樊埠附近”“向龙冈之西北端（张家车附近）攻击前进”“以主力向樊埠、张家车之线攻击前进，而以小部警戒下固、潭头”等等。②

于是永丰龙冈的畲族聚居地成为红军第一次反“围剿”围歼国民党军的

---

① 《中国革命战争的战略问题》（1936 年 12 月）。《毛泽东选集》第 1 卷，人民出版社 1991 年版，第 217 页。

② 《红一方面军攻击龙冈张辉瓒部的命令》（1930 年 12 月 29 日）。中共中央文献研究室、中央档案馆编：《建党以来重要文献选编》（一九二一——一九四九）第 7 册，中央文献出版社 2011 年版，第 750—751 页。

主战场，而龙冈“人民条件好，能荫蔽接近”成为第一次反“围剿”胜利的重要条件。毛泽东于11月28日进驻龙冈后，即会见了龙冈区委区苏维埃政府的负责人，听取汇报后，毛泽东高兴地说：“龙冈人民条件好，龙冈有优良阵地，龙冈能集中兵力。如果红军选择在龙冈歼灭敌人，一定会得到你们的最大支援，一定会打得很理想。我听朱老总说过，龙冈是农民运动的强大中心嘛！”随后提出几点要求：“当前你们的任务，我认为有以下几项：一是扩大红军，参军参战；二是设立兵工厂，为前线供应弹药；三是设立侦察处，每天向上级报告敌情；四是引敌深入，利用宣传工具迷惑敌人；五是坚壁清野，使敌人到苏区来粮食断绝；六是胜利后帮助红军清扫战场，将战利品收缴上来。最后希望你们加紧筹粮、筹款，支援红军。”根据毛泽东的指示，畲乡龙冈及周边地区的人民群众踊跃行动起来，努力配合红军的歼敌行动。

为了配合红军歼敌计划，江西省苏维埃政府发出“把油盐柴米盆锅刀一切用具通通搬开，主要使敌人到赤色区域来粮食断绝，什么东西都找不到，不仅无法立脚，而且我们好乘他们饥腹难支时给予痛击”的号召。在敌人入侵前，龙冈广大群众纷纷转移到山中，村村做到：挖山洞，藏粮食，锅、碗、盆、缸沉塘底，家禽家畜全部转移，油、盐、柴、米、菜日常用品全都藏起来，炊事工具也隐藏起来，许多地方连舂米的用具也进行拆除，使侵入苏区的国民党军连饭都吃不上，进展十分困难，大大削弱了国民党军的战斗力。正如当地人民群众创作的一首歌谣：“敌人最苦是给养，油盐柴米无一样，找到米来无锅煮，找到锅来又无粮。一日难得一餐饱，两日至少饿三餐。官长饿得喊倒霉，士兵饿得常骂娘。”

当敌人踏进龙冈土地后，群众就开始采取各种方法袭扰敌军：一、捉白军探子；二、捉白军的步哨；三、偷袭白军的营地；四、缴获白军散枪；五、拆白军的电线；六、捉白军的宣传员、交通员、采买兵、传令兵；七、捉替白军带路和送信的反动分子。在群众的积极配合下，苏区地方武装赤卫队、纠察队、儿童团等组织，采取破坏敌人交通、夜间突然袭击、捕捉敌人的探哨兵等方式，对敌人进行骚扰，以滞敌、迷敌。当时龙冈的每家每户都备一支梭镖，随时随地与敌人斗争。在大战前夕，一股敌人从藤田而上，驻在沙溪数天。群众就利用晚上时间摸到敌人驻地写标语、散发传单，在路旁的树木竹子上也写了标语。当出现二三个散兵游勇时，群众就突然一拥而上把他们抓来。当地群众一系列的斗争，有效地牵制了敌人，为红军反攻创造战机。

更为重要的是，当地群众组织起来，在交通要道设立瞭望哨，随时侦察敌人的行动，及时将敌情传送给红军，使红军对敌人的情况了如指掌。同时，还加强赤色戒严，严密审查来往行人，严防敌军的探子进入苏区，使敌军对红军的行动一无所知。人民群众铁壁铜墙的作用发挥得淋漓尽致，印证了毛泽东所指出的，“我们得到群众帮助，担架队运输队救护队。报告敌情，带路做交通，到处都有革命群众出力帮助，敌人没有。敌人没有人带路，没有人送信，没有人报告消息，只有破坏他的交通、捉他的探子、扰乱他的后方。而且我们一打仗，群众到处登山助战，使敌人不晓得我们有多少兵力，发起慌来。打败了敌人，群众到处起来缴枪捉拿，就叫他一个也跑不出红色区，这就是敌人无群众，我们有群众。敌人一定要败，我们一定要胜。”① “龙冈人民条件好”的因素，成为红军取得第一次反“围剿”胜利的重要因素。

第二节　畲乡龙冈传捷报，前头活捉张辉瓒

1930 年 12 月 29 日，红军总部秘密西移龙冈君埠，红一方面军总部机关驻扎于君埠万寿宫。当晚，在万寿宫召开的军事会议上，毛泽东获知敌张辉瓒师已盲目东进龙冈圩的情报后，高兴地说：“敌人终于被我们调动，处于孤立无援，我们应立即下定决心，抓住战机，迅速包歼，龙冈有优良阵地，且人民条件好，这一仗打得好，就能为今后的胜利开辟道路，因此，我们必须采取带游击性的运动战，在敌人前进时把它们消灭。”②

当晚 8 时，红军总部根据《攻击龙冈敌张辉瓒部的命令》作出战斗部署：红十二军（缺三十五师，含六十四师）任左翼，30 日晨 4 时前出动，向

① 《八个大胜利的条件——工作紧张起来，争取决战胜利》（1930 年 12 月 22 日）。《中央革命根据地历史资料文库》第 9 册，中央文献出版社 2015 年版，第 611 页。

② 中国人民政治协商会议永丰县委员会文史资料研究委员会：《永丰文史资料》第 2 辑，1987 年，第 78 页。

表湖前进，以一部占领龙冈南端、水西西端之万工山，以主力截断通南垄之大道，并于30日午前10时占领所有之阵地；红三军任右翼，30日晨5时出动，占领木坑以右地区及亭子边之主要阵地，向龙冈攻击前进，右与红三军团、红四军派出部队取得联系；红三军团和红四军统归彭德怀、滕代远指挥，沿汉下攻击上固、下固，如上固无敌，则以主力向樊埠、张家车之线攻击前进，以小部警戒下固、潭头。这一战斗部署，被称为置敌于死地的“五瓣莲花抄尾阵”战法。

红军各部按照命令连夜行动。12月30日一早，毛泽东和朱德冒着浓雾将总部指挥所移至距龙冈15里的小别村黄竹岭半山腰。毛泽东边走边对朱德说：“总司令，你看，真是‘天助我也！’三国时，诸葛亮借东风大破敌兵；今天，我们乘晨雾全歼顽敌啊！”[①]

战争是个斗智斗勇的过程，其关键点在于摸清情况知己知彼。此时敌我双方不约而同都派出侦察员侦察对方的部署和战略意图：张辉瓒派出的是几个伪装成工匠的便衣侦探，侦察的重点是寻找红军主力部队驻地，企图采用长驱直入、重兵突击、一举歼灭的战略方针；红军则派出的是龙冈畲族乡大嵊山村蓝祥通这样熟悉当地地形和风俗民情的侦察员，侦察的重点是敌军进攻路线，以便贯彻执行毛泽东诱敌深入、各个击破，最后集中优势兵力，聚而歼之的战略战术。

当时张辉瓒的前敌总指挥部设在龙冈，人喊马嘶，声势颇大；红军的总部指挥所设在君埠万寿宫，对外严密封锁消息。战斗前夕，蓝祥通一身当地老表装束，前往龙冈，一路上思谋着如何才能进入国民党军十八师师部实地侦察。路上恰巧碰到一个操湖南口音的小炉匠向他打听君埠有没有红军。蓝祥通观察小炉匠的口音、装束和职业用语，当即就识破这个小炉匠是国民党军探子，见对方打听红军部队驻扎何处，便故作神秘地说：红军不在君埠而在几十里路以外的小布，他绘声绘色地说：红军在小布有好几万人咧，还有骑马的大官哩！小炉匠听说几万红军在小布，料定红军总部就在小布，于是掏出手枪押着这位土老表向张辉瓒邀功请赏。机智勇敢的蓝祥通假装害怕地跟着这位“侦探”成功地进入国民党军十八师师部。张辉瓒听说红军主力在

① 吴吉清：《在毛主席身边的日子里》，中央文献出版社2007年版，第42页。

◎1930年12月30日，红一方面军主力在永丰龙冈地区打响第一次反“围剿”反攻第一仗。图为江西永丰龙冈圩旧貌

小布，连忙部署兵力，派一个旅为先锋，直扑小布，找红军主力决战。自己则打算午饭后出发增援。蓝祥通则乘夜晚敌人调动部队的混乱时刻脱身，回到红三军军部，向军长黄公略报告了国民党军师部所在地和张辉瓒布置的进攻路线。

12月30日早晨7时，国民党军十八师五十二旅前锋团向东移动，由于没有民众的支持，“到赤区作战是漆黑一团，如同在敌国一样”[①]。殊不知越前进越陷入红军的包围圈之中，很快国民党军进到大拱桥时，就与红三军第七师尖兵连遭遇，红军哨兵立刻在桥上打响了第一枪，拉开龙冈战斗的序幕。战斗打响后，国民党军企图踞山攻击，红七师迅速赶至，将敌前锋团击溃并立即进攻龙冈。敌占领两边山头，用机枪扫射，极力阻止红军向龙冈方向攻击前进，红军八师和九师立即从侧面发起主攻，进行侧翼包抄，黄公略军长一面命令快捷穿插至敌后，实现两师合围；一面与军政委蔡会文、参谋长周子昆共同研究调整战术，并派人上黄竹岭指挥部要求增兵。朱德深知红三军装备差、钢枪少、火力弱，可是眼下总部附近只有一个连的特务大队，无法增援，就派总部参谋处长郭化若到前线协助指挥。

郭化若立即与红三军共同研究歼敌方案，针对敌人盲目东进和大雾弥漫的天气，决定调整部署，以第九师组织火力，稳住阵脚，然后黄公略带着八

① 中共江西省委党史研究室等编:《东固·赣西南革命根据地史料选编》第2册，中央文献出版社2007年版，第769页。

师政治部主任黄欧东率领全师从阵地侧面闯开一条小道，抄到敌人背后去，顺利扫除了障碍。这样，经过一阵肉搏和白刃格斗，国民党军在红军勇猛痛击下，于10时前先后退往木坑村。

毛泽东曾指出：在反“围剿”斗争中展开反攻时，必须具备六个条件：(一) 积极援助红军的人民；(二) 有利作战的阵地；(三) 红军主力的全部集中；(四) 发现敌人的薄弱部分；(五) 使敌人疲劳沮丧；(六) 使敌人发生过失。“人民这个条件，对于红军是最重要的条件。这就是根据地的条件。并且由于这个条件，第四、第五、第六等条件也容易造成或发现。所以当敌人大举进攻红军时，红军总是从白区退却到根据地来，因为根据地的人民是最积极地援助红军反对白军的。”[①] 战斗打响后，龙冈地区的赤卫军、少先队都行动起来，与红军一道参加战斗，在激战中仅赤卫队就牺牲了三四百人。当地的畲族群众更是踊跃参加支前工作，他们把弹药、饭菜送进战壕，抢救伤员，抢修工事，慰劳部队，打扫战场，侦察敌情，封锁消息等，还组织了担架队、运输队、交通队、洗衣队、慰劳队等上前线为红军指战员服务。当地群众为红军制作了1000多副担架赶赴前线抢运伤员。

中午12时左右，红军向国民党军发起全面进攻。张辉瓒电令在东固的国民党第五十四旅驰援龙冈，要求国民党军第二十八师向龙冈迂回，均无济于事。至下午4时，红军总部发出总攻击令，阵地上杀声震天，敌军阵脚大乱，溃不成军，红三军直捣张辉瓒师部。下午3时多，山下一个担架抬着伤员路过黄竹岭指挥部，去君埠后方医院，毛泽东、朱德迎上前去探望，原来这个伤员是红三军九师第二十七团团长李聚奎。他见毛泽东、朱德就连忙报告说：“报告毛委员朱总司令，战斗马上就要结束了，我下火线时，红十二军、红四军、红三军团都到龙冈来了，敌人已经顶不住了，我军眼看就要打到敌人师部啦!”毛泽东听完，与朱德会心一笑，当即用战地电话向一、三军团传令：一定要活捉敌头目张辉瓒，才算伟大胜利!

红军乘胜追击，张辉瓒第十八师两个旅和师直属队全部被歼灭，红军俘敌9000余人，缴枪9000余支、子弹100余万发、无线电台1部。敌师长张

---

① 《中国革命战争的战略问题》(1936年12月)。《毛泽东选集》第1卷，人民出版社1991年版，第207页。

◎江西万功山红旗碑

辉瓒化装成书记官，潜逃至龙冈圩西边万功山半山腰的一窝茅草丛中，被打扫战场的红军活捉。此外，红军还击毙敌副旅长、团长各1人，俘敌代参谋长、旅长、团长各1人。

战斗结束后，毛泽东带着秘书长古柏、总部参谋郭化若、警卫员陈昌奉从黄竹岭指挥所向龙冈圩进发，在20里长的山路上，看到过往群众在奔走相告：“好消息啊，前头活捉张辉瓒哟!”毛泽东听了兴奋地重复群众这句话，古柏预感到毛委员又要写诗了。果然，1931年1月上旬，毛泽东在宁都黄陂一个偏僻山村宿营时，一气呵成填写了《渔家傲·反第一次大“围剿”》，词的上阕：雾满龙冈千嶂暗/红军怒气冲霄汉/唤起工农千百万/齐声唤/前头活捉张辉瓒。

2月上旬，毛泽东又在宁都补写了《渔家傲》下阕，经过四易其稿，最后完成了《渔家傲·反第一次大“围剿”》全词。

万木霜天红烂漫，天兵怒气冲霄汉。雾满龙冈千嶂暗，齐声唤，前头捉了张辉瓒。

二十万军重入赣，风烟滚滚来天半。唤起工农千百万，同心干，不周山下红旗乱。

下午5时，红军总前委、总部在龙冈万寿宫召开军级干部总结会议，并向全体军民发布了号外《红军胜利捷报》。活捉张辉瓒的特大喜讯，飞速传遍各地，上海党中央各报立即发表快讯，在国民党军政界掀起轩然大波。张辉瓒当时是红军抓获的最大的军官——“江西全省剿匪总指挥”。

在12月30日下午，当红三军攻陷张辉瓒师部时，张辉瓒自杀未遂，便化装乘竹轿登上350米高的万功山逃跑，但见山顶被红军据守，即扔掉大衣，躲进油茶林，钻入约一人深的土坑，妄图藏至深夜逃往东固。根据毛泽东“一定要活捉张辉瓒，才算伟大胜利”的重要指示，负责攻占万功山的红十二军三十四师一〇〇团团长寻淮洲，带领全团战士进行地毯式搜索。下午4时半过后，战士们发现印有张辉瓒名字的大衣，即向油茶林搜索，终在土坑里发现了张辉瓒，即刻举枪向土坑喝令：“快出来，缴枪不杀。”张辉瓒不得不举手投降就擒。随之张辉瓒被押往龙冈街审问。下午5时多，毛泽东、朱德亲自提审了张辉瓒。

张辉瓒在接受毛泽东、朱德审讯时，表示愿给红军输钱输物，请免一死。毛泽东决定对其实行优待，并嘱红八军军长何长工对张辉瓒予以保护，以利用其进一步做湖南军阀的工作。中共中央和中革军委就释放张辉瓒一事亦同意与国民党方面谈判，并派李翔梧、涂作潮前往南昌与张辉瓒的家属就谈判一事接触。然而，因张辉瓒在东固血债累累、民愤极大，当地的畲汉群众深受其害怒不可遏，强烈要求公审张辉瓒。

原来在此之前，张辉瓒师与公秉藩师本计划于12月20日会攻东固，结果由于红军已撤出东固，公秉藩师不战而进占东固，且未与张辉瓒通报。当张辉瓒师进攻东固时，因大雾弥漫不分敌我，两师火力全开大战一场，损兵折将，为此，张辉瓒挨了蒋介石一顿臭训。张辉瓒恼羞成怒，竟下令部队在东固大烧大杀了三天，畲乡民众经历了一场空前的浩劫。如今张辉瓒落到人民手中，理应血债血还，遂于1931年1月28日在吉安东固公审后被处决。

第三节　白云山下呼声急

蒋介石不甘心第一次“围剿”的惨败，一个月后，又重新排兵布阵，策划向中央苏区发动第二次大规模军事“围剿”。1931 年 1 月 29 日，蒋介石将红军手下败将鲁涤平调至浙江，另行委派军政部长何应钦代理总司令职权，赴江西指挥湘鄂赣闽四省“围剿”部队并兼任南昌行营主任。2 月 4 日，何应钦抵达南昌，着手改组南昌行营，召开军事会议，根据蒋介石亲自确定的“厚集兵力，严密包围，稳扎稳打，步步为营”的作战方针，制定出新的“围剿”计划。至 3 月中旬，何应钦已将国民党军共 18 个师又 3 个旅共约 20 万兵力，集结在中央苏区周围。具体部署为：在赣江东岸吉安、吉水、永丰一带，有王金钰任总指挥的第五路军 4 个师；在赣江西岸泰和至安福一线，有罗霖第七十七师；在南丰附近有朱绍良任总指挥的第六路军 3 个师；在南丰南城、黎川一线有张孝新第十三师；在兴国至赣州一线，有第十九路军的第六十师和第六十一师及第十二师马崑三十四旅；在宜黄、乐安有孙连仲任总指挥的第二十六路军第二十五师和第二十七师；在宜黄、抚州、樟树间有关树人的骑兵第一师；在建宁有刘和鼎第五十六师；在峡江、新干、清江间有韩德勤第五十二师。这就形成了一条西起赣江、东至建宁 700 里长的弧形战线，向中央苏区压来。

3 月中旬末，红一方面军总部获知国民党军即将向中央苏区发起第二次大规模进攻，并准确地掌握了敌军部署。毛泽东、朱德依据第一次反“围剿”胜利经验，领导苏区军民迅速行动起来，准备粉碎敌人的第二次“围剿”。3 月 20 日，中革军委总政治部主任毛泽东在宁都英陂发布了总政治部第四号通令：《二次战争的意义、目前敌我的形势和争取二次战争胜利的准备工作》，指出，粉碎敌人第二次“围剿”具有极其重大的意义，即自国民党军队向苏区发动第一次大规模进攻以来，敌人是一种攻势，我们始终是一种守势，龙冈战斗虽然胜利，但仍未改变这种攻势，因此取得比龙冈更大的胜利，给进攻敌人以更沉重打击，才能迫使敌人退守中心城市，使苏区得到真正巩固和迅速发展。同时深刻分析了敌我形势和争取第二次反“围剿”胜利的六个有利条件："一个最大的优胜条件，就是军心团结，大家摩拳擦掌只想打仗。第二，龙冈战争之后，我军加强了实力（枪弹、政治、军事训练等）。第三，增加了地方武装，武装了群众，统一了地方武装的指挥。第四，富田事变的解决，争回了被欺骗的群众。第五，争取了三都七堡这个最反动的区域，扩大了宁都、石城、广昌、南丰、永丰等地的群众斗争，肃清了部分的地主武装，巩固了战争的后方。第六，红军第七军来到江西，给群众一个兴奋，给二次战争一个帮助。所以第二次战争的胜利，是必然归于我们的，只要我们大家下决心，努力去争取。"① 通令要求各红军部队和各县、区、乡、村，各级都要召开动员大会、誓师大会，深入进行政治动员，鼓舞斗志，明确任务，增强胜利信心；要求地方苏维埃政府要组织慰劳红军代表团到红军部队进行慰问动员，要做好瓦解白军士兵的宣传工作。

4 月 18 日，苏区中央局召开扩大会议，讨论反"围剿"战略方针。会议同意毛泽东的意见，即"我军从富田打起，向东横扫，可在闽赣交界之建宁、黎川、泰宁地区扩大根据地，征集资材，便于打破下一次'围剿'。若由东向西打去，则限于赣江，战局结束后无发展余地。若打完再东转，又劳师费时"②。会议决定先打吉安富田地区之敌王金钰、公秉藩两师。4 月 19 日，毛泽东、朱德在青塘发布《战前部队集中的命令》。各部队依令迅速行动，从各自地域出发，4 月 22 日到达永丰龙冈、上固地区。几天后又移至吉安东固地区集结隐蔽。苏区中央局和红一方面军总部机关，也于 4 月 23 日移至吉安东固敖上村。由此，畲乡的地形地貌和人民群众的有力支援，成为此次反"围剿"斗争的关键。

1931 年 4 月，何应钦指挥二十万大军分七路向苏区扑来。何应钦吸取了前一次"围剿"失败的教训，不急于与红军决战，采取军事、政治、经济三结合方式搞整体战。即走一路构筑一路工事，原地"驻剿"，在沿途各地重建白色统治和实施政治宣传，召回地主豪绅，组织"善后委员会"和"守望

---

① 《中央革命军事委员会总政治部通令第四号——二次战争的意义、目前敌我的形势和争取二次战争胜利的准备工作》（1931 年 3 月 20 日）。《中央革命根据地历史资料文库·军事系统》第 9 册，中央文献出版社、江西人民出版社 2015 年版，第 694 页。

② 《中国革命战争的战略问题》（1936 年 12 月）。《毛泽东选集》第 1 卷，人民出版社 1991 年版，第 218 页。

队”。对红区进行抢劫工具、毁禾苗杀牲畜等行为来制造经济困难，派遣大批特务扰乱红军的后方。各路国民党军按照“稳打稳扎，步步为营”的决策，每日只前进 2.5 公里至 10 公里，行动缓慢，至 4 月 23 日，始进到红区边缘地带。

从吉安向东固方向推进的敌右路军，4 月 23 日行至离东固 40 里的富田、固陂圩一带，即停止前进，开始大挖壕沟修筑堡垒，构建以富田为中心的前沿阵地。富田、固陂圩一带都是毗邻山区的平原地势，前方抬头是崇山峻岭，从富田至东固有 40 里的山路，此时畲乡的复杂地形阻止了国民党军队前进的步伐。曾在畲乡龙冈遭红军围歼，损失惨重心有余悸的国民党军队不敢贸然进山，迟滞于山外的平原，对东固形成包围之势，企图在探明红军位置后发动进攻。

东固四面群山环抱，北有东固岭、钟鼓山，东南有山势陡险的“狐狸十八歇”，南有大乌山、方石岭，西南有白云山，西有观音崖，西北有九寸岭、东固山，腹地有养军山，整个地势宛如一个大脚盆。周围仅有五条崎岖小道通向山外，无论经过哪一条道进山，都要攀越大山，穿过隘口。东固、富田两地相距四十来里，中间有山势陡峭的白云山，九寸岭、观音崖是富田通向东固的两个必经山隘。

毛泽东、朱德带领三万多主力红军，隐蔽在东固的深谷丛林中，严密封锁消息，加紧训练部队，作好大战的准备。红军总部就设在离东固圩八里地的东固山下的畲族小山村——敖上。大批红军集中于东固这个小小的盆地，给养发生了很大困难，红军指战员不得不改每日三餐为两顿，红军官兵们还上山采野菜挖竹笋，下田捡田螺捞鱼虾摸泥鳅。尽管如此，红军像一只敛威屏息的猛虎，雄踞于东固山区，等待时机作足以致敌死命的一扑。

毛泽东的这一战术既是一着妙棋也是一着险棋。因为当时富田之敌、水南白沙之敌、南面兴国之敌互成三角之势卡在丛山的出口，一旦消息走漏，相距很近的三股敌军一夹击，红军就有可能陷入包围圈之中。在与敌斗智斗勇的大棋局中，能否严守战斗机密，体现战术的隐蔽性就成为成功与否的关键点。东固群山之间，只有五条羊肠小道可通行，类似于井冈山的五大哨口。红军为防止消息走漏，派兵严守各个山口。忠于革命的畲乡民众担负起保守秘密的任务，成为红军实施战略战术的强大后盾，于是两军虽相距仅几十里，敌军是在明处的蒙眼瞎子，得不到任何有关红军的消息；红军则在暗中守株待兔，时刻观察着敌军的行动，牢牢掌握着战争的主动权。

时间一天一天地过去，25 天的漫长等待终于有了结果，蛰居富田的国民党军公秉藩第二十八师在蒋介石的一再催促下，于 5 月中旬离开其工事开始向东固移动。11 日，红一方面军总部在东固敖上毛泽东住处旁的一棵大樟树下，召开了第二次反"围剿"作战的军民誓师大会，毛泽东在会上作了战前动员。13 日晚 10 时 15 分，毛泽东、朱德向全军发出命令："本方面军为各个破敌，巩固苏区，向外发展起见，决心先行消灭进攻东固之敌，乘胜掩击王金钰属全部，努力歼灭之，以转变彼我攻守形势，完成本军目前的任务。"[①] 15 日拂晓，各部按照毛泽东、朱德的部署开始行动，分左中右三路迎敌突击。毛泽东率领总部部分人员登上东固至中洞大道北侧的白云山，在这里指挥战斗。

16 日，公秉藩师从固陂圩出发，黄公略的红三军在从东固到中洞的白云山上伏击，数千颗手榴弹砸下来，将公秉藩第二十八师压制在谷底。红军的轻重机枪和步枪构成交叉火力网，上万名红军战士从山岗密林中扑下山来。正如毛泽东诗中所曰："枪林逼，飞将军自重霄入。"

与此同时，红四军分两路抢占了白云山的九寸岭、观音崖隘口，正面阻击国民党军第四十七师、第二十八师。彭德怀的左路军红三军团、红三十五军背水（赣江）一战，远程包抄夺取敌占的固陂圩，歼灭国民党军第二十八师兵站，当夜进占富田。仅一天，局势完全逆转。白云山之战全歼国民党军第二十八师、第四十七师一个旅，俘获副师长王庆龙及官兵 4000 余人，缴枪 3000 余支，缴获该师的无线电全套设备。公秉藩率少数随从突出重围后被当地地方武装俘获。他知道我军优待俘虏，化装成士兵，领了三块钱路费，逃回吉安去了。16 日午夜，红三军团在红四军的配合下，向驻富田的上官云相第四十七师发起攻击，17 日凌晨结束战斗，歼灭该师一个旅的大部，俘敌 3000 余人，缴枪 1000 余支。红军在中洞、富田两地共歼敌一个师和一个旅的大部，缴枪 5000 余支，火炮 30 余门，取得了第二次反"围剿"的首战胜利。

---

① 《消灭进攻东固之敌的命令》（1931 年 5 月 13 日）。《中央革命根据地历史资料文库·军事系统》第 9 册，中央文献出版社、江西人民出版社 2015 年版，第 749 页。

刘亚楼在《横扫七百里》中回忆："红军战士们一跃而起，不等炮击停止，立即开始冲锋。敌人被炮打昏了，没提防红军战士突然冲到他们面前，在这样猛烈突击之下很快垮了下去。我军占领制高点后，好像神兵天降，直朝山下压去。敌人那些北方来的兵，山路跑不快，被红军赶得到处乱窜乱躲，有的和石头一起跌跌滚滚，小树被压倒了，枝头上挂着扯烂的布片，枪支弹药遍地都是，满耳是一片'缴枪！缴枪！'的哭喊声。红军乘胜猛追，直指富田。"① 各路红军在富田胜利会合。

红军继而迅即转入战略进攻，由富田而东，奋力横扫，"十五天中（一九三一年五月十六日至三十一日），走七百里，打五个仗，缴枪二万余，痛快淋漓地打破了'围剿'。"② 毛泽东写下了《渔家傲·反第二次大"围剿"》：

白云山头云欲立，白云山下呼声急，枯木朽株齐努力。枪林逼，飞将军自重霄入。

七百里驱十五日，赣水苍茫闽山碧，横扫千军如卷席。有人泣，为营步步嗟何及！

1931年9月14日，对中央苏区进行第三次"围剿"中，遭受重创的国民党军第九师蒋鼎文余部和第五十二师韩德勤撤到方石岭以南宿营，企图从方石岭过东固，再经富田逃往吉安。红军总部得到消息后，连夜召开会议，决定在方石岭打一场阻击战。方石岭位于东固西南方向8公里，距大巫山不远，与兴国县交界，海拔1050米，山上怪石嶙峋、飞瀑流泉。9月15日凌晨，红军主力分左、中、右三路从兴国、泰和老营盘追至方石岭、张家背一带阵地，在敌人的营地周围布下天罗地网。红军先头部队首先在方石岭一带与敌人交上了火，陷入我军重围中的国民党军凭险抵抗，企图做垂死挣扎。双方鏖战到中午时分才宣告结束。这一战，歼灭了韩德勤全师与蒋鼎文余部。畲乡方石岭阻击战的胜利，宣告了国民党反动派对苏区的第三次"围剿"，以彻底失败而告终。

正当中央红军打破国民党军队一次又一次"围剿"之际，赣东北革命根

---

① 中共江西省委党史资料征集委员会、中共江西省委党史研究室：《中央苏区第二次反"围剿"》（江西党史资料第18辑），1991年，第167页。

② 《中国革命战争的战略问题》（1936年12月）。《毛泽东选集》第1卷，人民出版社1991年版，第218页。

据地的红十军也在频频出击，努力打通赣东北与中央苏区的联系。闽北革命根据地位于赣东北与中央革命根据地的中部地段，既是中央苏区的一翼，又是赣东北苏区的南疆，具有重要的战略地位，所以中央对于打通闽北、赣东北与中央苏区的联系十分重视。为了打通闽北与赣东北两个苏区的联系，继1931年4月红十军入闽作战攻占闽北的赤石镇后，红十军决定于1932年9月从赣东北再度入闽。9月10日，红十军在赣东北省委书记兼军委会主席方志敏和军长周建屏、政委聂鸿钧的率领下，从葛源出发由横峰渡过信江，经铅山县杨林抵达紫溪。在紫溪召开了团以上干部会议，研究部署了行动计划：一、以红十军主力进攻崇安赤石，另一部配合闽北红军独立团进攻崇安星村，以实现赤化崇安全县；二、向浦城展开进攻，开辟浦城新苏区，并解决部队的给养；三、在完成浦城作战任务后，红十军转入铅山活动，以实现打通赣东北与闽北两苏区的目标。

此次红军矛头所向之目标之一为福建崇安星村，该村不仅占有重要的地理位置，而且还是闽北畲族的聚居区，星村的黎前村、渡洲村、兰家窠村等都有畲族分布。这里还曾出过颇有名气的畲族蓝仁、蓝智兄弟，他们的诗作被誉为开闽中诗派之先风，蓝仁所著的《蓝山集》、蓝智所著的《蓝涧集》被编为《二蓝集》收入《四库全书》。红十军在崇安大安与闽北红军独立团会师后，即开始实施作战计划。15日，红十军与闽北独立团一夜行军100多里，于凌晨分别包围了星村和赤石。红十军的第八十二团、第八十三团与闽北独立团首先发动对星村守敌的进攻，经过两个多小时的激战，歼灭驻守星村的刘和鼎五十六师1个营。与此同时，方志敏、周建屏亲率红十军军部和第八十一团进攻驻扎赤石的国民党军刘和鼎1个团，经过激烈战斗，将敌军压迫在一小山包上。当敌军企图借地形进行顽抗时，红十军展开政治攻势，迫使缺粮断水的敌军缴械投降，红军一举占领了赤石。

红军攻占星村使这里的畲族民众第一次获得了解放，当地民众传唱着这样的歌谣："哈哈哈！我红军在闽北，进攻了赤石街新村街，把整团整师的敌军都消灭，提高了工农群众的斗志……"①

---

① 缪敏：《红十军第二次进军闽北纪实》，《红旗飘飘》9集，中国青年出版社1958年版，第65页。

第四节　苏区中央局移驻畲乡龙冈

随着中国各地苏维埃区域的创建和发展，为了加强对各地苏区的领导，1931 年 1 月 15 日，根据中央的指示，中共苏区中央局在宁都小布乡赤坎村成立。中共苏区中央局成立当天，项英签署发布了第一号通告，宣布："中央为加强党对苏区的领导和工作的指导起见，在中央之下设立全国苏维埃区党的中央局（在政治上组织上同南方局、长江局一样受中央政治局的指导），管理全国苏维埃区域内各级党部，指导全国苏维埃区域内党的工作，将来苏维埃区扩大的区域，仍归苏区中央局管理。……以后全国各苏区及红军中党部（总前委取消）应直接受苏区中央局指导。但目前许多苏区尚未与中央区连接起来的，因指挥不便，暂受各地最高党部指导，将来一打通后，则完（全）归苏区中央局指导。"①

◎红一方面军总司令部旧址江西龙冈君埠万寿宫

① 《中共苏区中央局通告第一号——苏维埃区域中央局的成立及其任务》（1931 年 1 月 15 日）。《中央革命根据地历史资料文库・党的系统》第 2 册，中央文献出版社、江西人民出版社 2011 年版，第 1340 页。

在取得第一次反“围剿”胜利后不久，1931 年 4 月 23 日，刚成立不久的苏区中央局率领红一方面军离开宁都，浩浩荡荡向龙冈转移，在龙冈至上固 20 里的公路两边的村庄宿营三天，然后秘密西开东固待敌。中央局领导人项英、毛泽东、任弼时、王稼祥、顾作霖、朱德以及中革军委参谋长叶剑英等都随部队进入永丰龙冈张家车村，分别住在甘节堂和花厅下两个祠堂里。

四个月前的龙冈大捷，活捉了国民党“江西剿匪总指挥”、第十八师师长张辉瓒。国民党军内部蔓延和笼罩着谈“龙冈”色变的恐惧心理，害怕领兵去龙冈打仗，因而永丰龙冈一时成为苏区最可靠、最安全的大后方。毛泽东曾四进龙冈，对畲乡的山水民俗了如指掌，印象最深的是“龙冈有优良阵地，且人民条件好”。而且红军上下对龙冈倍感亲切，群众支前热情高涨，给予红军的反“围剿”斗争大力支持，龙冈周围有赤卫军 1000 多人，连儿童、老人都组织起来站岗放哨，不见路条坚决不放行。加之龙冈库存了充裕的粮食和大批物资，足可支持 34000 余红军主力的作战所需。由此，畲乡龙冈成为苏区中央局的新驻地。

苏区中央局设在龙冈张家车，这个村寨有 1000 多年历史，一面靠山三面环水，由宽阔的龙冈河环绕着。全村有近百户村民，人丁兴旺。张家车依山傍水，森林密布，有大樟树掩映，可以防备敌机轰炸，且地势平坦，距离龙冈街较近，采买便利，饮水也方便，是一个理想之地。特别是村里拥有集体众产八个大祠堂，即老祠堂、苍崖祠、爱敬堂、灵廊堂、孝思堂、甘节堂、苍屋背、花厅下等共约面积 5700 平方米，可以作为中央局各机关和所属单位的工作用房和领导人住宿、开会、学习的活动用房。

苏区中央局总部驻在苍崖祠内，这是一座永丰南部著名的特大祠堂，约 2000 平方米，有中革军委、少共中央局、总工会执行局、红一方面军总司令部和中央局政治部、组织部、宣传部、保卫局、军需处、军医处、秘书处以及后方办事处、粮食发放处等，旁边是总部的大食堂。5 月下旬，曾山也曾率江西省苏维埃政府到这里住了 10 天。

当时苏区中央局的 15 瓦电台放在约有 650 平方米的灵廊堂内，缴获的公秉藩师 100 瓦电台则放在有 450 平方米的孝思堂内。中央印刷厂安排在有 500 平方米的老祠堂里。在池塘边有一座约 600 平方米的“仓屋背”祠堂，是江西省工农银行和有100支短枪的手枪队驻地。红军粮食仓库则设在有550平方米的爱敬堂内，后来白沙战斗缴获的大量面粉就存放在这里。此外，随红军主力前来龙冈的非战斗人员和家属，也分别安置在上述各祠堂住宿。

苏区中央局在龙冈建立和健全了各项制度，部署了许多重要工作和任务，诸如筹备创建中华苏维埃共和国，成立中央政府，搞好各地代表选举等。特别是为庆祝建党10周年，在7月1日向党贡献三件大礼：一是创办中央苏区最早的“龙冈党训班”，这是中央苏区党校的前身；二是创办团中央机关报《青年实话》（不定期），两年后成为仅次于《红色中华》报的最大刊物；三是创办中央局机关《战斗》报周刊，成为仅次于《红色中华》的第二大报纸，前后出版4期，因敌人进攻龙冈和印刷困难而停刊。

在龙冈近三个月，中央局及其职能部门所下达的文件和上呈的汇报材料共有20多件，主要内容都是指导第二次反“围剿”和准备第三次反“围剿”等一系列工作，中央局基本成为“肝胆齐全”的领导机关了。在龙冈还筹备召开中华苏维埃第一次代表大会，着手起草各种苏维埃文件和法规，并通令各地完成代表的选举。

在龙冈，中央局发布了《关于节省经费、持久斗争的训令》，规定各部队机关节省半个月的经费，要求各机关干部和非战斗人员家属，帮助周边村庄劳动生产。中央局与当地群众结成了鱼水关系，驻村机关干部、工作人员与村民相处十分融洽，他们帮助村民莳田插秧。中央局机关所体现出的优良作风，给当地的畲汉群众留下了深刻的印象。村民也热情好客，看见村里着装一致的红军，总是笑脸相迎。尽管他们分不清谁是兵、谁是官，多大官，更不知其姓名，连各祠堂驻入什么机关也说不清楚，但却融合在军民一家亲的氛围之中。苏区中央局约五六百人的粮食，几乎均有当地群众供应，据《朱德年谱》记载：1931年5月3日，苏区中央总部发布《通令》称：“红军前后方及医院吃的粮食，均需政治部或后方医院主任及政委打条子到龙冈张家车战委粮食处来买，不得自由买卖。”

7月20日，国民党第十九路军韩德勤师侵占永丰县沙溪后，向40里外的龙冈大举搜索推进。苏区中央局被迫全部迁出龙冈，经兴国南移到于都桥头圩，22日与建宁千里回师的朱毛红军主力会合，然后一同去兴国指挥第三次反“围剿”。国民党第三次“围剿”惨败后，恼羞成怒，命令第五十三师开赴东固，其中一五七旅来龙冈，于9月13日烧杀抢掠，将龙冈街、张家车等一大片民房焚烧殆尽，无一幸免，名气很响的八大祠堂也化为灰烬。

因苏区中央局的入驻，畲乡龙冈迎来毛泽东、朱德、项英、王稼祥等一批党和红军的重量级人物后不久，在另一个畲乡福建上杭官庄也召开了一次重要会议，一时间党和红军的重要人物云集。

1932年3月20日，针对国民党粤军进犯赣南、闽西苏区的新形势，根据毛泽东的建议，中革军委和苏区中央局决定将中路军改为东路军入闽作战。东路军在攻占龙岩城之后，决定攻打闽南重镇漳州。当时，漳州军阀张贞部主力驻守于天宝至南靖一线，这里地势险要，山岭起伏，北扼天宝大山、南靠宽阔的龙江，要进攻漳州必先突破敌人天宝一线防线。为此，东路军决定以红军主攻敌人的天宝阵地。天宝的茶铺、松州、张坑、后巷是漳州畲族集中分布的区域，据传历史上钟姓畲族祖先曾在这里设茶铺以接待来往的客商行人，被路人广为赞誉而得名。茶铺这次迎来的不是过往的客商，而是攻打漳州途经这里的红军。

1932年4月19日，担任主攻任务的红四军向杨梅岭、十字岭、风霜岭的国民党军阵地发起猛烈的攻击，另一部则绕到敌后进行夹攻。在红军的攻击之下，敌军防线迅速崩溃，红军占领天宝阵地。失去天宝这一屏障后，张贞部已无险可守，慌忙弃城分头向漳浦、诏安方向逃窜，东路军占领漳州城。东路军攻打漳州城是红军攻打中等城市的一个成功范例，对于巩固闽西革命根据地、创建闽南革命根据地，以及支援东江根据地的斗争都有重要的作用，同时，红军在漳州获得了大量的军用物资，也为第四次反“围剿”准备了物资。

1932年5月29日，毛泽东在漳州接到中革军委命令，要求东路军开赴赣南打击入侵的粤军。毛泽东随即同东路军领导人部署所属各部撤离漳州。6月初，毛泽东率东路军离开漳州途经龙岩及上杭白砂、才溪。6月5日，毛泽东同中革军委委员、红军总参谋长叶剑英，致电朱德、王稼祥：东路军各军“须于六至八号三天内整理完毕，准备九号出动”，“八号下午二时在官庄总司令部开军事会议，军长、军政委、军团总指挥、军团总政委、军团参谋长均到会”[①]。会议主要任务是总结红军攻打漳州的经验，讨论对入赣粤军的作战计划。1932 年 6 月 8 日，东路军在上杭官庄总司令部驻地召开军事会议。出席会议的主要有：中华苏维埃共和国临时中央政府主席毛泽东，中革军委主席兼红军总司令朱德，中革军委副主席兼红军总政治部主任王稼祥，中革军委委员兼红军总参谋长叶剑英，东路军总指挥林彪、政委聂荣臻、政治部主任罗荣桓，红一军团参谋长陈奇涵，红五军团总指挥兼红十三军军长董振堂，红五军团政委萧劲光、参谋长周子昆，红三军军长徐彦刚、政委葛耀山，红四军军长王良、政委罗瑞卿、参谋长粟裕，红十三军政委何长工，红十五军军长兼政委左权，红十五军副政委乐少华等。

---

① 中共中央文献研究室编：《毛泽东年谱》（一八九三—一九四九）上册，中央文献出版社 2013 年版，第 409 页。

第六章　凤凰涅槃

第一节　毛泽东到畲家开展调查研究

毛泽东作为中国共产党把马克思主义与中国革命具体实践相结合的杰出代表，一生高度重视调查研究，并始终认为如果没有调查就没有发言权。在革命斗争中，毛泽东通过大量深入的社会调查，接触到最底层的劳苦大众，收获到最为翔实的阶级压迫的素材，使他的革命思想深深地扎根于中国实际和人民群众的土壤中。早在大革命时期，毛泽东所进行的社会调查和 1927 年 3 月所写的《湖南农民运动考察报告》，在当时就产生了重大的影响。据毛泽东 1930 年的回忆，“我过去做过湘潭、湘乡、衡山、醴陵、长沙、永新、宁冈七个有系统的调查，湖南那五个是大革命时代（一九二七年一月）做的，永新、宁冈两个是井冈山时代（一九二七年十一月）做的。湖南五个放在我的爱人杨开慧手里，她被杀了，这五个调查大概是损失了。永新、宁冈两个，一九二九年一月红军离开井冈山时放在山上的一个朋友手里，蒋桂会攻井冈山时也损失了”。毛泽东十分珍惜这些调查来的第一手资料，曾十分痛心地说，“失掉别的任何东西，我不着急，失掉这些调查（特别是衡山、永新两个），使我时常念及，永久也不会忘记”。[①]

1930 年 5 月，鉴于“寻乌这个县，介在闽粤赣三省的交界，明了了这个县的情况，三省交界各县的情况大概相差不远”，[②] 毛泽东利用红军分兵在安远、寻乌、平远发动群众的机会，开展了著名的寻乌调查。寻乌县地处闽粤赣三省交界处，也是畲族分布的区域。毛泽东在《寻乌调查》中多次提到的

---

① 《寻乌调查》（1930 年 5 月）。《毛泽东文集》第 1 卷，人民出版社 1993 年版，第 118 页。

② 《寻乌调查》（1930 年 5 月）。《毛泽东文集》第 1 卷，人民出版社 1993 年版，第 119 页。

澄江，比如“澄江区：分寻乌、大墩、桂岭三堡，以澄江圩为政治中心”①。“澄江圩每圩从门岭来的油约有四船（门岭肩挑到澄江下船），每船装油十二担，每担约值小洋三十元，每年以百圩计算，约值十五万元。”② 这里就分布着汶口、北亭两个畲族村。为此，毛泽东调查中也涉及了畲民的有关情况。“钟步赢（二十三岁，梅县师范生，区政府主席，石排下人）……到过一二次调查会，稍微供给了一点材料。”③ 另在调查爆竹行业时，就调查了一间爆竹店，“钟老板，会昌人，几十块钱本，开了六七年。自己及请的一个师父共两个人做，每年做得四五百元生意。老习惯大年初一那天大放其爆竹，寻乌的小小商店每家也要放两块钱。今年初一反动政府宣布戒严，不准放爆竹，不但年初一，平日也不准放，爆竹生意因此大减。南半县农民暴动区域彻底破除迷信，也不要爆竹了。因此不但本城钟老板的爆竹生意减少了，从前梅县和门岭两方输入寻乌的爆竹，近来也停止了。”④

在毛泽东历次的调查研究中，1930 年 10 月的兴国调查占有重要的地位，毛泽东在《兴国调查》的后记中称：“这次调查，一般说来仍不是很深入的，但较之我历次调查要深入些。第一，做了八个家庭的调查，这是我从来没有做过的，其实没有这种调查，就没有农村的基础概念。第二，调查了各阶级在土地斗争中的表现，这是我在寻乌调查中做了而没有做得完全的。这个调查的缺点，是没有调查儿童和妇女状况，没有调查交易状况和物价比较，没有调查土地分配后农业生产的状况，也没有调查文化状况。这些本来是要调查的，因为敌人对罗坊进攻了，红军决定诱敌深入的方针，我们的调查会只得结束。”⑤

1930 年 9 月，红军第一方面军进军长沙后回师江西，10 月初攻下吉安，进入袁水流域，进行休整和扩大红军。在党组织和红军的发动下，兴国等地纷纷送农民去当红军。毛泽东“趁此机会做了一个兴国第十区即永丰区的调

① 《寻乌调查》（1930 年 5 月）。《毛泽东文集》第 1 卷，人民出版社 1993 年版，第 120 页。
② 《寻乌调查》（1930 年 5 月）。《毛泽东文集》第 1 卷，人民出版社 1993 年版，第 124 页。
③ 《寻乌调查》（1930 年 5 月）。《毛泽东文集》第 1 卷，人民出版社 1993 年版，第 119 页。
④ 《寻乌调查》（1930 年 5 月）。《毛泽东文集》第 1 卷，人民出版社 1993 年版，第 163 页。
⑤ 《毛泽东农村调查文集》，人民出版社 1982 年版，第 183 页。

查……开了一个星期的调查会”[①]。毛泽东之所以选择在兴国永丰区开展调查研究，是因为这里位于兴国、赣县、万安三县的交界的区域，被划分为四个乡，旧凌源区为第一乡，洞江区为第二乡，三坑区为第三乡，江团区为第四乡，以第二乡之永丰圩为这一区域的政治经济中心。四个乡的人口分布分别为：第一乡 3000 人，第二乡 800 人，第三乡 3000 人，第四乡 2000 人，总共是 8800 人。这一区介在兴国、赣县、万安之交。毛泽东认为只要了解了兴国的情况，那赣县、万安二县也就相差不远。整个赣南土地斗争的情况也都相差不远。

毛泽东开展调查研究的兴国，是畲族分布较为集中的区域，兴国本身就有 4 个畲族村，而且兴国又与畲族聚居的永丰县龙冈乡、吉安县东固乡交界，民众之间来往十分密切。由此，毛泽东在兴国开展调查研究的 8 个家庭中，就有两个是畲族的家庭，即钟得五[②]、雷汉香家庭。在调查中，由毛泽东“提出调查的纲目，逐一发问并加讨论，一切结论，都是由我提出得到他们八个同志的同意，然后写下来的，有些并未做出结论，仅叙述了他们的答话。我们的调查会是活泼有趣的，每天开两次甚至三次，有时开至很夜深，他们也并不觉得疲倦。应该深深感谢这些同志。他们有几个是共产党员，但多数不是党员”[③]。

调查一开始，毛泽东一一问了各自的姓名、年龄、成分、职务、文化、家庭人口和家中田地、山林、欠不欠债等问题，问他们此次出发来了多少人，大家是不是真正愿意当红军。被问的八人逐一作了回答，说来了 8 个连，都在预备队，都是自愿报名参军的，而且投机分子一概不要，即使报了名也要其退出，坏人出钱也买不到当红军的资格。调查中，毛泽东以永丰区作典型，对根据地各阶级在土地革命前、土地革命中、土地革命后的政治地位、经济状况、生产生活以及他们对革命的态度和表现，作了全面具体的分析。当调查农民受地主剥削的情形时，被访者纷纷历数了农民受剥削受压迫的种种苦楚，“向地主借谷一担，一年过后要还三箩”。毛泽东说“这种不合

① 《毛泽东农村调查文集》，人民出版社 1982 年版，第 182 页。

② 钟得五当时先后担任乡赤卫军中队长、红军独立团宣传员，曾参加第七、第八次攻打吉安的战斗，后成为红军预备队，参加毛泽东兴国调查会后正式加入红军。

③ 《毛泽东农村调查文集》，人民出版社 1982 年版，第 183 页。

理的现象只有靠革命来解决”。

毛泽东还调查了各乡有多少贫农、雇农、中农、富农、地主，土豪劣绅杀了多少，逃走了多少，甚至连游手好闲、算命卜卦、拐脚瞎眼的人数都作了统计。

随后毛泽东对这8个家庭进行了深入细致的调查，以畲族雷汉香家的情况为例：

雷汉香，十区第三乡（三坑）人。

五个人吃饭。三兄弟，一个母亲，一个大嫂。老大四十三岁，一分帮人做雇农，二分自己耕田。老二三十九岁，二分做雇农，一分自耕。雷汉香是老三，二十五岁，泥水匠学徒二年，回家做雇农。母亲七十岁。大嫂三十四岁，煮饭，弄柴火，种菜。

自有七石半谷田，租公堂四十四石谷田。公堂田还租六成。

欠债千二百毛，二分息，借了同乡富农雷祖荣的。

老大老二替别人做零工，在家做事的时间，老大三分之二，老二不过三分之一。老三差不多全部时间替别人做零工。老大当家。

自己的七石半谷田，年成不好，只能收六石。公堂的四十四石只能收七成，计三十石。收成虽减，租不能减，仍要交四十四石的六成租，计二十六石。作一场田，只剩四石谷吃。连同自业的六石，共不过十石，食谷差得很多，又要还二百四十毛利钱，使得一家困苦不堪。

补足生活之法，第一是靠老大、老二尤其是老三帮人做工赚点钱回家。老三每年帮人做二百二十工左右，老大每年帮人做三四十工，老二帮人做百七八十工，合计帮人做四百二三十工。这些工中，平时每工二百文，割禾、摘木梓每工五百文，共计每年工钱约四十元左右。第二靠种番薯，每年出得四十多担，抵得十多石谷。第三靠种番稻（即晚禾），每年出得十多石谷，这是不要还租的。种番稻就不能种杂粮。第四靠供猪子，每年供得两个，每个可出二十多元，共四十多元，除掉自己吃一半，可剩二十多元。

照上面的计算，共可收入三十多石谷子，六十多块现钱；支出方面，只有三个人的吃食（三兄弟约有两个吃人家的饭，只有一个吃自家的饭，加上两个女子，共三人），和二十四元的利息，相抵有余，用作油盐杂费，应该不至很苦。为什么他家还是很苦（简直没有什么好东西吃，长日吃番薯丝拌饭，穿也没有好的）呢？第一个原因，是他们三兄弟都好赌，特别是老二总是赌输。第二个原因，是老大嫂好吃懒做，在家闹得天翻地覆，弄得三兄弟都懒得做工，猪子也被她打死了。第三，一连死了两头牛，一个吃硝水吃死，一个跌死，家运不济，大背其时。有这三个原因，所以他家总是苦。

三月分田，每人分得六石半谷，共三十二石半。即从原耕五十一石半中（自有七石半，租人四十四石），抽出十九石给别人，其余归自己。不过抽出去的十九石，都是山边瘠瘦每年只能出一道的歹田，留下来的都是每年可出两道的好田。

要重新分配，调查好了，尚未实行。

三月分田抽出去的十九石，因为这田彼时即归新户耕种，故十九石谷，都归新户得。别家分田抽出部分的收获，原耕六成，新户四成，乃因本届田禾新户完全不理，施肥下力仍托原耕，所以收获时新户愿以六成归之原耕，原耕愿以四成归之新户，好像原耕对新户完租四成一样。

老大在本乡赤卫队当兵，打七坊打黄塘都出发过。老二当赤卫队班长。老三开头在赤卫队当兵，后当排长，这回出发新余当连长。

从对雷汉香一家的调查中可以看出，毛泽东的调查细致入微，详尽了当时畲族民众的生活情况，尤其是以具体生动的对照，说明了畲族群众在革命前后的变化。首先，本来雷汉香的家庭是“家运不济，大背其时……他家总是苦”，随着土地革命的开展，分得了土地后，生活发生了新的变化。其次，“他们三兄弟都好赌，特别是老二总是赌输”。在党领导的土地革命斗争的影响下，三兄弟戒掉了不良嗜好，都参加了赤卫队，老二当了赤卫队的班长，老三雷汉香先是当赤卫队，后当了红军的排长、连长。毛泽东《兴国调查》真实地反映出畲族群众在革命影响下所发生的改变。

1933 年 11 月下旬，毛泽东率领中央通讯排警卫班的战士，从江西瑞金出发，经福建长汀水口、上杭官庄，长途跋涉，风尘仆仆来到上杭才溪，就扩大红军、优待红军家属、政权建设、生产支前、经济建设、革命前后物价对比、文化教育等方面进行调查研究。毛泽东在才溪先后召开了工人代表、贫农代表、耕田队队长等各种小型的会议访谈，还亲自到红军公田参加劳动，在田间地头了解生产情况，与才溪的干部群众打成一片。当听到才溪有个地名叫“衰坑”，毛泽东很关注该村的情况，对该村的群众说：“有共产党领导一定会兴旺起来，衰坑这个村名不好，不如改为‘发坑’，好不好？”该村的群众对这个响亮的村名欣然接受，从此“衰坑”变为“发坑”。在调查中毛泽东看到有村民用竹笕把水引到家里时，他就启发群众要用这种方法把水引到旱田里去，使土地水源充足，使旱田变成良田，提高粮食的产量；当了解到当地村民砍柴烧火，但没有栽树习惯时，他便教导他们既要砍柴也要栽树，要边砍边栽，才能保护好环境；当了解到才溪有许多珍贵的中草药资源时，他就教导区乡干部要组织群众收采中草药，办好药材合作社，既帮助群众解决缺医少药的困难，也增加群众的收入。特别是针对群众看病难买药难的问题，毛泽东说：“山区药材来源很丰富，什么地方有，要调查清楚，去多少人，要很好组织。”并对于医生问题进一步指明：一个乡有一两个医生，把那些中医组织起来，生活上给予一定的照顾。[①]

才溪的溪北村是个畲族聚居的民族村，在轰轰烈烈的土地革命中，畲族民众踊跃参与其中，青壮年纷纷参加红军。毛泽东称赞：“福建的才溪乡，扩大红军多得很呀……才溪乡百个人中有八十八个当红军去了。”[②] 溪北畲族村同样有大量的子弟报名参加红军，该村仅在册的有名有姓的革命烈士就达49名。毛泽东在才溪召开座谈会，畲族钟福春、兰香莲等也到会参加。钟福春较早参加革命，积极能干，不久就担任才溪区苏维埃政府副主席，他回忆了毛泽东在才溪召开调查会的情况：

> 1933年挖地瓜时节，上级来了十多个人，苏区派了十多个人到现在的粮站那边去迎接。他们是吃午饭时分到达才溪的。区苏安排他们到工会去住，在工会的下厅摊了床。毛主席住在靠近区苏那边的厢房里，那间厢房摊了两张床。工会上厅是办公的地方。主席在那里开过一次会。毛主席来的当天没有开会，晚上通知我们第二天上午开会。第二天在区苏中厅猪腰桌上开了一天会，区苏的部长、区委书记、区苏主席都

---

① 中共才溪镇委员会，毛泽东才溪乡调查纪念馆编：《才溪人民革命史》，北京广播学院出版社1997年版，第59页。

② 《关心群众生活，注意工作方法》（1934年1月27日）。《毛泽东选集》第1卷，人民出版社1991年版，第137页。

◎才溪乡调查油画

参加了，共有20多人。最先讲话的不是毛主席，是二十多岁较矮的人。他要我们汇报参军、优待红属、生产、支前、文化教育各方面的情况。首先由区主席汇报，后由区委书记和我汇报。毛主席边听边记。也问了当兵是怎样去的，是不是用压力，对红军家属如何照顾。那个二十多岁的人问了豆子等各种价格。当兵的事情是毛主席问的。毛主席是用钢笔记录。他们这次来有的戴斗笠，有的带雨伞。毛主席带的是雨伞。他们来时区苏还做了豆腐、买了猪肉作了简单的招待。他们在区苏住了五六天。离开才溪的头天上午开了会。区委书记、区苏主席、各部部长也都参加了。会上，毛主席说："才溪工作做得不错，是个模范区，要保持下去，不要骄傲。因路远时间紧，只到了上、下才溪乡，其他乡都没有去；军属、烈属、雇农有困难要帮助他们解决。"大家都表示，一定要按照上级指示去做，搞好工作。当时的区文书是阙求金（武平人），他负责记录。毛主席身材高大，有颗痣，讲话很有趣味，大家都很爱听。

兰香莲当时是作为妇女代表参加毛泽东召开的座谈会，她回忆：“1933年，毛主席在上才王永金的厅子里开了会，连开了3个晚上。上面有3个人参加，主席穿的是黑色便衣，戴了帽子（讲话时没有戴），用铅笔记录。他们住在石娣子家里，有时还在那里扫地、挑水。当时说是中央政府来的。开会时由阙绍光做翻译。”正是在与她们的座谈会中，毛泽东了解了才溪乡妇女的情况，以弥补在兴国调查中没有调查妇女状况的不足。在调查的基础上，毛泽东在随后形成的《才溪乡调查》中记录了才溪乡妇女代表的情况：

去年十月选举时，上才溪五十三个代表中，女的十六个，占百分之三十。下才溪七十三个代表中，女的二十一个，也是百分之三十。补选以后，至今年十月选举时，上才溪五十三个代表中，女的三十三个，差不多占了百分之六十。下才溪七十三个代表中，女的四十三个，也是百分之六十，此次选举，上才溪七十五个代表中，女的四十三个，仍然是百分之六十。下才溪九十一个代表中，女的五十九个，则占了百分之六十六。①

妇女代表会十天开一次，乡有主席团五人，内推一指导员，另四人分在四村，每村一人，即为村的主任。妇女代表会讨论的问题，凡乡苏讨论的，他们都讨论，除了慰劳红军、推销公债、发展生产等极其努力外，本身利益如婚姻同题，也常讨论，解释婚姻条例给妇女听。②

与此同时，毛泽东对于了解到的才溪“耕种主要依靠女子。上才溪今年女子能用牛的约300人，能莳田的60多人。暴动前此300人中，只有十分之一即约30人能用牛，数年来努力，得此成绩”③ 大为赞赏。畲族妇女和客家的妇女一样，都不缠脚，且同样具有吃苦耐劳、勤俭朴实、坚毅顽强、自强自立的品质，当才溪的80%以上男子参加红军和外出工作，农业生产出现劳力缺乏，才溪妇女表示：“我们的老公、兄弟、儿子都当红军去了，现在10家有9家都是红军家属，政府哪有这样多人来帮助我们呢？现在我们要继续扩大红军，让所有的男同志都到前线去，很快的消灭敌人，那是我们红军家

① 中共上杭县委党史研究室编：《才溪革命史资料汇编》，中共党史出版社2013年版，第5页。
② 中共上杭县委党史研究室编：《才溪革命史资料汇编》，中共党史出版社2013年版，第8页。
③ 中共上杭县委党史研究室编：《才溪革命史资料汇编》，中共党史出版社2013年版，第9页。

属和所有妇女都来参加生产，我们还不赶快的学习么?”[①] 正由于有妇女加入，才溪在1933年就完全消灭了荒田。不仅如此，为了发展生产，增加收成，才溪“因田开尽，故进而开山”，结果，“开山开的女同志‘争’起来，我要开，你也要开，竞赛的效力很大”。[②] 逐山而居开山种粮食是畲族的传统，也是畲族妇女的强项，她们在开山种粮中发挥了重要的作用。为此，1933年12月20日，《红色中华》表扬了80%以上的才溪妇女参加劳动生产的热情。福建省苏维埃政府奖给才溪光荣匾上牌记，专门写道：“百分之八十以上的妇女参加生产，标志着生产战线上的女英雄。”[③]

第二节 苏维埃旗帜下畲族的历史嬗变

“中国苏维埃政权所建设的是工人和农民的民主专政的国家。”苏维埃全部政权属于工人、农民、红军士兵及一切劳苦民众和他们的家属，不分男女、民族和宗教信仰，在苏维埃法律面前一律平等。

随着土地革命的展开和反“围剿”斗争的胜利，各级苏维埃政权先后成立，中央苏区畲族群众充分享受苏区宪法所规定的民族平等的权利，当家做主人，拥有苏维埃政府的选举权和被选举权，在中央革命根据地历史博物馆中，如今仍陈列着江西兴国鼎龙盘溪村畲族蓝仁、蓝恒刚的选民证。在充分民主下选民认真地履行权利，犹如毛泽东在福建才溪所了解到的，“下才溪一百六十多人（由应选九十一人），一村贴一张，每张均写一百六十多个名字。群众在名下注意见的很多，两个字的，五六个字的，十多个字的，儿童也在注。注‘好’、‘不好’等字的多，注‘同意’或‘消极’的也有。有一人名下注‘官僚’二字，受墙报批评的有二十多人”。[④] 在此基础上各地畲族

① 中共上杭县委党史研究室编：《才溪革命史资料汇编》，中共党史出版社2013年版，第285页。

② 中共上杭县委党史研究室编：《才溪革命史资料汇编》，中共党史出版社2013年版，第10页。

③ 中共上杭县委党史研究室编：《才溪革命史资料汇编》，中共党史出版社2013年版，第287—288页。

④ 中共上杭县委党史研究室编：《才溪革命史资料汇编》，中共党史出版社2013年版，第6页。

聚居区也纷纷成立乡区的苏维埃政权。1929 年 7 月，福建上杭庐丰横岗棉村成立上杭县革命委员会。10 月 2 日，上杭县苏维埃政府成立，由蓝维仁任主席。不久，庐丰区苏维埃政府也成立。在诏安白洋、汀洋，邵武上岚区盖竹村，光泽桥湾、太银、浆源、官桥、东山等畲村都成立了乡苏维埃政府。

◎位于福建上杭庐丰的中共上杭县委成立旧址

1929 年 9 月畲族聚居的上杭南阳南岭村成立了外宣河区苏维埃政府，办公地点就设在钟维明家中。诏安的第一区苏维埃政府就设在畲村白洋深湖。1929 年 10 月，中共武平县第一次代表大会和武平县工农兵代表大会，都是在由江西、广东、福建三省钟姓捐资而建的钟姓宗祠召开，而且随即成立的武平县苏政府机关也设在钟姓宗祠。1929 年 10 月，江西永丰东固区苏维埃政府成立，1930 年 4 月，龙冈区召开第一次工农兵代表大会，成立龙冈区苏维埃政府。在苏维埃政府的领导下，畲族人民打土豪分田地，当家做了主人，畲族发生了翻天覆地的变化。昔日被压迫剥削的民众，也纷纷参加苏维埃政府工作，担任各种职务。还有一些早年就加入共产党参加革命的畲族青年，更是走出畲乡参与各级苏维埃政府的创建。如雷忠享任兴国县苏维埃政府副主席和工农检察部部长、雷开升任土地部部长、雷根任兴国泮溪村苏维埃政府国民经济部部长、雷永昌任粮食部部长、雷开华任总务处处长、蓝国宝任上杭官庄区苏维埃政府主席、蓝发生任裁判部长、钟武元任上杭东一区苏维埃政府主席、钟守茂任长汀县南阳区苏维埃政府裁判部长、钟有文任代英县茶地乡苏维埃政府主席、蓝兆兴任上杭朴树乡苏维埃政府主席、蓝应良任上杭九竹乡苏维埃政府主席……庐丰乡的蓝维仁则是其中具有代表性的一个。

1929 年 3 月，长汀县革命委员会成立后，蓝维仁任长汀县革命委员会秘书。8 月，中共闽西特委派蓝维仁为闽西特委二特区副书记。1930 年 3 月 18 日，在闽西第一次工农兵代表大会上，蓝维仁被选为闽西苏维埃政府执行委员，并经第一次执行委员会选举为财政委员会主任。6 月 25 日，蓝维仁以执委的身份参加闽西苏维埃政府文化委员会第五次常委会。7 月 8 日至 24 日，蓝维仁出席了中共闽西第二次代表大会。会议期间，闽西苏维埃政府执行委员会举行了第二次会议，改选了闽西苏维埃政府的执行委员和各部部长，蓝维仁当选为闽西工农民主政府的执行委员兼财政部部长。

1930 年 9 月 1 日，闽西第二次工农兵代表大会召开，蓝维仁被选为执行委员，兼任闽西工农银行委员。9 月下旬，蓝维仁主持召开了闽西苏维埃政府经济、财政、土地委员会联席会议，讨论了组织合作社、成立闽西工农银行和统一财政、土地税收、山林矿产管理、劳动监督、集体农场、石灰生产等问题，作出了《闽西苏维埃政府经济、财政、土地委员联席会议决议案》，发出了《关于成立闽西工农银行的布告》。这次会议为更好地掌握闽西的财政金融，发展生产稳定人民生活，促进闽西苏区的经济建设，巩固和扩大中央苏区起了积极作用。11 月 28 日，蓝维仁参加了建设委员会会议，对市政建设、桥梁道路、陂圳的修理和保护良田等群众生产、生活问题提出了积极意见。12 月 14 日，闽西工农革命委员会成立大会在龙岩的列宁公园召开，蓝维仁被选为闽西工农革命委员会常委会委员。蓝维仁正是畲族人民通过革命当家做主，进而参与苏维埃政府的管理，率领群众为苏维埃运动而斗争的一个缩影。除此之外，有众多的畲族民众参与到管理各级苏维埃政府的行列，比如，在 1932 年 3 月 18 日宣布成立的福建省苏维埃政府中，钟显光就是省苏执委 9 名成员之一，并担任了粮食部部长，承担起筹集粮食，保障苏区军民粮食供给的重任。在中央苏区的模范乡才溪就是由畲族兰省三担任第一任区委书记，钟福春任苏维埃政府副主席，另雷浩北、雷德才、雷德兴、雷启高等先后被选为上才溪乡苏维埃政府主席。

更难能可贵的是，经过革命斗争熔炉的锻造，一批畲族青年成长为制定和执行党的路线、方针、政策的参与者。1929 年 7 月 20 日，中共闽西一大在上杭蛟洋文昌阁举行，在毛泽东的指导下，大会通过了《政治决议案》《土地问题决议案》，提出了巩固和发展闽西革命根据地的基本方针。特别是《土地问题决议案》，与井冈山《土地法》和兴国《土地法》相比，有了一些新的发展，土地分配原则也更符合斗争实际，比如区别对待地主和富农，只没收富农多余的土地；分配土地实行“抽多补少”的原则等，不仅对闽西革命根据地的斗争发挥了极其重要的作用，也对其他革命根据地产生了广泛的影响。会议选举产生了中共闽西特委新的领导班子，特委常委 5 人，邓子恢、蔡协民、蓝鸿翔、雷时标、戴树兴。

1933 年 7 月，中央人民委员会作出了《关于划小行政区域的决议》。8 月上旬，中共江西省委在富田陂下村召开公略中心县委永丰及公略、万泰、新干、龙冈等地的党员代表大会，会上，按照中央人民委员会的决议，讨论决定组建新的中共龙冈县委和龙冈县苏维埃政府，宣布以瑶岭为界，将永丰全县一分为二，南部（含现在兴国县的枫边、良村、南坑，宁都县大沽乡阳斋等村）为龙冈县，北部为永丰县。8 月 29 日，在藤田进行永、龙分县，正式建立中共龙冈县委。起初县委机关驻在空坑，后驻在龙冈街南郊桥头村，并在桥头村召开了首届工农兵代表大会，选举产生龙冈县苏维埃政府，龙冈县苏政府职能部门有：内务部、财政部、军事部、裁判部、土地部、教育部、劳动部、工农检查部、国民经济部、国家政治保卫分局以及总务处等，还成立了龙冈独立团。新组建的龙冈县共辖 8 个区、70 个乡。具体区乡为：沙溪区——中埠、北岸、荷塘、八石、梅兰、资田、水浆、严坊、勒门、下罗等 10 个乡。潭头区——潭头、石陂、卧龙、南溪、龙洲、长埠、交车、下固、长坑等 9 个乡。上固区——上固、汉下、江头、其坑、回龙、潭斯、韶源等 7 个乡。龙冈区——龙云、芭溪、空坑、南溪、羊石、表湖、龙冈等 7 个乡。君埠区——上怀、下怀、山岭、南林、古坪、北斋、铁元、陂头、阳斋、君竹、读书坑等 11 个乡。良村区——前村、后村、岭下、石街、约溪、良村、南沅、谢坑等 8 个乡。南坑区——中叶、枫叶、松江、雄口、保沙、富保、郑溪、上坑、北坑、南坑、富溪、焦坑等 12 个乡。枫边区——篾石、白沙、枫边、枫岭、钻坑、石嵊等 6 个乡。

这是中央苏区时期第一个在畲族聚居地区，并以畲族聚居地命名的县级苏维埃政府[①]，这充分说明畲族人民在苏维埃运动中实现当家做主进入一个新的层次。这是畲族千年发展历史以来的第一次，由此，让畲族人民更深切地感受到只有跟随中国共产党闹革命，处于社会最底层的畲族才能真正实现翻身解放。

为了土地而历经千年迁徙的畲族民众，对于土地的渴望尤为强烈，而正是畲乡东固有幸见证了一部土地法的制定。1930 年 1 月 29 日，红四军攻占永丰后，于 2 月 7 日至 9 日在东固陂头村召开了有红四军前委、赣西特委、红六军军委、红五军军委以及东固等地负责人参加的会议，会议研究的一个重要的议题就是土地问题。会上有一种意见从发展生产出发，主张按劳动力分田，即谁种得多谁就可以多分土地，耕种能力少或无耕具的雇农少分或者不分土地。而另一种意见从争取群众出发，认为农村绝大多数是贫苦农民，应按农村人口平均分配。会议经过深入的讨论，认为要把争取群众放在第一位，作为分田的标准，必须率先满足贫苦农民对土地的渴望和要求，所以不仅要按男女老幼平分土地，而且坚持“一要分，二要快”。在此基础上，会议制定了《赣西南土地法》。这部土地法的制定，显然既总结了土地革命斗争中的普遍经验，也有针对性地吸取了东固畲族的实际情况。畲族大多依山而居，土地缺乏，耕具也差，大多是为地主打工的雇农，实行按人口平分土地的政策，对于畲族民众无疑是天大的喜讯，又怎么会不为革命而奋不顾身、抛头颅洒热血呢？

畲族是个能歌善舞的少数民族，唱山歌是畲族人民传授历史、文化、生产、生活等知识和表达情感的重要方式，畲族民歌伴随着畲族人民祖祖辈辈的生产生活沿袭而来。畲族以歌代言、以歌叙事，形成了劳作对歌、三月三歌会、长夜盘歌、婚庆喜歌、祭祀颂歌、丧葬哀歌等歌俗。[②] 在如火如荼的苏维埃运动中，分到土地翻身做主人的畲族民众更是发挥所长，以山歌表达抑制不住的喜悦之情，一大批的畲族山歌在苏维埃运动中广为传唱，有《苏区山歌》《东固革命成了功》《当兵就要当红军》《打吉安》《土地革命歌》

---

① 1984 年 6 月 30 日，经国务院批准，设立了景宁畲族自治县，这是唯一的畲族自治县。

② 福建、浙江等地的畲族民歌，先后入选第一、二、三批国家级非物质文化遗产名录。

《送郎当红军》《楼底年关暴动》《革命歌大家来唱》等，这些畲族民歌不仅是畲族人民当家做主人后的心声流露，也成为当时宣传革命道理、鼓动参军参战的重要载体。

当毛泽东、朱德、陈毅率红四军，于2月20日到畲乡东固螺坑，与李文林率领的红二、四团会师时，受到螺坑群众3000多人的热烈欢迎。当时民众抑制不住内心的喜悦，流淌出一首又一首心里的歌：

（一）

三伏兼秋望风凉，寒冬腊月望太阳，
东固来了红四军，集中火力打老蒋。

（二）

螺坑来了红四军，百姓集队来欢迎，
没有好酒和好菜，唱着山歌迎亲人。

（三）

提到俚俚红四军，纪律严明人尊敬，
杀猪宰牛全不要，真是百姓子弟兵。

（四）

日头落了又起山，红军来到东固山，
东固穷人得幸福，从此再不受磨难。

（五）

红四军来到俚螺坑，个个英雄虎胆生，
一样军装一样枪，不知谁官谁是兵。

（六）

红军来到东固山，根据地有了大发展，
地是根来枪是胆，有枪有地胆包天。①

1933年，彭德怀、滕代远率东方军进军福建，“筹款百万、赤化千里”，解放了福建西北部的大片区域，也曾路过南平市顺昌县的畲村井垄。当时就流传着一首《彭军来到我畲乡》的民歌：②

---

① 危仁晸主编：《江西革命歌谣选》，江西人民出版社1991年版，第118—120页。

② 中共建阳地委党史办公室、建阳地区文化局、共青团建阳地委编：《闽北革命历史歌曲》，1983年8月。

铁邵武来铜顺昌，彭军来到我畲乡。
摆渡渡口来回走，井垄乡里把马拴。
墙上写上（啦）红告示，号召畲家把身翻。
今日不能将城破，明日定要转乾坤。

“没有红军来家里，哪会有田地，畲民哪里能出头。”这不仅是畲族山歌里唱的，也是畲族民众心里最明白的道理。正是在这一道理的驱使下，畲族人民义无反顾、奋不顾身地投身于革命的洪流之中，踊跃报名参加红军。仅1933—1934年间，江西畲乡东固就有2400多人参加红军，占当时青壮年2800人的85.7%，是全区总数8000人的24.29%。由于当时东固区扩红宣传工作做得好，为了进一步扩大红军，开展反“围剿”的斗争，出现了整营（二三百人）整连（一百多人）去当红军的壮观局面，1930年10月红军攻克吉安后，东固又一次性两个营（500多人）直接编入红军。那种父送子、妻送夫当红军的感人场面屡见不鲜。因此，东固区曾被评为中央苏区一等模范区。据1934年的统计，在主力红军长征后，东固区的青壮年劳力大部分参加红军，仅剩下不足400人。中华人民共和国成立后统计东固区有名有姓的烈士达1400人，无名烈士就更多了。畲乡龙冈也有革命烈士1000多人，其中畲族青年占相当部分。

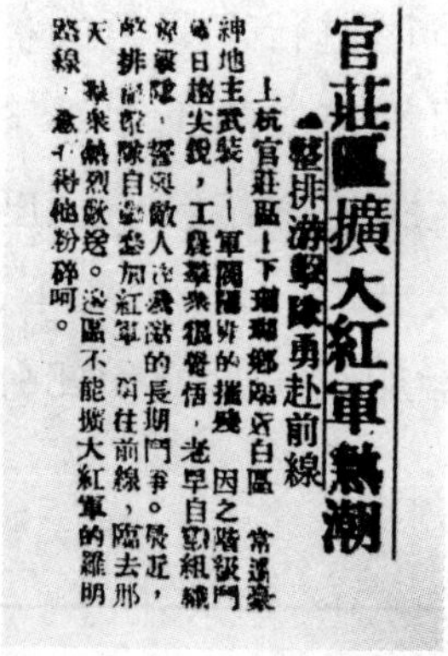
官莊區擴大紅軍熱潮
——[illegible]排游擊隊勇赴前線
上杭官莊區——下[illegible]鄉[illegible]白區 常遭豪紳地主武裝——軍閥[illegible]的摧殘，因之階級鬥爭日趨尖銳，工農群衆很覺悟，老早自己組織[illegible]游擊隊，與敵人[illegible]的長期鬥爭。最近[illegible]排游擊隊自動參加紅軍，開往前線，臨去那天，群衆熱烈歡送。這區不能擴大紅軍的羅明路線，[illegible]他粉碎呵。

◎《红色中华》报道福建上杭官庄扩红的消息

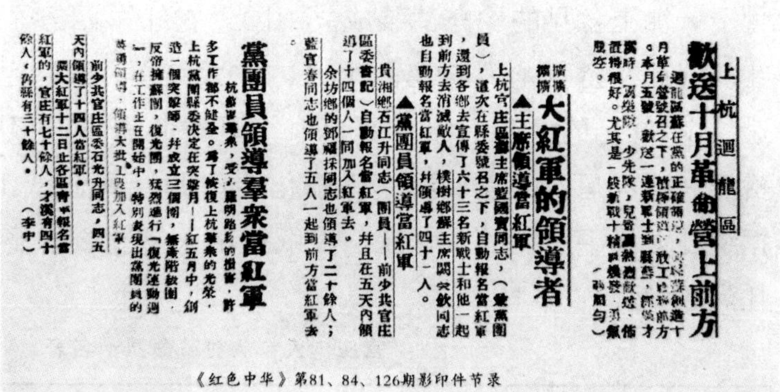
上杭 迴龍區
歡送十月革命營上前方
迴龍區蘇在黨的正確領導[illegible]，[illegible]十月革命營號召之下，[illegible]前方。本月五號，歡送一連新戰士到縣[illegible]，[illegible]時，[illegible]少先隊，兒童團熱烈歡送，[illegible]得很好。尤其是一般新戰士精神煥發，勇氣[illegible]空。（[illegible]）

擴大紅軍的領導者
▲主席領導當紅軍
上杭官庄區蘇主席藍國寶同志，（黨團員），這次在縣委號召之下，自動報名當紅軍，還到各鄉去宣傳了六十三名新戰士和他一起到前方去消滅敵人，模樹鄉蘇主席闕[illegible]欽同志也自動報名當紅軍，并領導了四十一人。
▲黨團員領導當紅軍
貴湘鄉石江升同志（團員——前少共官庄區委書記）自動報名當紅軍，并且在五天內領導了十四個人一同加入紅軍去。
余坊鄉的鄧福採同志也領導了二十餘人；藍宜春同志也領導了五人一起到前方當紅軍去。

黨團員領導群衆當紅軍
杭[illegible]群衆，受了[illegible]明路線的損害，許多工作都不健全。為了恢復上杭群衆的光榮，上杭黨團縣委決定在突擊月——紅五月中，創造一個突擊師，并成立三個團，無產階級團，反帝擁蘇團，復光團，猛烈進行「復光運動週」，在工作正在開始中，特別表現出黨團員的[illegible]領導，領導大批工農加入紅軍。
前少共官庄區委石光升同志，四五天內領導了十四人當紅軍。
[illegible]大紅軍十二日止各區青年報名當紅軍的，官庄有七十餘人，才溪有四十餘人，[illegible]縣有三十餘人。
（李中）

《红色中华》第81、84、126期影印件节录

◎《红色中华》报道上杭官庄区苏主席蓝国宝发动民众当红军上前线的消息

《红色中华》也曾以《官庄区扩大红军热潮》《扩大红军的领导者》等为题报道官庄的扩红盛况。官庄区苏维埃政府主席蓝国宝到各乡动员63名战

士和他一起上前线。当时上杭官庄就有 4000 多人参加红军和地方游击队，该乡小小的树人村在册红军烈士就达 45 人，其中蓝氏畲族 42 人（见《官庄树人畲族村革命烈士名表》）。上杭另一个畲族乡庐丰，仅革命烈士就有 393 人。更有许许多多的红军战士、游击队员、区乡苏维埃干部、农会会员战斗牺牲或被敌人杀害，连姓名都没有留存下来。在 1930 年 5 月，庐丰区少先队模范队全体报名加入代英县模范连，随后加入红军，《红色中华》为此撰文表扬。畲族聚居的上杭南阳南岭村在 1929 年 5 月红四军一部入驻这里时，就有一批青年报名参加红军，其中钟光华、钟茂华、钟荣标、钟如美、钟如堂、钟茂论等 62 人被批准入伍，编入红四军第三纵队，钟正元、钟占春、钟如汤 3 人报了名，但因年纪太小，跟部队到了新泉都未被批准。1929 年 8 月，朱德率红四军第一纵队来到南岭，钟祥兴等人参军入伍。1933 年在上杭才溪的一次扩红中，才溪的列宁小学就有雷钦等 20 多名学生报名参加了红军，蛟洋华家畲村一次就有 25 人参加红军。在中央苏区的乌克兰——宁化，全县每 10 人中约有 1 人参加红军，该县唯一的畲乡治平比例则更高，全乡就有 600 多人参加红军，在册烈士就达 170 人。还有江西兴国崇贤畲乡贺堂村雷贵鹏、雷贵鹗、雷贵鹄、雷贵鸾一家四兄弟都报名参加了红军。

为了加强中央苏区西线的红军力量，中革军委决定以新组建的工人师为骨干、加上各县的地方武装成立中国工农红军西方军，同时进行了紧急的扩红。为此，畲乡龙冈曾在两个月内扩大红军 1315 名，超额完成中革军委下达的 1000 名的扩红指标，受到中革军委的表扬，赢得《红色中华》的高度赞扬。不仅是农民参加红军，宁化治平的众多造纸工人也报名参加了红军，据统计，治平所在的长宁区，仅纸业工人就有 200 多人参加红军，绝大部分壮烈牺牲。

官庄树人畲族村革命烈士名表

姓名	性别	出生年月	籍贯	入伍时间	原工作单位及职务	是否党团员	牺牲时间、地点
蓝献玉	男	1911.7	树人	1930	红军独立第十师师部号兵		1933 年 7 月在清流县与敌作战牺牲

续表

姓 名	性别	出生年月	籍贯	入伍时间	原工作单位及职务	是否党团员	牺牲时间、地点
蓝先才	男	1901.8	树人	1929	官庄区游击队大队长		1929年在官庄树人乡炮楼与敌作战被俘于通贤牺牲
蓝兆兴	男	1903	树人	1903	官庄区苏维埃政府文书	党员	1932年区苏被长汀民团包围被俘后于官庄德成村牺牲
蓝有余	男	1913.10	树人	1932	第十二军一〇一团四营看护员	团员	1933年在江西瑞金被敌机轰炸牺牲
蓝利金	男	1898	树人	1929	官庄区游击队炊事员	团员	1929年在上杭石圳潭被敌袭击牺牲
蓝维烈	男	1908.8	树人	1929.6	中央保卫局巡查委员		1934年5月在吊钟禾溪坝与敌争船时被杀害
蓝旺铭	男	1913.10	树人	1931	红军第十二军班长	团员	1931年10月在永定下溪与敌作战牺牲
蓝毓华	男	1907	树人	1930	红军新杭县独立团排长	党员	1934年护送挑夫前往江西在樟树被敌杀害
蓝善聪	男	1903	树人	1930	红军第十二军连长	党员	1933年7月在清流县与敌作战牺牲
蓝文彬	男	1895	树人	1932.4	闽赣军区政治部无线电队通讯员		1934年12月在宁化县梦中桥与敌作战牺牲
蓝锡敏	男	1910	树人	1929	红军第十二军班长	党员	1932年3月从事地下工作被敌抓去受重刑回家后不治去世
蓝兆新	男	1893	树人	1932	官庄区树人乡苏维埃政府主席		1932年10月被敌抓去在连城新泉被害
蓝富全	男	1896	树人	1931	官庄区苏维埃政府炊事员	党员	1934年6月在官庄寨子路上被敌杀害
蓝德尧	男	1915	树人	1932	第十二军一〇二团三营七连战士	团员	1932年在连城姑田与敌作战牺牲

续表

姓名	性别	出生年月	籍贯	入伍时间	原工作单位及职务	是否党团员	牺牲时间、地点
蓝德黎	男	1903.3	树人	1930	上杭县游击队队员		1932年10月在官庄树人乡土楼被敌包围突围时于祠堂背头牺牲
蓝其彩	男	1906.6	树人	1931.7	第七军团二十一师六十二团排长	党员	1934年8月在江西瑞金九堡与敌作战牺牲
蓝如林	男	1910	树人	1931	第十二军战士	团员	1931年在上杭旧县与敌作战牺牲
蓝锡美	男	1912.4	树人	1930	红军杭武县独立营战士		
蓝献康	男	1906.12	树人	1929	红军第四军战士	党员	1929年攻打上杭城时牺牲
蓝春林	男	1910	树人	1930	新编十二军连指导员	党员	1930年7月在攻打上杭城时于水西渡牺牲
蓝秀林	男	1913.4	树人	1929	红军第十二军班长		1930年在龙岩小池与敌作战牺牲
蓝德好	男	1914.3	树人	1930	红军第十二军战士	党员	1931年在白砂与敌作战负伤后于长汀四都医院牺牲
蓝富腾	男	1902	树人	1930	红军第十二军号兵	团员	1930年在江西于都与敌作战牺牲
蓝德柱	男	1900	树人	1929	长汀温坊检查站工作人员		1934年在长汀温坊检查站工作时被敌抓捕杀害
蓝锡明	男	1906	树人	1930	红军第十二军营政治委员		1934年在江西草鞋岭与敌作战牺牲
蓝振提	男	1912.2	树人	1931.2	西二区模范营炊事员	团员	1931年8月在珊瑚与敌作战牺牲
蓝富养	男	1892	树人	1931.7	新编第十二军三十四师一〇二团六连排长	团员	1933年在沙县与敌作战牺牲
蓝德进	男	1904	树人	1929	红军第四军号兵	党员	1929年后无音讯，1955年2月追认烈士

续表

姓 名	性别	出生年月	籍贯	入伍时间	原工作单位及职务	是否党团员	牺牲时间、地点
蓝锡唐	男	1901	树人	1930	上杭县才溪区赤卫队队员	团员	1929年后无音讯，1955年2月追认烈士
陈四妹	女	1911	树人	1934	红军江西疗养医院第四所看护员	团员	1929年后无音讯，1955年2月追认烈士
蓝洪林	男	1905	树人	1929	红军第十二军战士	党员	1929年后无音讯，1955年2月追认烈士
蓝维金	男	1917	树人	1932	第四军第二支队号兵		1939年10月往安徽省后无音讯，1955年2月追认烈士
蓝兆芹	男		树人	1929	官庄区游击队队长	党员	1932年在官庄七里禾溪坝与敌作战牺牲
蓝德超	男	1908	树人	1929	红军第四军排长		1932年在江西省与敌作战牺牲
蓝振珠	男	1900	树人	1933	红军第十二军战士		1933年在江西兴国与敌作战后无音讯，1955年2月追认烈士
蓝树林	男	1913.9	树人	1929	红军独立八团战士		1931年在旧县与敌作战后无音讯，1955年2月追认烈士
蓝富能	男	1915.9	树人	1929	红军第四军战士		1929年后无音讯，1955年2月追认烈士
蓝松汉	男	1912.4	树人	1929	红军第五军团战士		1932年后无音讯，1955年2月追认烈士
蓝道书	男	1907.9	树人	1929	红军第四军战士		1929年后无音讯，1955年7月追认烈士
蓝嘉文	男	1906	树人	1929	杭武县西二区树人乡苏维埃政府文书		1931年7月误为“社党”被害于通贤蛇子岗，1955年7月追认烈士
蓝锦豪	男	1911.8	树人	1933	红军第十二军战士		1933年11月在上杭白砂与敌作战牺牲

续表

姓 名	性别	出生年月	籍贯	入伍时间	原工作单位及职务	是否党团员	牺牲时间、地点
蓝观林	男	1903	树人	1930	红军第十二军战士		1930年后无音讯，1955年2月追认烈士
杜先隆	男	1904.2	树人	1930.7	红军第四军班长		1932年11月在江西永丰县古县与敌作战牺牲
林四妹	女	1916	树人	1934	红军江西疗养院第四所看护员	党员	1934年后无音讯，1955年2月追认烈士
蓝德华	男	1913	树人	1930	红军第十二军独立团机枪连战士		1933年在延平战役中被敌抓捕关押于上杭监狱放回家后死亡

第三节　民族特点发挥特殊贡献

畲族作为中央苏区人数最多、最早参与党领导的土地革命斗争的少数民族，在苏维埃的旗帜下，畲族人民不仅融入如火如荼的斗争浪潮中去，而且以其鲜明的民族特性为中央苏区的创建发展增色添彩。比如畲族居住于偏僻山区的传统，和畲族民众团结保守秘密的忠勇性格，不仅使畲族成为最早最广泛参加土地革命的少数民族，而且使畲族聚居地成为红军反“围剿”斗争的重要战场。同时，畲族还以其特有的民族习俗和民族特性，为中央苏区的创建和发展，作出由其民族特性所决定的特有的贡献。

一、坚固的后方基地

在畲乡江西东固革命根据地创建初期，因为处于四面白色区域包围和封锁之中，一些地主富农以及原在东固街开店的外地商人，一开始不了解党的政策，纷纷把资金抽走了；国民党反动派和白色区域的豪绅地主又造谣称东固为“匪窝”，千方百计阻断商人进入东固经商，意欲在军事进攻的同时，辅以经济封锁、断绝物资的方法，围困扼杀新生的东固革命根据地。针对国

◎位于江西省吉安市青原区东固畲族乡东固街的东固平民银行旧址。旧址正面墙上书有“全体动员起来扩大民族革命战争粉碎敌人的大举进攻!”的标语

民党反动派的封锁政策，为了发展根据地经济，支持革命战争，开展经济斗争与经济建设，巩固、壮大革命根据地，1928 年春，东固党组织开始针对性地创办了东固平民借贷所。同年 10 月，中共东固区委、红二团决定以平民借贷所为基础创办东固平民银行。由平民自己创办银行，这是前所未有的新鲜事，东固平民银行创办时，管理人员基本上由当地群众担任，先在红二、四团发动捐款筹集 4000 圆基本金。然后在民众中广泛发动，以借款、捐款、储蓄、节省经费等渠道又筹集了 3000 多银元充作银行基金。尽管当地民众对于开办银行不甚了解，但为了支援革命，总是想方设法积少成多，无私地支持平民银行的开办和正常运转，有许多妇女还打破传统，毅然将陪嫁和戴在身上的手镯、项链、耳环、戒指等都捐出来，通过平民银行化成支援革命

和苏区建设的宝贵资金。

1928 年 10 月，靠群众自己筹集资金成立的第一家银行——东固平民银行在畲乡正式开业。平民银行发行了工农红色政权最早的纸币——东固平民银行铜元票。纸币由油印机印制，面额大小各分为铜元 10、20、50、100 四种。由于银行是群众自己筹办的，铜元票迅速取代国民党的法币，流通于东固革命根据地，也很快扩散到周边地区。到 1929 年春又扩大基金 8000 元，纸币发行达 20000 元。纸币正面上面的银行名称是“东古平民银行”。故意去掉“固”字外围的“口”字，意在表达根据地军民粉碎敌人封锁和“围剿”的决心。主图为一轮冉冉升起的红日，喻义中国革命如东方之日出。下方左右分别盖上“东固平民银行之章”和“黄启绥之章”的红色印章，最后蘸红水写上编号。背面印有“共同生产”“共同消费”字样。两面刷上起防腐和硬化作用的桐油，晾干后进行剪切。东固平民银行铜元票是红色根据地的最早纸币，也是中国工农政权的最早纸币。

1929 年 1 月，毛泽东、朱德率领红四军主力实施“围魏救赵”战术进军赣南，2 月到达东固革命根据地与红二、四团会师。当毛泽东、朱德、陈毅了解到东固开办了自己的银行时十分惊讶，专门视察了东固平民银行。历来重视苏区经济建设的毛泽东称赞这件事办得好，并希望银行办成中国红色政权的金融大本营，大力推广东固的做法，为发展革命力量、开辟和巩固革命根据地作出贡献。1930 年 3 月，赣西南苏维埃政府成立后，将东固平民银行改组为东固银行，归辖于赣西南苏维埃政府财政部，把东固平民银行纸币改为东固银行纸币。与东固创建革命根据地的模式一样，东固的平民银行给毛泽东留下了深刻的印象。1930 年 10 月，红军攻克吉安，缴获两台石印机，毛泽东得知后马上想起了东固银行，指示部队将这两台石印机送到东固给东固银行使用，并为东固银行配备了石印工人。由此，东固银行的纸币由油印改为石印，质量有很大的提升，为发展红色金融、粉碎敌人的经济封锁发挥了重要的作用。

随着反“围剿”斗争的胜利，革命根据地的不断扩大，各级苏维埃政府迅速成立，银行适应于新的斗争形势也不断提升。1930 年江西省苏维埃政府成立后，于 1931 年，东固银行发展成江西工农银行。随着中央苏区的形成，中华苏维埃共和国宣告成立，1932 年，江西工农银行又与闽西银行合并为中华苏维埃共和国国家银行。由此可见，创办于畲乡的东固平民银行是中国红色政权第一家银行，它发行了工农红色政权第一张纸币，成为中央革命根据地金融的源头，在中国金融史上也占有浓墨重彩的一页。

此外，东固开中央苏区建设先河的还有创办了消费合作社以调剂苏区的经济发展，创办了苏区最早的兵工厂——淘金坑兵工厂，设立了最早的教育委员会，在各村兴办平民小学和夜校识字班，文艺演出活跃。东固赤色邮局和赣西南赤色邮政总局，也是中央苏区创办最早的邮政机构，发行了苏区的第一张邮票。红一方面军还在东固创办无线电训练班，这是中央苏区第一个无线电学习训练班，为红军培养造就了第一批无线电通讯兵。

不仅是畲乡东固，畲族聚居的江西上犹平富上寨村也是红军的重要后勤基地，红三军团的后勤部设在这里，后勤部下设被服厂、制鞋厂、粮仓等。在这里还设有红三军团兵工厂和红三军团后方医院。同时，红三军团的保卫部、政治部也曾设在这里。福建上杭官庄的园坑岭头塘也创办了闽西兵工厂，制造的单响枪，被称作“园坑造”。在毛泽东曾经养病的福建上杭畲村苏家坡，于 1930 年 3 月，闽西苏维埃政府在这里设立了闽西交通总站，成为中央苏区红色交通线上的重要一环。

二、畲医畲药救助红军

江西上犹平富乡上寨村，早在 1930 年 8 月因这里有医术高明的畲医，创办了“上寨红军医院”，专门医治红军的伤病员。1932 年 4 月，彭德怀、滕代远率红三军团从赣县出发，经信丰贤埠、大余新城、崇义扬眉寺到达上犹县境内，进驻平富乡上寨村，由此，医院上升为红三军团后方医院。当地的畲族民众踊跃地投入到为红军医院服务的各项工作中，他们接送伤病员、为伤病员洗纱布绷带和衣被，更为重要的是，在当时缺医少药的情况下，当地畲医及其特有的秘方在救治红军伤病员中发挥了独特的作用。在此过程中还出现了畲族姑娘为救红军伤病员，假装招郎获取祖传秘方的感人故事。畲族民众有祖传秘方传子不传女的传统，平富乡上寨村畲族姑娘蓝阿花知道父亲蓝保生手中有治疗外伤的秘方，可是父亲拘于祖训，不愿将秘方传人，可红军又因药品奇缺，急需民间药物治疗，蓝阿花急中生智，想出了假招郎的办法。

她找到红三军团的年轻医生林云商量，一起演一出假招郎，把父亲祖传秘方学到手，并答应随时找个借口把林云送回医院。于是，林云上门招郎，父亲同意让女婿用祖传秘方为红军战士治病。林云掌握秘方之后，要求蓝阿花尽快找借口让他归队。不料阿花真的爱上林云了，林云却执意要归队。蓝保生知道女儿与林云是在演戏，要扯林云去见红军首长。善良的阿花看出了林云的无奈，苦口婆心说服父亲让林云归队，她信誓旦旦地说自己把心交给林云，把身子永远留守在爸爸身边。最后蓝保生为了成全阿花与林云，决意父女同时去参军。

这一感人的故事，在中央苏区广为流传，也曾被编为赣南畲族采茶戏《我跟红军走》，深受畲族民众的喜爱，成为畲族人民投身于土地革命的一种生动写照。

《我跟红军走》

主要人物：阿花（畲族姑娘）
林云（红军医生）
阿爸（有祖传中草药秘方）

阿花：（唱）一绣彩带簇簇新，亏哩老妹起谋心。
左边绣只金狮子，右边拿来绣麒麟。
百样花朵全绣尽，再绣天上七姑星。
七姑星来七姐妹，七姐下凡配董永。
彩带绣起哥哥带，哥哥带哩要领情。
三个盐砣吞落肚，年长月久莫淡心。
林云：[内喊] 阿花！阿花！（司鼓上）
阿花：林云！
林云：阿花！
阿花：林云，给你。
林云：（唱）当初的约定你难道忘记？
秘方掌握后你把我送回去。
今夜晡特地来商量退婚，

你送我彩带究竟是何用意？

阿花：（唱）当初的约定我是真心实意，

瞒老爸假招郎把秘方传给你。

谁料到自你踏入我家那天起，

你就悄悄走进了我心里！

小冤家，我的小冤家，

叫我如何不爱你？

林云：不，不行！

阿花：不行？为什么不行？

林云：（唱）我还要随红军转战千里，

婚姻这包袱我承受不起！

阿花妹妹，我对不起你！

接受我的歉疚之意。

（白）对不起，对不起……

阿花：林云，你……听我说

（唱）假订婚已经一月有余，

可怜我通宵达旦眼难闭。

一更里思想你，我敬佩你，父仇不报不婚娶。

二更里思想你，我想嫁你，世上男儿你第一。

三更里思想你，我后悔迟，当初决定太幼稚。

四更里思想你，心如针刺，捏紧拳头捶自己！

五更里思想你，铁定主意，厚着脸面来求你。

求你今晚同床铺，我蓝氏家族香火！

蓝氏香火得传承！

有了这一晚，走遍天涯我不拦你！

林云：（唱）不！我不能，我不能，枪林弹雨音讯渺，

肠挂肚无会期。有了这一晚，真会害了你！

阿花：天呐！天呐天！

林云、阿爸：阿花！

阿爸：这、这是怎么回事？说啊！

阿花：他……他不是男人！

阿爸：啊？他不是男人？

阿花：他有毛病！

阿爸：你有毛病？你有毛病还敢答应我家阿花，我一铳放了你！

阿花、林云：阿爸！阿叔！

阿爸：你放手！你放手！

阿花：阿爸！

阿爸：说这到底怎么回事？

阿花：他、他要跟红军走！

阿爸：你？

林云：阿叔，我要跟红军走！我要跟红军走！

阿爸：你跟红军走了，我的阿花怎么办？

林云：阿叔，你听我说！

阿爸：阿花，你别哭！

阿爸：你们红军来到我们畲族村，我蓝家把屋让给你们做红军医院，救死扶伤，而我自己却搭茅棚而居。你和阿花相爱订婚，彭德怀军长和同村族人都知道，你现在要跟红军走，你让我这老脸往哪放？你！

阿花：阿爸！

阿爸：不行！去见你们彭德怀军长！走！

林云：阿叔！阿叔！

阿花：爸！

林云：阿叔，你听我解释！

阿爸：不行！走！

林云：阿叔，阿叔！你听我解释！

阿花：林云，快走！

阿爸：走啊！

阿花：阿爸！

阿爸：你！今天你把话给我说清楚，阿花、林云，我也给你们订了婚，祖传秘方我也传给你了，今天如果你不把话说清楚，就不可以走，要不，鸣枪！

林云：(旁唱) 我待留下不留下，成了红军骗秘方。

阿爸：(旁唱) 骗秘方！

阿花：(旁唱) 我待把他放，阿爸要见彭军长！

阿爸：(旁唱) 见军长！

林云：(旁唱) 我待留下要留下，愧对我的爹和娘。

阿爸：(旁唱) 我不管！

阿花：(旁唱) 我若把他放，恐怕阿爸要鸣枪！

阿爸：(旁唱) 鸣枪！鸣枪！要鸣枪！——

合：(二重唱) 进也难退也难，洞房瞬间变牢房！

罢罢罢，我不下地狱，他人怎能进天堂？

阿花、林云、阿爸：(唱) 你走吧！走不得！我不放！

你走！你走！

阿爸：不许走！(定格)

阿花：阿爸！你让他走吧！

(伴唱) 一个追他走，一个执意留。

是走还是留，老父问因由。老父问因由。

阿爸：林云，你今天不给我讲清楚就不许走！

林云：阿叔！对不起！当初为了救红军伤员，我和阿花瞒着你假订婚、假招郎。

阿爸：啊！你！(举枪)

阿花：(唱) 红军医院多少兄弟不是死就是伤，

缺医少药盼望着蓝家祖传秘方。

你却是死守着蓝氏祖训传男不传女，

逼得我做出了假订婚假招郎！假招郎！

阿爸！

一切都是我安排，休把林云来冤枉。

如今林云他要重返部队，怪得我单相思想结成双！

阿爸！

捆绑不成夫妻，还望阿爸将他放，

让他带着我家祖传秘方救死扶伤！
我把心交给他转征疆场，
我把身留守在阿爸的身旁。
你把我当子，我把你当娘，
生生死死厮守在这间茅草房！
你把我当子，我把你当娘，
生生死死厮守在这间茅草房！
阿爸！阿爸！你让他走吧！

阿爸：啊？原来是假订婚、假招郎，不、阿花，你等一下，等一下！就算是假订婚、假招郎，我也要问个清楚。

阿爸：林云，我只问你一句！

林云：阿叔你说。

阿爸：要说心里话。

林云：嗯——！

阿爸：你到底爱不爱阿花？

林云：（唱）她是天边的彩霞云中的霓裳，
她是花中的牡丹鸟中的凤凰。
只因为生父蒙冤陷牢房，
我哪有心思留在温柔乡！
多少次梦中相拥，
醒来时泪眼汪汪！
为了摧毁这人间地狱，
我随时准备血洒疆场！
山河破碎，相聚难望，
怎忍心让阿花独守空房！独守空房……

阿爸：原来是这样呀！林云，我错怪你了！

阿爸：你带她走！你带她到天涯海角随你的便！你带她走！你的阿花早就想当红军！

阿花：（唱）阿爸！阿爸！我从小失去娘，你又当爹又当娘把我拉扯大，阿爸，阿爸，我要陪你走到老！

阿花：阿爸！

阿爸：我这把老骨头，活着只为了你啊！（唱）你能陪我走到老！

谁能陪你走到老？他可以！

阿花：阿爸，阿爸，我不能丢下你啊！

阿爸：你跟他走！

阿花：天呐天呐，怎么办？怎么办？

合：（三重唱）我能不能走？

她能不能留？

是走还是留？

阿爸：我们一起走！一起跟红军走哇，跟红军走！

我们一起去，一起跟红军走！

阿爸：阿花、林云，带着我蓝家的祖传秘方，随红军救死扶伤走天涯！

阿花：阿爸！

【伴唱：凤凰涅槃！凤凰涅槃！

做一回浴火重生，

浴火重生！浴火重生！】

林云：（唱）我跟红军走，红军跟党走。

阿花：（唱）我把一生交给你。

阿爸：（唱）半间茅屋也不留！

合：（唱）手挽手啊，一起走啰，

向着民主，向着自由，刀山火海永不回头，

哩啰，哩啰，哩啰哩嘞！

三、中央苏区的秘密交通站

由于中央苏区大多分布于闽粤赣的山区，除了当地自产的粮食外，其他各类物资都比较匮乏。为此，国民党反动派一直把经济封锁作为“围剿”中央苏区的重要手段，造成苏区物资特别是食盐、药品等紧缺。为了打破封锁，在周恩来的亲自领导下，针对性地建立起沟通闽粤赣等省的中央红色交通线，这条交通线由上海—香港—汕头—潮安—大埔—永定—上杭—长汀进入瑞金，长达数千里。在白色恐怖下，红色交通线必须高度秘密环环连接，许多偏远畲村由此成为红色交通线上重要的一环。

为了打通闽粤两省的交通，福建党组织发出指示，“应注意联系松口的工作，在象洞与松口之间，沿途发展党的组织，以便利交通，为武平最重大的工作之一”①。根据这一精神，1931 年，中共武平县委白区部选派干部赴广东梅县开展工作，建立了中共松原支部。松原地处闽粤两省的永定、上杭、梅县、蕉岭四县的交界处，被称为“梅岭的西伯利亚”。这里自古以来就是畲族的重要居住地，留有寄竹畲、白越畲、黄狗畲、樟畲坑等地名。该地出产的一种红色旱稻，是村民种植的粮食作物之一，被称为畲禾。中共松原支部成立后很快建立起一条从松口经松源到象洞沿汀江河岸北上至武北、长汀、瑞金、会昌的秘密交通线。先由中共松源支部组织采买物资，然后中共象洞区委发动军属、干部、少先队员和可靠的群众，以赶圩的方式将物资运回，最后又采取妇女走亲戚、男人外出打工、上山割柴草等各种方式，有的把竹竿内节打通，里面装盐，有的把粪桶隔成双层，表面装粪，里面装盐和西药等，把物资运往中央苏区。尽管这一过程必须跋山涉水三四百里，且要冒过卡检查、土匪抢劫的险阻，但苏区人民总是千方百计地保障着秘密交通线的畅通，运送着源源不断的急需物资。曾任武平县苏妇女部部长，时为中共象洞区委组织部部长的钟细妹，经常以走亲戚等多种方式前往松源购买物品并把物品运送苏区。有一次她送食盐和药品路经中堡的山路上，迎面来了二十几个国民党兵，撤退已经来不及了，她叮嘱随行的游击队员“拉开距离，沉着应对”，后若无其事地按原速前进。就在她将要越过国民党兵队伍时，被士兵发现钟细妹的短发，即惊叫起来“共匪婆”，其他士兵像马蜂一样把钟细妹围堵起来。一个当官模样的人上前察看，检查钟细妹手中的竹篮，上面是粄皮，下面是糯米粉，没什么破绽可抓，又看到了后面来了一群出外做工的农民过来，即转过身，挥手吆喝道：“什么共匪婆，是一个做客的山村农妇，值得大惊小怪的，还不快走。”就这样化险为夷，把混在糯米粉中的药品和食盐安全送达目的地。

---

① 《闽西革命史文献资料》第四辑，第 211 页。

畲族聚居的广东东江和平县长塘镇秀河村，地处一条通往江西的水路运输古道上，在土地革命战争时期，中央苏区境内不产盐，国民党当局实行“计口售盐”，封锁食盐流入，对超量购盐者以“资匪通敌”和“自甘赤化”治罪，叫嚣不让一粒盐进入苏区。当时东江上游的林寨、长塘、下车和龙川背岭、细坳等地，有不少商人冒着杀头的危险从间道偷运食盐、电器、胶鞋等物资进入苏区贩售，每日有数百人担盐挑货从古驿道前往福建、江西。

为打破国民党的经济封锁，1933 年 2 月，苏维埃政府相继成立直属对外贸易总局的采盐办事处，从粤赣边陲采购私盐私货。其中赣南采办站在龙川背岭街开辟盐站，但由于当地商埠车水马龙，不便掩蔽，时时处于危险之中。当时在背岭盐铺任财务的蓝蔚同情共产党，支持革命，他向采买站建议在老家长塘镇小河设地下盐站。因为塘镇河口有码头，小河街开设有三间盐铺，可以在小河街再开一盐铺为掩护，暗中将北上的盐在蓝屋古驿道边设一地下盐站。建站得到党组织的同意，很快地下盐站成立。新开的盐铺是两间相连的泥砖屋，地板不铺垫，用木板钉成矮凳板的底架，紧紧地铺在上面，然后将盐倾倒其上，再让信得过的肩客挑盐上江西苏区，当时秀河村有不少畲族群众，如蓝振汉、蓝振玄、蓝东学、蓝振新等为盐站运盐，一直到中央红军撤出苏区盐站才结束。盐是人类赖以生存的重要物资，也是中央苏区不可或缺的物资。当时苏区干部的“有盐同咸，无盐同淡”的作风，反映了中央苏区食盐的紧缺。而地处闽粤边界这一畲村小小盐站，对于缓解中央苏区的食盐紧缺起到了不可忽视的作用。

四、畲乡生产的“万担纸”

在如火如荼的苏维埃运动中，中央苏区形成了独特的苏区文化，在开启民智、宣传革命斗争中发挥了不可替代的作用。而文化发展的重要载体就是纸。福建宁化县治平畲族乡的造纸工艺历史悠久，远近闻名，这里生产的玉扣纸质地细软、吸水性强，因采用石灰沤、日光漂的工艺生产，不仅经年不蛀，保存数年不霉烂，是书写文献、印刷线装书的上品，而且还卫生无毒，甚至可作为战时药用棉的替代品。

◎宁化县纸业工会胸章

玉扣纸因成纸洁白光润如玉，又有“扣”为旧时计量单位，故此得名。纸长138厘米，宽度61.7厘米，每担纸为七刀，每刀纸200张。书写易控，墨不褪色，优势明显。素有“九竹一田”之称的治平，是闽赣两省主要产纸区，从前山里的竹林为地主所有，纸厂也为地主所控制，一担纸要抽两刀，手里有工艺的畲族民众遭地主盘剥穷困潦倒。1931年10月，这里成立了中共长宁区委、区苏维埃政府，不久就成立了闽光纸业工会，工人们当家做了主人，不再受地主的盘剥。1932年10月，长宁区划归汀东县。当时的汀州号称“红色小上海”，手工业十分发达，纸业是其中重要的产品。竹海万顷的长宁区有300多个纸厂，造纸工3000余人，这些纸成了支援苏区革命的重要物资。为了打破国民党的经济封锁，扩大纸张销售，纸业工会号召工人行动起来，增加生产，支援前线。汀东纸业公司还发放贷款，按计划产量每担纸贷给银币二三元不等，不收利息。纸出产后，交苏维埃政府收购，卖纸后还贷。据统计，在中央苏区各类物资十分困难的情况下，长宁区共向中央苏区支援了

◎闽赣纸业工人游击队旧址

3.6万担土纸，是名副其实的“万担纸”，苏区纸币、米票、借谷票、《红色中华》等报刊，都使用治平产的玉扣纸印制，各红军医院也有使用玉扣纸代作药用棉。畲族民众以传统的生产工艺，为中央苏区的文化建设和发展作出独特的贡献。

第七章　迁徙与远征

第一节　长征前夕红军在畲乡浴血奋战

从 1933 年 6 月起，蒋介石采取“三分军事，七分政治”的策略部署对革命根据地进行“围剿”。9 月，蒋介石调集 100 万军队，200 架飞机，亲自任总司令，向各革命根据地发动空前规模的第五次“围剿”。在反“围剿”斗争中，“左”倾教条主义者不顾中国革命战争的特点和敌强我弱的实际，要求红军“分兵把口”“御敌于国门之外”，实行阵地战和正规战，否定游击战和运动战，摒弃毛泽东、朱德等在对敌斗争中总结和制定的一系列正确的作战原则，致使第五次反“围剿”战争陷入了严重的困境。

畲族分布和聚居的区域，一直是红军反“围剿”斗争的重要阵地，在第五次反“围剿”斗争因受“左”倾错误影响、节节失利的危急关头，畲乡同样成为红军指战员浴血奋战阻击敌人的阵地。中央苏区的南北西东四面门户不仅地势险要而且都是畲族聚居和分布的区域，是相继展开激烈的中央苏区保卫战的战场。

1934 年 4 月初，会昌筠门岭保卫战打响，红二十二师与敌浴血奋战，终因寡不敌众于 4 月 21 日放弃阵地，留下以钟鸿义为连长的一个连断后。英勇的红六连打退了敌人的多次进攻，为红二十二师的撤退争取了宝贵的时间。正当红六连准备撤出阵地时，国民党军的排炮将通往山下的唯一小路炸塌了，全连只好又退守至盘山主峰。最终钟鸿义带领战士们把被子撕成绳条连接起来，从后山 40 米高的盘山悬崖滑下，后转战畲族聚居的洞头乡洞头村游击，并在蓝氏宗祠休整招兵。中央苏区南大门会昌筠门岭失守不久，北大门广昌苦战 18 天，红军伤亡高达 5500 人，也于 4 月 28 日失守，致使南北门户洞开。此时西北大门龙冈成为敌我双方关注的焦点。当时的《红色中华》

报通栏标题发出号召："不让敌人占领我们的龙冈！西方战线上的拼死决斗。"[①] 畲乡龙冈又成为主战场。

为了保住中央苏区西大门，阻止、扼制国民党军向中央苏区核心区进攻。1934 年 1 月，根据中央和江西省委的指示，中共龙冈县委和龙冈县苏维埃政府，发动全县军民在沙溪、上固、龙冈等地建筑堡垒。由于龙冈地势险要，秤砣寨又是一座天然屏障，其右侧是悬崖峭壁，龙冈河（即孤江）水从峭壁下急流而过，在此处构筑碉堡，能有效阻击敌人进攻龙冈。中共龙冈县委和县苏维埃政府集中了大量人力、物力在秤砣寨修建地堡。全县千余民工日夜奋战，经过一个月的紧张施工，建成了一座坚固的地堡。这座地堡建造得十分巧妙，山底下挖出一个大洞，里面可容纳 100 多人，并可储存武器、弹药和食品。该地洞深 30 米，分上中下 3 层，山顶和洞底之间挖有楼梯形通道，以便人员上下，运送弹药食品，地面通道口非常隐蔽，陌生人一般难以找到；从山顶到洞内，插有节已打通的竹筒，寨上的值勤红军拍打几下，下面的人员便知有情况；地堡内部和山腰处的三层壕沟，均用松木进行加固；壕沟前沿阵地埋有大量竹钉。山底靠近河边有一秘密进出口，要划船涉水才能进入地堡。

据红军西方军战士钟远生回忆："我在 1934 年旧历正月初参加红军，编在西方军刚成立的 23 师。正月十九日，我们走到上固的茶亭背，遇到敌机轰炸，因为我们是新兵，不会隐蔽，被敌人发现目标，丢下几个炸弹，扫来一阵机枪，我们这个排都是良村人，全部牺牲或负了伤。在红军医院住了两个月，伤好时已是阳历 4 月初，我在龙冈归队，当时我们师在龙冈筑炮楼，用禾桶屯粮屯水，上级说要在龙冈'定生死'，意即打不赢就死在这里。"[②]

4 月 30 日，国民党军薛岳部第九十二、九十三、九十九师进犯龙冈。第九十九师派五九〇团的侦探三队、步兵四连、迫击炮一连、机关枪一排先锋，向龙冈攻击前进。在紧急形势下，红军西方军总指挥部派出龙冈独立二团二营第六连 147 名指战员进驻地堡，进行秘密守备。就在当天，战斗打响了，地堡里的 147 名红军指战员，与国民党军进行了殊死战斗，他们以猛烈

① 《红色中华》第 183 期，1934 年 5 月 1 日。

② 冯都、夏荣标：《红军西方军的来龙去脉》，《福建党史月刊》2012 年 12 期。

的火力、顽强的斗志，打退了国民党军一次又一次冲锋。敌人凭借武器优势，用机枪扫，炮弹轰，妄图拔除秤砣寨堡垒。

激烈的战斗持续到第二天。5 月 1 日，激烈的鏖战又持续了半天，下午敌人增加炮火，硝烟弥漫龙冈上空。地堡里的钢铁战士，独自作战，坚守阵地不失。黄昏时分，地堡进出口处被敌人发现，红军的战壕多处被炸塌，敌人用猛烈的火力射击并封锁了出口，战士伤亡增大。在此情形下，红六连在给敌人予沉重打击后，决定组织突围。但在国民党军的密集枪炮下，红六连除冲出 7 名战士外，从指导员、连长到战士共 140 人，全部壮烈牺牲，阵地失守。龙冈一战，也给国民党军沉重打击，据《红色中华》报道："敌于进攻龙冈时，伤亡四五百人，伤营长二，阵亡团长一，连长二，其九十九师师长亦受伤。"①

1934 年 5 月 1 日，红西方军在龙冈保卫战失利，国民党军第九十九师占领龙冈。国民党军侵占龙冈后，烧杀抢掠，无恶不作，火光持续了三天三夜，被烧民房达数十栋，犯下了累累罪行。龙冈的畲汉民众遭受了空前的浩劫，中央苏区西大门由此洞开。6 月初，中革军委为了诱打入侵龙冈之薛岳部，调集红军一、三军团主力在古龙冈至黄陂以北一带秘密设伏，拟施行"诱敌深入"策略，将薛岳部诱入埋伏圈，一举围歼敌人，给敌人予有力的痛击。红军设伏之处群山连绵、地势险要，兴国的古龙冈有两个畲族聚居村，永丰君坞与畲族聚居地龙冈接壤，有畲族聚居的山岭村，上固也有汉下村，均为畲族聚居和散居区。

6 月 3 日至 7 日，国民党第五十九师攻占表湖笔架山，九十师攻占伯公脑，九十二师进占中塘坡，九十三师进驻上固，九十九师于 6 月 8 日上午 7 时，由龙冈出发，10 时攻占君埠西南之银龙下杨公山红军阵地，再次与红西方军及永龙独立团展开激战，至午后 2 时，反复肉搏十余次，战斗显胶着状态。下午，红三军团第四师、五师、六师从黄陂赶来参战，彭德怀亲临前线指挥杀敌，迂回包抄，断敌退路，战局立时大变。国民党军闻说红军主力一万余人赶至，惧怕被包围，连忙下令抢渡君埠河北撤。由于连续几天下雨，河水本就上涨，此时，又恰雷电交加，大雨滂沱，山洪暴发，河水猛涨，河

① 《红色中华》第 189 期，1934 年 5 月 16 日。

上木桥被洪水冲倒。红军趁机追击，国民党军在慌乱逃命时，许多不会游泳的士兵，落入河中，大部淹死。此役红军击溃薛岳部一个团又一个营，俘敌400余人，缴获步枪350支，机关枪1挺。

广昌战役后不久，蒋介石又命令东路军总司令蒋鼎文辖李延年第九师、李玉堂第三师、李默庵第十师、宋希濂第三十六师、陈明仁第八十师、刘戡第八十三师等向中央苏区东线大门——长汀松毛岭逼近。红军集中了一、九军团和二十四师，约3万多人，依据松毛岭的险要地势阻击敌军。

红一军团、红九军团和红二十四师从朋口敌军以东的连城的姑田，永安的小陶、洪田一线，悄悄迂回到朋口敌军以西的长汀的南山、童坊一带。8月底，红一军团侦察到国民党军第三师、第九师、第八十三师、第三十六师等4个师于朋口、莒溪、璧州、洋坊尾一线，有向汀州前进的态势。而温坊守敌已远离朋口敌军主力，相距还有15公里。这是消灭温坊敌军的绝佳时机，为此红一军团秘密运动到钟屋村一带。

钟屋村与连城交界，距长汀43公里，是长汀县的南大门，更是中央苏区的东大门。钟屋村因为该村95%以上的村民都姓钟而得名。村中有一个观寿公祠，建于明末清初，为钟家祠堂，每年钟氏家庭的祭祀都在这里举行。钟屋村设有乡苏维埃政府，村子较大，有200多户，1000多人口。红一军团军团长林彪、政治委员聂荣臻率领的主力在钟屋村，军团司令部就设在观寿公祠堂内。

1934年9月1日晚9时，红一军团从钟屋村由西向东，正面出击温坊敌军；红二十四师从猪鬃岭、罔坊、桥下等地，由西北向东南攻击敌侧翼；红九军团作为预备队负责打援截击，从童坊、水头坪、吴家坊等地直插敌后，三面包抄温坊守敌。战斗打响不过两个多小时，红军就把国民党军第三师的第八旅全部消灭，旅长许永相趁黑夜只身逃脱。此役全歼敌人一个旅和一个团，共4000多人。其中打死打伤2000多人，俘虏2400多人，缴枪1600余支，自动步枪、轻重机枪100余挺，迫击炮6门，子弹44万多发。

9月9日，红一军团、红九军团和红二十四师主动撤离温坊。因兴国告急，红一军团奉命前往增援。在长汀只留下红九军团和红二十四师坚守松毛岭。松毛岭从南至北横贯40多公里，从东至西宽15公里，到处都是崇山峻岭，形势险要，山上到处都布满红军。中段是全线要冲，唯有两个突破口，一个在主峰叫白叶杨岭，另一个叫金华山岽，两地相距数公里，山高路险，易守难攻，是中央革命根据地东线的重要门户。红九军团和红二十四师在这两处布下重兵，构筑了坚固的工事碉堡，居高临下，严阵以待。福建军区从长汀、上杭紧急动员了约2000名新战士，补充红九军团。长汀、连城邻近苏区群众也组织了运输队、担架队、慰劳队纷纷奔赴前线，同红军一起修工事、挖战壕、抬伤员、运弹药，参加作战。地处松毛岭下的钟屋村塘背一带群众，更是倾尽全力无私地支援红军，仅塘背乡参加修工事的就有200人，做担架745副，妇女送草鞋560双，儿童送竹杯1359个。全乡当时只剩下两个成年男子，其余全部参加武装支前工作。松毛岭附近的几个村子“家家无闲人，户户无门板”。据当地老人回忆，钟屋村的群众在农历八月十四日将秫米做的月饼送上阵地犒劳红军。

◎中央苏区松毛岭战役纪念碑

1934年9月23日上午7时，松毛岭保卫战开始，国民党东路军第三十六师、第十师、第八十三师3个师，配备飞机、大炮向松毛岭猛烈进攻，数小时内发射了德国造卜福斯123毫米榴弹炮、130毫米山炮及82毫米迫击炮几千发，敌机周而复始地轮番轰炸。红九军团、红二十四师和数以万计的长汀地方武装严阵以待，与敌人展开了空前激烈的战斗，枪声、手榴弹和炸弹的爆炸声震耳欲聋，喊杀声此起彼伏响彻云霄。

28日，因中央红军实施战略大转移，中革军委命令红九军团撤出战斗，转移到钟屋村一带待命。坚守松毛岭阵地的任务，交给红二十四师接替。这天福建军

◎长征零公里处福建长汀钟屋村观寿公祠

区动员了新战士 1600 人，从长汀濯田赶赴钟屋村补充红九军团。

29 日晨，国民党军又向松毛岭发起新的进攻，炮火非常猛烈，还出动飞机 10 余架助战。下午 2 时许，左侧高地被国民党军夺占，形势十分严峻。红九军团七、八两团奉命重新投入战斗，支援红二十四师。我军乘国民党军立足未稳，展开反冲锋，经过反复较量，终于夺回左侧高地。至此，松毛岭保卫战已整整打了七天七夜。据《长汀县志》记载："九月，东路军第三纵队指挥李延年，率六师进攻汀连交界之松毛岭，先是红军总司令朱德督重兵驻守，防御巩固。至是东路军用飞机大炮猛烈攻扑，红军败退，是役双方死亡枕藉，尸遍山野，战事之剧，空前未有。此后东路军渐向汀地推进，而钟屋村，而南山坝，而河田，兵力所及辟公路以利运输，筑碉堡于要隘，以资防守。"①

红九军团出发长征前，在钟屋村观寿公祠堂门前大草坪上，召开全村群众大会，参加大会的有赤卫模范连、少先队和从塘背至连屋岗 11 个村和涂

① 《长汀县志》（民国二十九年修纂）第 1 册。

坊等邻近的群众2000多人，红九军团一部分指战员也参加了大会。红九军团参谋长郭天民在大会上向到会群众作了满怀深情的告别讲话："红军马上要转移，去执行新的任务。""我们走后，敌人会跟踪而来，乡亲们要做好坚壁清野！"最后他充满信心坚定地说："乡亲们不要担心，红军还要打回来的！"为了充实当地的地方武装，尽管经多年激战，武器弹药都十分困难，红九军团仍向钟屋村赤卫模范连、少先队发放300余支枪和不少的子弹。当天下午3时，红九军团兵分两路，从钟屋村出发战略转移。当红九军团离开钟屋村时，当地的民众不仅挥泪送别了在此浴血奋战的子弟兵，还让钟屋村赤卫模范连、少先队和全区的少先队、模范连共七八百人，也跟着红军一起转移，加入红九军团长征的行列。留下的妇孺老幼不得不离开村庄，向涂坊、河田、濯田、四都等地疏散。"郎当红军莫念家，专心革命走天涯。十年八载不算久，打倒反动派再回来"。

1934年10月21日，国民党军占领钟屋村，在进行大肆烧杀抢掠的同时，为标榜炫耀"战绩"，以谐音将钟屋村改为"中复村"，意为中央军光复。虽村名被强行改了，但民众心中依然存着革命时期的"钟屋村"。

第二节　北上抗日的旗帜飘过畲乡

1934年7月初，为了调动和牵制敌人，减轻和缓解中央革命根据地的压力，配合中央红军即将实施的战略转移，中共中央、中华苏维埃共和国中央政府、中革军委命令由红七军团组编的中国工农红军北上抗日先遣队，出发征战福建及浙皖赣边区，在中央红军主力战略大转移前，率先拉开长征的序幕。7月6日，红七军团从瑞金出发，由长汀古城进入福建。同时，红九军团也由赣入闽，掩护红七军团北渡闽江。两支红军主力此时主动出击，对于整个中央苏区的战局及闽浙皖赣革命斗争将产生重要的影响。同时，这两支红军主力北上途经闽西、闽中、闽东、闽北及闽浙边、浙皖边、皖赣边的广大区域，给分布在这些区域的畲乡带来了主力红军北上抗日的信息。

7月15日，红七军团主力由福建连城塘前、尧家畲进入永安境内洪砂，与负责掩护红七军团北上的红九军团先头部队会师，然后红七军团与红九军团经金陶、洪田、西洋等地进入畲乡清水境内，驻扎畲乡光前堂、兴灵宫、东发堂、龙昌坊、龙长坊、龙德堂、福临堡、鸾凤坊等厝，在此开展革命活动，宣传北上抗日，发动畲乡民众开展打土豪、分田地。7 月 29 日，红九军团在完成护送红七军团渡过闽江的任务后，又一次进入清水乡。为了宣传和发动民众，红军在这里的祖屋、宗祠及民房的厅堂、过道、四壁、石碑、门板、门楣乃至茅房，写下了各种各样的红军标语："打倒卖国的国民党""农民起来，实行土地革命""贫苦工农自动加入红军来""只有苏维埃才能救中国""帮助红军买粮食，替红军送消息""农民起来打土豪分田地""反对帝国主义瓜分中国""扩大民族革命战争""推翻帝国主义在中国的统治""红军是工人农民自己的武装，反对帝国主义进攻福建"等。

这些红军标语以写在宗祠、厅堂上的最为集中，当地有这样的说法："这是人民群众将红军标语与祖宗一样供着。"当红军走后，白军来时，人民群众总是想方设法地保护着红军标语。随后，红军途经大田县桃源畲族聚居地进占了大田县城，烧毁民团土堡、炮楼，拆除城墙的城垛，宣传党的抗日救国主张。红七军团渡过闽江后，《红色中华》发布了《中华苏维埃共和国中央政府、中国工农红军革命军事委员会为中国工农红军北上抗日宣言》，由此，红七军团也正式打出了北上抗日先遣队的旗号。8 月 8 日，北上抗日先遣队攻打福建省城福州未果后，即向东撤退，进入畲汉杂居的福州北峰、连江潘渡一带，由此进入闽东地区。闽东是畲族主要聚居地，占全国畲族人口的近一半，闽东也是中国共产党领导的苏维埃区域之一，北上抗日先遣队到来时，这里已建立了闽东临时特委、闽东苏维埃政府筹备处，下辖 9 个县苏，42 个区苏，800 多个乡苏，其中，畲族乡苏 21 个，村苏 300 多个。北上抗日先遣队是第一支进入闽东地区的中央红军，尤其是北上抗日先遣队主要行进路线乃至于重要的活动，大多为畲族的聚居地，让闽东畲族民众第一次感受到中央红军的威武雄壮。

1934 年 8 月 11 日，中共连（江）罗（源）县委与北上抗日先遣队在连江潘渡取得联系，并接受了安置治疗伤病员的任务。中共连罗县委和闽东红军独立第十三团在接受任务后，立即动员所属党团支部、区乡苏维埃政府、游击队、赤卫队、贫农团、妇联会、少先队、儿童团等，自 8 月 11 日至 13 日接连三天三夜抢运北上抗日先遣队的 700 多名伤病员。担架队从连江县四区的桃源、贵安、溪东、潘渡、白莲、陀市、山岗等地出发，经五区的飞石、祠台、洋门，越过山面的长龙，进入六区的邱祠、鹿池，折向七区的合山、官坂、莺头、鹤屿、文山、上园，再由水路转入八区的下屿、颜岐、下宫和今属罗源县的北山、巽屿、外洋等地的医院和临时医疗点。众多畲族群众投入抢救红军伤病员的行列中去，在西药奇缺的情况下，畲医的中草药医术对救治红军伤病员起到了重要的作用，罗源的畲村八井不仅收治了红军伤病员，而且畲族群众纷纷上山拔药草熬制土药，使很多红军伤病员得到及时治疗。

根据闽东党组织关于“帮助我们打下几个闽东县城”的要求，北上抗日先遣队依照战局变化，决定攻打罗源城。这一决定使在这里苦战的闽东党组织和红军游击队大为振奋。闽东红军独立团从山面区[①]根据地出发，配合先遣队攻城，当时攻打罗源的指挥部队就设在畲族分布的白塔乡。由八井、竹里、横埭、牛洋等地畲族民众组成的八井山头游击队，也参加了攻打罗源的战斗。北上抗日先遣队仅用两个小时就攻占了罗源城，罗源的畲族群众扬眉吐气纷纷奔走相告，畲村八井群众就近将几十名红军伤病员安置在八井碗窑里，用祖传的畲药医术救治伤病员。8 月 21 日，北上抗日先遣队在宁德赤溪与闽东红二团会师，中共闽东特委和苏维埃政府决定“选择基础巩固、群众可靠、方便掩护的龙潭畲族村，建立红军医院”，[②] 于是先后在福霞西胜地区的龙潭、溪里、牛落洋、北斗、鸭姆湾等地设立临时医院，龙潭、马地、五斗、济地山等五个畲村发动了青壮年 75 人组织担架队运送伤病员，将北上抗日先遣队的 100 多名伤病员安全送达这些临时医院治疗。济地山畲村发动组织为伤病员洗衣煮饭。为了防备国民党军队来袭，在畲村龙潭山上临时建造了几处秘密楼，用于应急时安置红军伤病员。之所以将救治红军伤病员的

---

① 山面区方圆约 300 平方公里，位于连江、罗源、古田、宁德四县接壤处，散落着数十个畲汉村落。这里地势险要、林深路陡，适合党领导开展武装斗争。1931 年，连江县委书记杨而菖到此活动，秘密发展贫苦农民蓝礼送、蓝礼在、蓝礼义、蓝依弟等入党，成立了党支部，建立了农民赤卫队，开辟了山面区游击根据地。随着根据地的巩固和发展，山面区建立了苏维埃政府，进行分田分地的土地革命。由此，这里成为连江、罗源党组织和红军的根据地，连罗群众也称其为长龙老革命根据地。

② 霞浦县民族事务委员会《霞浦县畲族志》编写组编：《霞浦县畲族志》，福建人民出版社 1993 年版，第 343 页。

临时医院安排在畲村，除了路途上的考虑，从赤溪到西胜，有一段可以走水路，减轻伤病员的颠簸，同时，闽东船民工会是党领导的群众组织，而且，畲村群众基础好，环境相对安全；更重要的是畲医畲药在缺医少药的战争环境里，可发挥独特的作用。曾志在《一个革命的幸存者》中，回忆了她在福霞地区被畲医救治的情形：

她招呼我坐下，没有先问我的病情，她用手拨开我的眼皮观察了一番，又要我伸出舌头看了看，然后用手指压在我的指甲上，把指甲逐个看了一遍。然后说我的病是气血两虚，要活血顺气。

她蹲在地上，在草药堆里找了些干树根、干树叶、干花草之类的药材，用柴刀砍碎。再找来几片竹笋壳子，把树根草药包扎好，共包了两剂药。

她详细地交代我，住下后，买一只三斤以上的大红公鸡，先把草药熬成三斤多的药汁。然后用药汁熬红公鸡，不放盐，熬成两大碗汤，睡觉前趁热喝下一碗，鸡肉不要吃。喝完后就盖上棉被躺下，下半夜前胸会发胀。心口发闷时不要害怕，不要起床，也不要揭被子，最好能出出汗。第二天早晨再煮热喝一碗，胸口可能会冒出很多血红点子，不要紧，这是药力作用。第二副药也是照这方法做好服下。吃了这两剂药，你说话的气力就会提上一些，血也会化通一些。然后再吃一些补药，病就会好的。

果真第一剂药吃下去，第二天早上起来一看，胸前确实出了许多红点点，说话时底气也足了一些。可惜第二剂草药放在轿子下，笋壳叶子擦破了一些，草药掉了一部分，不敢再熬了吃。怕药物不全，吃了反而加重病情，因此只吃了一剂。

此后，我的病有很大好转。大概吃了药的第二天半夜，有一股相当凉的液体，从尿道流了出来，腹部胀气好像收缩了很多。接着说话底气足了，话也连贯了，眼睛转动也比较自如了，走路也不很沉重了。

一剂毫不起眼的草药，一堆叫不上名字的树根、树枝、树叶的神奇组合，竟出乎意外地收到如此好的效果，真神了！[①]

---

① 曾志：《一个革命的幸存者——曾志回忆实录》（上），广东人民出版社 1999 年版，第219—220 页。

名畲医传人钟锦堂古医书之一

名畲医传人钟锦堂古医书之二

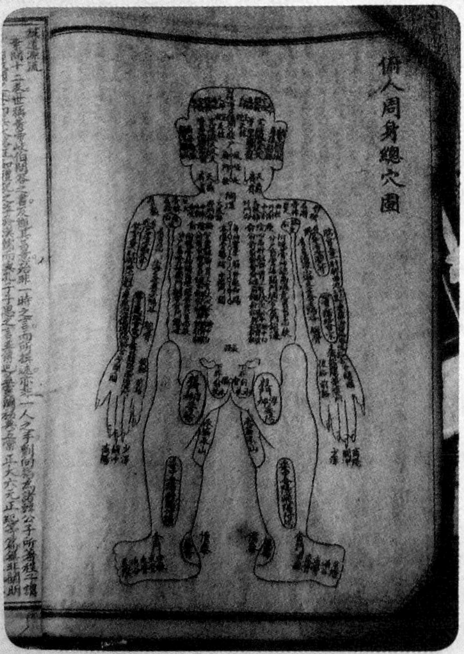

名畲医传人钟锦堂古医书之三

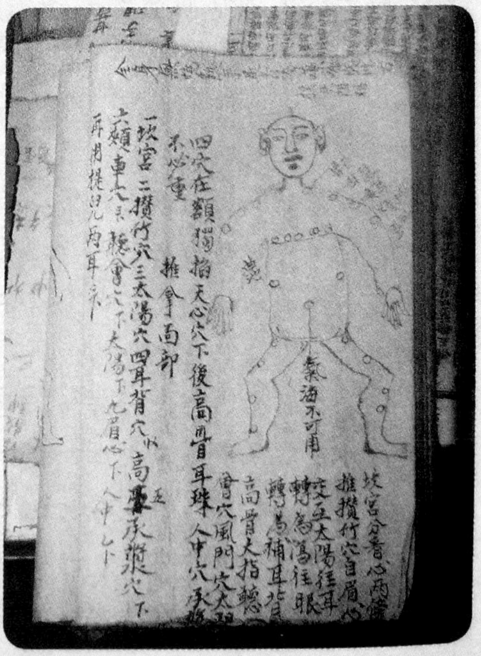

名畲医传人钟锦堂古医书之四

◎畲药古医书

同时，由于长途征战红军减员不少，为此，北上抗日先遣队要求中共闽东特委抓紧动员三五百人参加红军，以补充红军兵员的不足。中共闽东特委和苏维埃政府立即在福安、宁德等苏区印发张贴中华苏维埃政府颁布的《中国工农红军优待条例》，四处设立征兵报名处，紧急动员青年应征入伍，众多畲族子弟闻讯前来应征，在很短的时间里，就征到1000多名新兵。为了配合红军北上，中共闽东特委指示中共安德县委和闽东船民工会，筹措粮草、船只，作好攻打穆阳的准备。穆阳是福安西部重镇，也是福安畲族的主要聚居地，畲族自然村有八九十个之多。穆阳桂林村支部连夜发动群众，从家中搬来木料、床铺板、桌面、麻绳等，在穆阳溪碓石濑处搭架浮桥一座，民船工会迅速调集溪船50多条以应急需。8月22日，北上抗日先遣队渡过穆阳溪，轻取了畲乡穆阳镇。之后，闽东的畲汉民众依依不舍地送走了急于北上的主力红军。

北上抗日先遣队进入浙江后，于8月28日攻克庆元县城，随之在竹口痛击了前来围堵的国民党军队，取得了进入浙江后的第一次大捷。9月初，经龙泉县八都镇进入福建霞浦境内。本拟依托闽北苏区，进行必要的休整和总结，打击追尾而来的国民党第四十九师，并帮助当地党组织扩大武装斗争，把闽北、闽东苏区和浙南地区连成一片，打开新局面后，再向浙西、皖南发展。但在中革军委“不应再在现地域停滞休息”的催促下[①]，9月9日，离开闽北古楼，再次向浙江进发。由此，北上抗日先遣队又途经浙皖赣的庆元、龙泉、江山、常山、开化、遂安、淳安、分水、昌化、休宁、秋浦、桐庐、旌德、太平、歙县、婺源、青阳、石埭、黟县、祁门、玉山等几十个县城，为完成中革军委赋予的重要任务进行着艰难征程。在国民党军队的重点围攻下，北上抗日先遣队的进军虽然最终失败，但作为红军长征的第一先遣队，不仅对于宣传中国共产党的抗日主张，推动抗日运动的发展，调动部分国民党军队，策应中央红军主力战略转移，起到了重要的历史作用；而且不可忽视的是，对于推动畲族人民革命斗争的发展，也产生重大的影响。

首先，历史发展再次出现了契合，即北上抗日先遣队所征战的闽浙皖赣

---

① 《朱德关于七军团应立即执行北上任务并伏击近敌的指示》（1934年9月9日）。中共江西省委党史研究室等编：《中央革命根据地历史资料文库·军事系统》第13册，中央文献出版社、江西人民出版社2015年版，第3765页。

地区，正是畲族集中分布的区域。北上抗日先遣队的征战，历时 6 个多月，行程 5000 余里，沿途经过了四省几十个县的广阔地区，这些地区不仅有畲族大分散、小聚居的分布，有着星罗棋布的畲族乡村；而且，更有畲族主要居住地，比如闽东，仅一地就占全国畲族人口的近一半。北上抗日先遣队进入浙江一举攻占庆元县，对与庆元县交界的景宁畲族聚居区产生了轰动效应，人们纷纷奔走相告。[①] 北上抗日先遣队的进军虽大多匆匆经过各地，但中央红军威武之师的军纪严明、秋毫无犯、打土豪劣绅、为民除害，打开地主粮仓、分发给贫苦农民的种种举动，在沿途畲族民众中留下了深深的印记。北上抗日先遣队每到一地就地召开群众大会，宣传中国共产党的主张和政策，张贴《中国工农红军北上抗日宣言》，书写红军标语等，给畲族民众心中播撒下革命的种子。

其次，北上抗日先遣队途经的畲乡，畲族民众以特有的方式给予红军有力的支援，表现出了强烈的革命自觉。在北上抗日先遣队攻打福建罗源县城后，当地的畲族认识到这是一支为人民利益而战的军队，纷纷起来抢运抢救战斗中负伤的伤员，并以特有的畲医畲药细心治疗。1935 年 1 月，北上抗日先遣队被数倍于我的国民党军队合围于江西的怀玉山。怀玉山地处闽浙赣苏区的玉山、德兴两县边境，由若干大山组成，中部的主峰高达 1538 米。这里的山峦绵延，峰险壁峭，人烟稀少，物资奇缺，加之时值数九寒天，风雨交加，环境极为凶险。北上抗日先遣队的指战员们以坚定的信念和顽强的斗志，在此进行了一场殊死的突围战。经历了金竹坑突围、珑山战斗、八磜突围等血战，红军伤亡惨重，陷入了弹尽粮绝、饥寒交迫的绝境。被敌冲散的方志敏、刘畴西等冒着风雨雪爬山越岭，继续寻机突围。

1 月 26 日下午，方志敏等人悄悄地越过玉峰至八磜封锁线，从分水关经三亩、马山、冷水坑一带，随后又攀藤附葛沿着石壁陡峭的香炉峰转移到怀玉山下的太阳坑，以图通过洋塘、汪洋村进入德兴广财山。突围途中，在一片静寂的山林里，方志敏等人遇见在太阳坑一带打猎的畲民雷春元。一番投石问路后，了解到太阳坑这个人迹罕至的山坞里，唯有雷春元一户畲族人居

---

① 景宁畲族自治县：1984 年 6 月 30 日由国务院批准设立，是全国唯一的畲族自治县，西与庆元县交界。

◎救助方志敏的江西玉山县怀玉乡太阳坑雷春元房屋旧址

住。以打猎为生的雷春元，不但熟悉周围地形，而且对太阳坑一带敌军部署的童（坊）暖（水）防线了如指掌，他虽不懂革命大道理，但深知红军是人民的军队。雷春元如实地把敌防线部署情况告诉了方志敏，并提醒方志敏等人继续隐蔽，然后他急速回家告诉母亲，为连日饥饿的方志敏等人准备晚饭。待夜幕降临，雷春元悄悄地把方志敏等人接回家中。饭后，方志敏情深意切地对雷春元母亲说："同志嫂，谢谢你，本来我们红军是有纪律的，吃过群众的饭是要付钱的，可是今天我们身无分文，我把望远镜送给你们作纪念吧!"在门外望风的雷春元听闻连忙进屋说："不，望远镜你留着自己用。红军为我们穷人打坏蛋，这么困难的时候，你们到我家吃一顿玉米饭，这是我们应该做的，请不必过意。"无论雷春元和他的母亲怎么推辞，方志敏还是拉着雷春元的手，指着对面山上他隐蔽处的一棵苦楮树说："我们现在无法打仗了，必须尽快越过敌人防线，我的望远镜就挂在那棵树杈上。"接着又转身对雷春元母亲说："同志嫂，目前，我们革命虽然遭到了挫折，但最后胜利还是属于我们的。待革命胜利后，我会来看望你们的。"雷春元最终拗不过方志敏的诚意，不得不收下了望远镜，这望远镜不仅帮助雷春元更快地捕捉到山中的豺狼猎物，而且由此使这位普通的畲族猎户眼光投向更远的未来。[①]

① 程小波：《血染归途——方志敏与北上抗日先遣队》，中共党史出版社 2005 年版，第 81 页。

第三节　长征，不再是迁徙

第五次反“围剿”失利后，中央苏区的红军于 1934 年 10 月开始了战略大转移，畲族民众与苏区人民一道含泪送走了撤出中央苏区的红军。同时，有众多的畲族子弟也离开畲乡跟随中央红军踏上了长征的征程。畲族聚居的福建长汀县馆前黄湖村仅有 150 多人，就有兰荣春、兰元松、兰元信等随主力红军长征。福建上杭县胜利到达陕北的畲族红军指战员就有钟有煌、钟泮猷、蓝岳、蓝映林、蓝庭辉、蓝祥林、雷钦、雷浩北、雷浩茂等 9 人。他们之中有长征路上的“红灯笼”雷永通、有将部队配发的竹筒视作生命的兰发连、有三次翻雪山过草地的蓝昌明，等等，他们是畲族子弟随中央红军由南到北长征的缩影。

雷永通是江西兴国人，参军不到一年，便调到中央通讯学校学无线电通讯，后分配到红军前敌总指挥部和中央军委电台当报务员、报务主任、电台台长。他一直跟随在毛泽东、周恩来、朱德等红军领袖身边，时间长达 12 年之久，是毛泽东身边长大的“红小鬼”。长征途中面对国民党军队的围追堵截，保持通信的畅通，特别是及时破译国民党军队的电文，格外的重要。即使是红军过草地时，负责电讯工作的雷永通和战友们也得克服一切困难，无条件保持电讯的畅通。在过草地的第三天晚上，雷永通和战友们在倾盆大雨中戴着斗笠，把包袱垫块小油布放在膝盖上当桌子，一直侦听到天亮。在整整七天七夜的草地行进中，他们都是没日没夜地收查各种电讯，行军时跟着部队走，一停下来就架天线工作，以超人的毅力，既不影响行军也不耽误工作。

1935 年 3 月 10 日，中共中央政治局在苟坝召开攻打打鼓新场的作战会议。打鼓新场虽是黔北重镇，但先前的情报显示，驻守打鼓新场的是一个师的黔军“双枪兵”，战斗力差，远不是红军对手。但通过分析电台破译的敌军情报，毛泽东已经敏锐地感到蒋介石正在暗中向打鼓新场一带调兵遣将。为此毛泽东坚决主张放弃攻打打鼓新场，但由于打鼓新场是个商贸名镇，打下这里对解决红军给养很有好处，为此，还是有不少人主张打。当日 23 时，会议还在进行，突然传来敌军联络的信号，正在值班的戴镜元、雷永通一下警觉了起来，情报表明敌人果然掌握了红军的动向，暗暗在打鼓新场布下了口袋阵，就等红军往里钻。他们急忙向毛泽东报告情报。凌晨2时，中共中央政治局再次召开紧急会议，采纳了毛泽东的正确主张，放弃进攻计划，国民党军队的险恶阴谋被粉碎了。

中央红军抵达金沙江边时，前有大江挡道，后有追兵，唯一的渡江工具是七条勉强可用的木船，情势十分危急。红军怎样才能在这么不利的条件下渡过金沙江，无疑准确的情报将起着至关重要的作用。必须准确掌握敌军的动向才能保障红军渡江，万一红军渡江时国民党军追到，那结果将是灾难性的。雷永通和战友们与“瞌睡虫”作斗争，一刻也不敢松懈，紧盯着收报机，不停地抄收情报，困了就轮换着到江边用冷水洗头，累了也打起十二分的精神，不漏掉一个电讯符号。正是电台源源不断地提供准确的情报，毛泽东准确地推算出了敌军抵达金沙江畔的时间，中央红军两万多人仅仅依靠七条木船，经过九天九夜，从容渡过了金沙江。毛泽东灵活机动的游击战术是红军摆脱国民党军队围追堵截的重要保障，而准确的情报是游击战术开展的重要前提。在四渡赤水、二占遵义、巧渡金沙江和强渡大渡河等重要行动中，雷永通和第四分队的战友们都为中央提供准时又准确的情报。毛泽东赞誉他们是“长征路上的红灯笼”。

蓝昌明，江西省赣县湖江乡人，1933年参加中国工农红军，1934年10月16日，随红一方面军第三军团踏上了长征的征途。红军突破国民党湘江封锁线后，蓝昌明被编入红九军团二八〇团任排长、连长。在泸定桥战斗中，左前臂中弹两处，他用一根绳子捆在伤口上端止住血，坚持不下火线。但是由于战斗频繁、缺医少药，伤口很快就严重感染，常高烧不退。组织上打算将他留在老乡家里治伤，但他坚决不肯离队。战友们就轮流为他抬担架，一直抬到他退烧重新回到队列里。回忆长征，蓝昌明感慨地说：“长征中，我是三次翻雪山，三次过草地，历经千辛万苦，排除千难万险才完成的。我到陕北的时间比毛主席带领的红军队伍晚了整整一年!”

1935年6月，红军抵达险峻陡直的夹金山脚下。夹金山是邛崃山脉的主峰，海拔4000多米，常年积雪，空气稀薄，日出前、日落后，遍地冰雪，别说是人，就是鸟也飞不过去。蓝昌明随部队克服各种困难爬过了夹金山。

8月，中央政治局和中央军委决定将红一、四方面军混编为左、右两路军。蓝昌明所在的红一方面军第九军团被分在左路军，左路军是从卓克基过草地的。茫茫草地，没有人烟没有路，阴沉沉的天空下面就是一望无际的腐草污泥，表面看着平坦，下面陷阱暗流无数，稍不注意陷进泥潭，就再也别想出来，越挣扎越往下陷，施救者也同样被陷下去，眼睁睁地看着水一层一层往战士身上漫，很快漫过头顶。在这样极端恶劣的环境中，蓝昌明随部经过5天的艰苦跋涉，走出了草地。这是蓝昌明第一次爬雪山过草地。

由于张国焘无视党中央北上抗日的决定，提出“要打回四川去，到成都吃大米”的口号，随后又企图在四川另立党中央，红军左路军被迫再过草地，再翻夹金山向成都进发，蓝昌明又随部队第二次爬过雪山过了草地。1936年2月，蓝昌明随左路军第二次北上，第三次翻过夹金山、党岭山。党岭山比夹金山更高、更艰险，爬到第三天深夜才到山顶。夜幕下，四周一片灰白，分不清哪是雪，哪是路，不少同志为了探路而摔倒、冻僵、坠崖，永远长眠在山上。蓝昌明靠着坚强的意志随部队翻过党岭山。随后又第三次过草地，进入草地前，每人带了一些炒面，规定每天只能吃二两。由于路上的草根、树皮已基本被先头部队挖光、扒光，因极度饥饿牺牲的战士人数剧增。在这样极度寒冷饥饿中，蓝昌明又随部队第三次走过了草地，坚定的革命理想和坚强的意志支撑着蓝昌明最终随部队到达了陕北。

1933年秋天，福建宁化治平年仅14岁的兰发连和村里不少青壮年响应党的号召，一起报名参加了红军。入伍时，根据中革军委总动员部关于“现在采办洋铁非常困难，对于新战士的口杯不能充分供给而且这种洋铁口杯不好使用，装了烧的东西手便拿不得，嘴唇也不敢近他，同时又不卫生，容易生锈，远不如竹口杯子好”[①] 的指示，部队给兰发连发了一身红军军服和一只行军竹筒。兰发连背着这个竹筒随着部队跋山涉水，南北转战，历经艰难险阻、枪林弹雨，但他始终都将部队发的带着家乡情结的竹筒寸步不离地背在身上。1934年10月，由于中央红军第五次反“围剿”失利，驻扎在宁化的红军被迫实行战略大转移，分别从宁化曹坊、淮土等地分两路向江西瑞金、于都方向集结。兰发连肩上扛着枪，腰上绑着竹筒跟随着部队踏上了漫

① 《红色中华》第208期，1934年6月28日。

漫的长征路。在一次战斗中，兰发连的右小腿被敌人的一颗子弹击中，顿时血流如注，兰发连撕下裤腿裹住伤口，边打边撤，咬着牙关、拄着拐棍一瘸一拐跟着部队日夜行军。为了不让竹筒丢失，他将竹筒用绳子紧紧地捆在腰上。

1934 年 11 月下旬，兰发连跟随部队历经艰难险阻到达湖南蓝山县境内，他与其他部队伤员共计 100 多人，由一个连的战士护送，尾随红军大部队继续前行。11 月 22 日晚上，疲惫不堪的伤兵连在距蓝山竹市镇西部四五公里一个叫油榨脚的地方宿营时，被尾随追来的国民党部队包围，红军战士与敌人拼死血战，但因寡不敌众，绝大部分壮烈牺牲。混战中，兰发连和一名叫余席来的小战士借着夜色藏身在圆子岭田段上的一个稻草垛中，才得以摆脱国民党军的追捕。第二天早上，住在竹市村的阿婆雷善红到田段上的稻草垛取草喂牛，当她掀开草堆，吓了一跳，只见两个十五六岁红军小战士躲在里面，满身血污，衣不蔽体。其中兰发连的脚伤溃烂严重，腿肿得像小桶似的，奄奄一息。心地善良的雷善红连忙将两个红军小战士背回家中，打来热水，给他们擦洗干净之后，又帮他们换上衣服，捧上热腾腾的饭给他们吃。

雷善红对两个小红军说："我是这里的神婆，家中无儿，只有一个傻女。如果你们愿意，我收留你们做儿子，替我家接香火，你们愿意吗?"尽管兰发连腿伤得根本不能动弹，依然牢记作为一名红军战士的使命，坚决地说："我们要回部队，不能给你做儿子。"雷善红见他们态度坚决，知道一时劝不了他们，就对他们说："我不勉强你们，你们先把伤养好，去还是留，等以后再说吧。"

那个年代百姓的生活非常苦，家家都吃不饱，没有余粮，家里一下多了两个吃饭的人，让雷善红捉襟见肘。为了让这两位小红军的伤早日康复，雷善红一家省吃俭用，有时她饿着肚子也要省下口粮让这两位小红军吃饱饭，希望他们的伤早点好。过了一段时间，家中实在挺不住了，雷善红只好将余席来转送给另外一家人，把兰发连留在家中抚养。在雷善红的悉心照顾下，半年过后，蓝发连的腿伤终于痊愈了。到了这个时候，雷善红又问他："你愿意给我做儿子吗?"但心系红军的兰发连依旧说："你的救命之恩我永记不忘，但我不能给你做儿子，我还要回部队。"

雷善红劝他说："你的部队走远了，你是追不上大部队的，你就留在我家吧。”蓝发连摇头说：“部队里的战友说过来接我，我一定要回部队。”雷善红见兰发连如此坚决，只好对他说：“你不愿意留下也可以，如果你的战友来接你了，我就让你走。”

雷善红一开始以为兰发连就是说说而已，在蓝山人生地不熟，何况还是个十五六岁的孩子，料想兰发连也走不到哪里去。可不曾料到，有一天兰发连竟然不告而别，悄悄离开了家，走时除了他那只形影不离的竹筒，什么也没带。

兰发连一心想回到红军部队中去，他曾在心中暗暗发过誓，既然当了红军，就生是红军的人，死是红军的鬼。可是，在当时的白色恐怖中，一个死里逃生的小红军战士人生地不熟，他根本打听不到红军的下落。兰发连带着那个竹筒一路风餐露宿，饿了就捧着竹筒讨些残羹剩饭充饥，渴了就到河里盛一竹筒水解渴，他在蓝山、宁远、道县等地多方寻找了近两个月，都没有找到魂牵梦萦的红军队伍。无奈之中，举目无亲的兰发连只好一路乞讨又回到了竹市村雷善红家中。善良的雷善红并没有责怪不辞而别的兰发连，她很能理解兰发连归心似箭寻找红军的心情，看见衣衫褴褛骨瘦如柴出现在自己面前的兰发连，她一把将他紧紧搂在怀里，哭着叫了声：“崽啊，你可回来了。”

至此，兰发连就认了救命恩人雷善红为母亲，他在当地也有了一个外号叫“红军崽”。为了躲避当地民团的盘查追捕，保护“红军崽”兰发连不被伤害，雷善红将兰发连送往深山老林找一个老木匠学木工手艺。在雷善红一家及当地百姓保护下，兰发连得以在远离故乡的蓝山县竹市村生活下来。但让许多人想不通的是，无论是外出做事，还是睡觉，兰发连总是把竹筒带在身边。曾经有一次，雷善红对他说：“崽啊，你这个竹筒这么破旧了，扔了吧，咱们这大山里毛竹多得是，改天做个新的吧。”但兰发连却说什么都不愿意。雷善红见兰发连把一个旧竹筒看得像宝贝似的，也就不再提让他扔掉的事了，觉得要把竹筒派上用场。有一天，家里磨了辣椒粉，雷善红趁兰发连不注意就把那个竹筒拿来装辣椒粉了。兰发连回到家发现竹筒不见了，顿时急得团团转，当发现是被雷善红拿去装辣椒粉时，不由分说就把辣椒粉倒了出来，小心翼翼将竹筒清洗揩拭干净。他对雷善红说：“我的命是你救的，你要什么我都可以给你，唯有这个竹筒我不能给，他比我的命都重要。”到这个时候雷善红才明白，这个竹筒是兰发连的命根子，是他对红军唯一的念想。

为了生存，自古以来畲族人民不得不频频迁徙，随山而居，在迁徙过程中历经艰苦磨难；反“围剿”失败后，为了人民的解放，畲族的子弟兵随中央红军由南而北进行远征，虽然长征途中也经历了种种的苦难，乃至献出宝贵的生命，但此时已不再是从前传统上的迁徙，而是具有全新意义的远征，正是在此过程中的凤凰涅槃实现历史性的嬗变。

第八章　忠贞坚守

第一节　反动派对畲民的反攻倒算

主力红军撤离中央苏区进行战略大转移后，中央苏区随之陷落，国民党将对革命的一切仇恨全部发泄到苏区人民的身上。据《南方根据地访问团中央分团第五分队综合报告》记载："红军主力转移后，根据地尚有游击队，赤卫队坚持着，反动派遂趁机命令正规军、地方靖卫团、保安团和反动地方武装向根据地残酷进攻，施行惨无人性的烧、杀、抢掠的三光政策，并强迫山区人民迁居平原，制造无人区。一些掉队零散的红军战士和革命群众被活埋、挖心、肢解、碎割，真是惨绝人寰。"① 而坚决参加和支持革命并以忠贞于革命而著名的畲族群众，被反动派视为眼中钉、肉中刺，同样成为国民党"还乡团"疯狂报复的对象，遭到空前的浩劫。

1935 年 2 月 15 日，国民党军第七十六师、六师伙同保安队从兴国县城出动，进入鼎龙、城岗、白石、枫边、石印、齐分、大龙、方太、宝石等地，进行了日夜"清剿"，逢山便烧、遇屋便拆、见人就抓，奸淫掳掠，无恶不作，山林田地被破坏，村庄变成瓦砾，群众家破人亡、妻离子散。兴国崇贤黄金寨只有 400 户人家，被纵火烧毁 300 余家。据统计，仅兴国"被杀害 2142 人，被捕 6934 人，逃亡 3410 人；全劳力减少 7490 人，半劳力减少 4579 人；荒芜田地 26105 亩；烧毁房屋 1611 栋；被抢走稻谷 23508 担、耕牛 7274 头、猪 9274 头、衣服 53048 件、被帐 15682 床、食油 201052 斤、农具 98425 件、银洋 132.9 万元"。②

---

① 《南方根据地访问团中央分团第五分队综合报告》，1951 年 9 月。见庄春贤：《赣粤边三年游击战争史》，中共党史出版社 2016 年版，第 39 页。

② 中共兴国县委党史工作办公室编：《兴国人民革命史》，人民教育出版社 2003 年版，第 154 页。

对于苏维埃干部、红军家属和革命群众，反动派更是施以惨绝人寰的手段，江西赣县的蓝昌明随红军长征，反动派硬是强迫其母亲交出儿子，敌人残忍地将其推入水塘里溺亡。福建上杭官庄上濯村有 27 位苏维埃干部和革命群众遭捕杀，12 户惨遭全家灭绝。苏维埃政府所在地土楼被国民党军攻破后，乡苏维埃政府主席兰兆兴、赤卫队长兰先才、团支书兰礼文遭敌残杀，红军的妻子如蓝凤娣、蓝细妹等被迫改嫁和卖往他处。该乡的蕉坑村的 12 座房屋被烧掉 9 座，被抓去卖掉 34 人。官庄曾流传这样一首山歌："梳杆树上挂支枪，团匪贼子掳官庄，鸡妈狗子捉到尽，还把猪妈拿来扛。"庐丰的龙井村，由于参加革命的人多，招致反动派的忌恨，几乎被斩尽杀绝，村庄沦为一片废址。广东凤凰山区的畲村碗窑、岭脚、山犁、石古坪等也遭受到反动派的反攻倒算，"红军走后，国民党进村抄剿了十几次，抢东西、抓人，抓住了雷婵凤、雷木科、雷豪居，并在牛牯岽杀害了他们。当时雷木科 38 岁（兄）、雷婵凤才 19 岁（妹）"。①为了切断苏区群众与党和红军游击队的联系，国民党军强制苏区群众"移民并村"，其方式有两种：一种是大规模的移民并村，即由一县迁移至另一县，或由一省迁移至另一省，移并户在百户以上，人口在千人以上，迁移的对象是原革命斗争活跃、土地革命深入的苏区中心区域群众。在原闽西苏区，国民党便用武力强迫大批群众迁移到延平（南平）一带，而从广东东江、江西等地移民到岩（龙岩）、杭（上杭）、永（定）等原苏区中心区域。另一种是小规模的移民并村，基本上是在本县范围内进行，移并户计在几户、几十户不等，移并对象主要是深山丛岭之中有红军游击队活动的村落。在龙岩、永定、上杭等地，被国民党强迫移民并村的有 510 多个村庄。移民并村使苏区人民群众背井离乡，流离失所，在移民途中，常有青年壮丁在半途被暗中活埋屠杀，青年妇女和儿童被拍卖，而老弱病残的在途中"饿死、冻死、瘟死，有些忧愤自杀而死"的现象更是时有发生。移民到了新居住地，所面临的也是"人地两疏，言语不通，既无田地房屋，又无耕牛农具"，"连讨饭都无门可入"的困境。即使是小规模的移民并村，也造成了"小村里家家门上锁，户户断炊烟，新并的大村里，处处

① 《中国少数民族社会历史调查资料丛刊》福建省编辑组编：《畲族社会历史调查》，福建人民出版社 1986 年版，第 264 页。

人啼哭，村村人挤人”的恶果。[①] 大多移民在新居住点，因无荒地可开垦，无法维持生计，只得任由分配给地主豪绅当雇工，而且，“工食数量及时间由各县处酌定之”[②]，遭受任意的剥削压榨。同时据国民党政府在报告中供述：在“清剿”区内，“无不焚之屋，无不伐之树，无不杀之鸡犬，无遗留之壮丁，閭阎不见炊烟，田野但闻鬼哭。”[③]

苏区沦陷后，红军游击队转变斗争方式，撤出苏区转入更为偏远的山区开展游击战争。而畲族大多分布于偏远山区，为切断红军游击队与民众的联系，畲村成为移民并村的重点对象。当时福建上杭庐丰上塘村民众，被国民党杀绝了10多户，剩下的都被强行移往他地，其中该村的蓝姓人家被迁到太古子杀寮窝的移并村。在移并村的周围建筑起包围全村的土围子和竹篱笆，仅留下一个栅门，由保安团日夜把守，还筑起碉堡炮楼，监视全村，剥夺群众出入行动的自由。规定群众外出都要经过批准，还不得超过5里远。与此同时，编制保甲，实行所谓的“联保联坐”，规定“一家通匪，十家连坐，一家窝匪，十家同祸”，凡“通匪、济匪、祸匪者，一律格杀勿论”。[④] 在国民党反动派的疯狂反攻倒算之下，畲族人民陷入了灾难深重的倒悬之中。

第二节　像保护自己眼睛一样保护革命火种

不管反动派如何疯狂地进行反攻倒算，采取怎样的卑劣手段企图割断党和红军游击队与人民群众的血肉联系，以忠勇而著名的畲族人民，不仅没有被吓倒，而是在苦难中更加地忠贞于党和红军游击队，越是艰难困苦，他们忠于革命的意志越坚定，像保护自己眼睛一样保护党和红军游击队。

为了加强对人民群众的控制，国民党推行保甲连坐制度，作为其实行法

① 《闽西南军政委员会关于移民斗争的指示》，1936年2月10日。

② 《闽浙皖边区主任公署所属各县移民并村办法大纲》。

③ 张鼎丞、邓子恢：《红旗不倒——福建老根据地革命斗争故事特辑序言》。中共福建省委党史资料征集编写委员会编：《福建党史资料》第5辑，1986年，第1页。

④ 《福建省实施各县保甲办法》，1934年12月。

西斯统治的基层政治制度。1934 年底，国民党福建省政府在原有保甲制度的基础上，发布了《福建省实施各县保甲办法》，要求各县按“本办法规定整理各项，限二十四年底（1935 年底）止全部完毕，不得延缓，如各县中有某区，或某区之某地方因‘匪’障碍尚未编查完成者，县长负责督同会军限期肃清，一面加紧编组保甲，并将情形呈省政府暨该区行政督察专员察夺……不得借口匪患未清，全部停顿”。[①] 1935 年 7 月 9 日，国民党军事委员会行营发布了《编查保甲户口总动员办法》，同月又发布了《修正剿匪区内各县编查保甲户口条例》，进一步强调了实行保甲制度，不仅要在“剿匪区”内限期编组保甲，清查户口，而且要求将一切自卫组织改编为保甲，使保甲制度渗透到各个角落，形成严密的控制网络。保甲制度以户为单位，十户为甲，十甲为保，五保以上设保长联合办公处等进行编组。而对于红军家属、接头户等，则编成“特别甲”进行严密控制。每户门前都要悬挂门牌，以备随时检查。“保甲长每天早晚都要领着民团挨家挨户点名，深更半夜突击检查。点名不到者，就给安上‘通匪’罪，轻则毒打、罚款，重则连累十户，鸡犬不留”。[②]

即便如此，国民党反动派犹感不及，还在四处修筑了各种工事。在福建上杭，国民党反动派为了切断庐丰畲族群众与红军游击队的联系，分别在安乡和横岗设立了据点，并修筑坚固工事，对过路群众、下田干活和上山砍柴的群众都要严加盘查，限制群众早出工、晚收工，还规定晚上烟囱不能冒烟。在处处陷阱、时时危险的情况下，庐丰乡上塘村的蓝传洪毅然在自己家中设立了秘密的地下交通站，他和妻子负责接送红军游击队，又负责保持群众与山上游击队的联络、通信，以及为游击队源源不断地运送粮食和生活日用品。他家单独住在大山脚下，背靠着茂密的大山林，有此良好的天然屏障，如遇到紧急情况时，可以随机应变及时掩护游击队撤退。因此，他的家成为闽西党和红军游击队重要的落脚点，闽西重要军政领导人，如张鼎丞、邓子恢、谭震林、蓝维仁、刘永生等都经常出现在他家。每到夜幕降临时，蓝传洪家屋后窗外总是垂着一根绳子。这绳子是用于夜间与游击队联络的。

---

① 《闽赣浙皖四省边区清剿总指挥部清剿工作经过详报》。转自中共福建省委党史研究室：《中共福建党的建设史》（1926—1949），福建人民出版社 2020 年版，第 184 页。

② 赖光耀：《红色四都　精神永存》，见《长门文史资料》第 42 辑，2011 年，第 83 页。

他把绳子的一端垂在窗外，另一头则牢牢地拴在自己手腕上，游击队战士们深夜到来，只要拉动绳子，蓝传洪就马上起来开门，热情地烧水煮饭，接待战士们。有一次，山上的游击队员们前脚刚刚踏进他家，敌人后脚也进村搜查来了。蓝传洪临危不惧，立即让同志们迅速转移到屋后的大山林里隐蔽。然后清理了踪迹，像什么事也没有发生过那样镇定地应付敌人的突然搜查。待敌人走后，他唯恐红军游击队饿坏了，立即生火做饭，亲自送上山去。

在国民党当局实行所谓的计口购粮、计口购盐的政策之下，刚遭洗劫的畲族民众的生活更是雪上加霜，但是庐丰上官田、上塘、龙井、三角塘、酸枣树下等革命基点村的群众，总是绞尽脑汁、千方百计地把粮食、食盐、衣物等物资送给红军游击队。作为秘密地下联络站站长的蓝传洪更是宁愿全家挨饿、少吃少用，也要为红军游击队提供各种保障。他常对红军游击队说："你们来到我家，尽量放心，保证你们的安全，只要有我在，就绝不会让你们挨饿、遭危险。"后蓝传洪为掩护红军游击队被国民党军逮捕并惨遭杀害，他的妻子袁招兰含泪掩埋丈夫后，继续支持游击队。她依然像丈夫一样，每

◎油画《畲嫂舍子救曾志》

到夜幕降临的时候，在窗外垂着一根绳子，晚上睡觉时绳子的另一端则牢牢地拴在自己的手腕上，游击队战士深夜到来，只要拉动绳子就能联系上，袁招兰就会即刻起床开门迎接，为游击队员烧水煮饭。

为了保护革命的火种，畲族群众总是倾其所有、想尽办法支援红军游击队。见到衣着稀少单薄、饥肠辘辘的红军游击队战士，同样是缺衣少食的山区畲族群众，毫不犹豫地把平常舍不得吃的、少得可怜的盐巴无私地送给红军游击队，甚至将留下来年做种子的麦谷和番薯种子贡献出来，或者把地里还未成熟的番薯、蔬菜、瓜果挖回来送给红军的队伍，作为红军游击队的救命粮。为了给红军游击队送粮，畲族群众把盐塞进枪担中（一种大约四至五厘米口径那么大，两头削得尖尖的竹竿），把米饭藏在扁篓底下，把粮食用布包扎好埋在草木灰里，乔装要上山施肥，通过敌人设的关卡。有的群众怕红军游击队挨冻，上山后假装砍柴把自己的衣服、鞋子、斗笠、棕蓑衣等留下来送给红军游击队；把手电、马灯、电池、药品等急需品隐藏在粪便桶底部隔层，然后挑着粪上山。国民党军绝对想不到畲族群众会有如此巧妙的办法，把紧缺的物资往山里送。

除了以物资支援红军游击队外，畲族对革命的忠贞还生动地体现在舍命、舍子为革命上。

老红军曾志同志深情地回忆起一个真实感人的故事："在那困难的日子里，闽东的群众冒着生命危险保护着我们，特别是少数民族，成了我们的依靠。他们真是好得很，对我们没有一丝的隔膜，把我们当作自己的人。那时我正病在岗面。有一次敌人来搜山，有个畲家妇女抱着一个孩子，见敌人来了，我又病着走不动，她就把孩子丢在路旁的草丛里，一口气把我背上深山，隐藏起来。幸好她的孩子没有哭，敌人没有发觉，后来被她的邻居抱了回去。"①

第三节 畲区——游击健儿的根据地

在人民群众的大力掩护和支援下，留在苏区的党组织和红军游击队转变

① 钟大福：《闽东畲族革命斗争纪实》（内部印刷），第57页。

斗争策略，变苏区为游击区，展开灵活机动的游击战争。1935 年 2 月 13 日，中央书记处给中央分局发出指示：“放在你们及中区全党面前的任务是坚持游击战争，是动员广大群众用游击战争坚忍的顽强的反对敌人的堡垒主义与‘清剿’政策。”强调“以小游击队的形式有计划的分散行动，环境有利则集合起来，不利又分散下去，短小精干是目前的原则。同时普遍发展群众的游击组，把多余枪弹分配给群众，最好的干部到游击队去”。“游击队应紧密的联系群众，为群众切身利益斗争。给养依靠群众及部队自己解决。”“彻底改变斗争方式，一般都应由苏区方式转变为游击区的方式。……占领山地，灵活机动，伏击袭击，出奇制胜是游击战争的基本原则。”[①]

中央的指示无疑是针对主力红军撤出中央苏区后的实际情况而提出的，对于留在中央苏区的党和红军游击队转变斗争方式，开展游击战争有十分重要的指导意义。同时，这一针对形势变化的斗争策略转变，也使畲族人民在随之开展的游击战斗中发挥更大的作用。“小游击队的形式有计划的分散行动”，恰好契合畲族“小聚居、大分散”的分布特点。苏区时期小聚居的畲乡曾成为红军反“围剿”斗争的重要战场，进入三年游击战争后，大分散的畲族居住点又成为红军游击队开展游击战争所依托的重要据点。

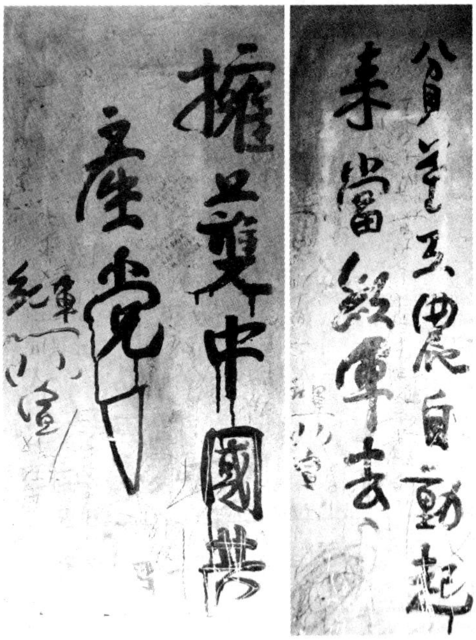

◎福建永安青水畲族乡龙长坊红军标语

当红九团根据中革军委的命令率先开展远殖游击战争时，便选择在福建永安小陶吴地、张家山展开游击战争。小陶吴地、张家山位于永安的西南部，与连城、龙岩、宁洋交界，这一带有 10 多个村庄，散居着 200 多户畲汉人民，这里连绵几百里都是崇山峻岭，道路为山岭所阻隔，不但狭窄，而且崎岖不

① 《中央关于坚持游击战争给中央分局的指示》（1935 年 2 月 13 日）。《中共中央文件选集》第 10 卷，中共中央党校出版社 1991 年版，第 487—489 页。

平，高高的马尾岭雄居于其中；从双洋来这里，有险峻的松柏岭难以攀越，进可攻退可守，利于游击战争。

红九团进驻永安张家山后，很快肃清了周围的反动民团，建立了以吴地、张家山、陈地坑为中心纵横三百余里、人口四五万的游击根据地，成立了宁连龙边区游击队，司令部设在张家山，下辖 3 个分队，300 多人，边区游击队下设 4 个部：军事部、后勤部、贫农部、农村部，畲族钟林辉担任军事部部长，众多的畲族民众加入到游击战争中来。当地的畲族群众蓝云庆、蓝华庆、蓝有美、钟世仙、钟皇立、钟水子等参加了游击队。1934 年 8 月，为了破坏国民党军修筑漳宁公路，红九团派二营和机枪连挺进双洋畲村中村，二营以中村为前进基地，向龙岩白沙出击，破坏白沙到漳平、宁洋、龙岩沿线公路交通，对国民党军队构成了极大的威胁。驻宁洋县城省保安十二团企图绕道偷袭中村，二营察觉后，营长郑树昌立即指挥部队和 30 多名中村游击队员在中村坑仔口设伏，分成左右两翼拦截。经过数小时激战，击溃省保安十二团，俘虏包括团副及以下官兵 100 多人，缴枪 70 余支。为了便于统一领导，红九团还在沙田设立岩连宁特区，主任方方，特区以沙田为中心，在游击队活动范围内，将特区划为宁西区（张家山）、宁南区（陈地坑）、宁东区（赵家山）、宁北区（小溪），并成立了岩连宁特区苏维埃政府，主席蓝玉川，副主席钟林辉。特区苏维埃政府就设在畲村中村。不久，各乡的苏维埃政府纷纷成立，其中蓝士福任中村乡苏维埃政府主席，钟炳生任张家山乡苏维埃政府主席。苏维埃政府成立后，马上领导根据地人民开展了轰轰烈烈的土地改革运动，发动农民烧毁田契，没收财物，镇压民愤极大的土豪恶霸。

1934 年 11 月，国民党军队以 4 个师的兵力对江西省军政委员会和江西红军游击队实施包围分区“清剿”，突围的江西红军游击队抵达宁都小布树陂村后，决定兵分三路游击突围，并把有深厚革命基础的东固作为三路重新汇合的地点：第一路由曾山率第二、四团从杨州坎往上下潮到吉安东固；第二路由省苏维埃政府主席刘启耀和军区总司令李赐凡率军区教导队、警卫营等，从塘窝、大沽到东固；第三路由宁春庭率洛口县等地方武装，经钓峰、杨依、湖背到东固，待三路部队在东固汇合后再图发展。不料仅曾山所率的部队突围到了东固，其他两路被国民党军队包围打散。曾山率两个独立团抵达东固，与其他游击队汇合后向赣粤边游击。

随着以“占领山头，灵活机动”游击战斗的展开，深山成为红军游击队的重要依托。而“编荻架茅为居”于深山之中散居的畲族，以其“种山为业，夫妇偕作…… 粪田以火土，草木黄落烈山，泽雨瀑灰浏田遂肥饶，播种布谷，不耘耔而获。精射猎，以药注弩矢，着禽兽立毙。供宾客，悉山雉野鹿狐兔鼠蚓为敬。豺豹虎兕，间经其境，群相喜谓野菜，操弩矢往，不逾时手拽以归”① 的特性，成为红军游击队的重要依靠，实现了与红军游击队机动游击战术的有机结合。

当红军游击队转入山区时，畲族山村几年都成为游击队的遮掩点。为了确保红军游击队的安全，畲族民众还特意在畲家山楼附近的山头密林深处又盖起革命秘密楼。他们搭楼很简便，只要带锄头、柴刀上山，找个有利的地形，砍下几根木棍，几把藤条捆绑起来，再扛几捆茅草，盖成一个人自己住的草楼，既可遮雨避风，有的还盖上晒谷簟不漏雨，地上架起床铺，铺稻草，睡起来也很暖和。

当红军游击队开展山地游击战争时，畲村的地形地貌成为有利的战场。福建上杭南阳南岭村，红四军曾多次进驻该村，这里的土地革命搞得如火如荼。红军长征后，新杭县苏维埃政府曾迁到南岭村。因此遭到反动派的忌恨。苏区沦陷后，国民党军队派兵逼迫南岭。驻扎在这里的红军游击队在当地群众的支援下，于赤竹溪进行了阻击战，钟如汤、钟茂田、钟茂成等 37 人的游击队，充分利用当地的复杂地形，采用埋地雷、栽竹尖、挖陷阱等战术，袭扰敌人，使国民党的正规军不得不退出南岭。

诏安白洋深湖畲村西北面的黄牛山为扼据闽粤边交界的要塞，反动会道门“白扇门”以此为巢穴，拥武装会众五六十人，步枪 20 多支，大刀 20 多柄，长期勾结国民党官兵洗劫周围乡村，威胁煽动群众对抗共产党，反对农会组织，群众迫切要求铲除这一祸害。饶和埔诏县游击队和当地赤卫队 200 多人攻打黄牛山，匪众凭借险峻地势死守抵抗，激战一天未克，赤卫队只好撤回八仙山的白鹤寺。潮澄澳红军近 200 人闻讯赶来参战，两支队伍分三路围攻黄牛山，当场击毙匪徒 6 人，匪首沈之光跳崖毙命，其余会众弃械投降，后经教育

---

① 清范绍质：《瑶民纪略》。转自《长汀县志》卷三十。

后遣散回家。黄牛山战斗的胜利，打通了闽粤边游击走廊，创立了以八仙山为主的诏饶边游击根据地。漳平桂林畲村山羊隔村，距离县城二三十里，崇山峻岭，悬崖峭壁，地势极其险要，为了反抗国民党军的欺压，畲民配合红军游击队在山岭路口险要处垒起石墙，一旦发现敌情，畲民群起推石阻击，高山滚石，犹如天崩地裂，势不可挡，敌人丧魂失魄，落荒而逃。

当国民党军队强迫群众去搜山、砍树、烧山时，对当地山区了如指掌的畲族民众，在搜山时故意大声叫喊，示意红军游击队及时转移，或与红军游击队约好快到红军游击队隐蔽据点时，让红军游击队开几枪，群众便趁机一哄而散。当敌人强迫群众烧山林，企图致红军游击队在山林中无法藏身时，群众就故意忘记带火柴，或带了也故意弄湿，致使没有火种烧山不成。

畲族是能歌善舞的民族，畲民人人会唱山歌，在游击战争中，畲族唱歌成为传递敌情最快捷又不易被敌发现的方式。畲民一旦发现敌情，就立即唱山歌传递消息，对面山的畲民听到后，就会明白有敌情，于是便应和着传唱，一个山头传到另一个山头，很快就把敌情传给红军游击队，使红军游击队得以及时采取应对措施，让敌人的一次又一次“清剿”都无功而返。有的群众则在秘密联络处摆上大大小小的石头，大的代表10，小的代表1，夜里红军游击队的侦察员只要把石头数一数，便可以准确地了解敌人分布的虚实。而在游击根据地周围“几十里范围内，都有群众的观察哨，一有敌情，群众的秘密哨卡便一山传一山，一卡递一卡地互相呼应，及时传报”①，使红军游击队在最短的时间内了解敌情，捕捉战机，神出鬼没地打击敌人。正是在群众的有力支持下，游击战争得以灵活地展开，取得了一个个以少胜多的战斗胜利。

畲族民众长期居住在偏僻的山区，村落分散，人口稀少，经济落后，生活困难，卫生条件差，根本就没有条件到集镇就医看病，且长期蚊蛇为伴，疟疾、结核病、丝虫病、地方性甲状腺肿等频发，直接威胁着畲族群众的生存和发展。在这种特定的历史条件和特殊的地理环境中，畲民只能靠自己长期与自然斗争中积累下的经验，家家户户都自备一些青草药，自用或互相馈

① 中共中央党史研究室编：《南方三年游击战争卷》第2册，中共党史出版社2016年版，第777页。

赠；不少畲族群众学会一些防病治病技艺，世代相传，渐渐地有些人便成为民间医生，总结出一整套行之有效的医术。畲医为人治病多数使用自采的青草药，或用针灸、拔火罐、抓痧、祝由等疗法配合治疗，一般都能收到较好疗效。正因为如此，不少畲医畲药还从畲族中走出来，传播到汉族地区，深得附近地区民众的欢迎。在三年游击战争时期畲医畲药更是发挥了独特的作用。进入深山开展游击战争的红军游击队，由于敌人的严密封锁，医药奇缺成为红军游击队坚持山地游击战争的重要威胁，此时具有民族特色的畲医和青草药，成为红军游击队渡过难关的神医妙药。

正如叶飞所指出的，“在闽东三年游击战争最艰苦的年代，畲族人民的作用是很大的……我们在山上依靠畲族群众掩护，才能坚持。”① 畲族民众以坚定的苦难坚守，支持党和红军游击队克服种种困难，度过了最为艰苦卓绝的三年游击战争，保留了南方革命斗争的火种，使之成为中国革命进一步发展的重要战略支点，并迎来中国革命的最后胜利，畲族人民也由此最终得到真正的翻身解放。

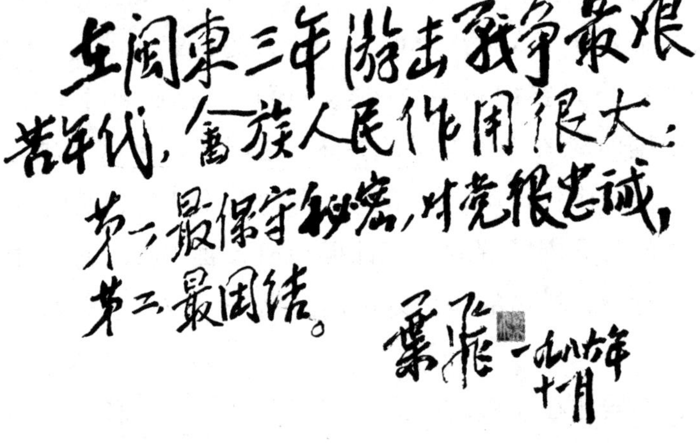

◎叶飞将军题词手迹

① 《叶飞回忆录》（上），解放军出版社 2014 年版，第 57 页。

结语　苏维埃运动中畲族并不缺席

毛泽东在《中国的红色政权为什么能够存在?》一文中指出：“一国之内，在四围白色政权的包围中，有一小块或若干小块红色政权的区域长期地存在”，这是世界各国从来没有的“奇事”①。之所以会发生这样的“奇事”，显然与中国的国情密切相关，而在以毛泽东为代表的共产党人另辟蹊径将这种“奇事”发展为中国革命道路的过程中，又一种“奇事”发生了，作为一个人数并不算多且居住于偏远山区的少数民族——畲族，却如此之早、如此之多、如此之深入地参与党领导的苏维埃运动之中，并在中央苏区的创建和发展过程中发挥令人瞩目的作用。这不能不说又是一个值得高度关注的“奇事”。正是这两“奇事”的同频共振，构成了少数民族参与革命斗争的特有画卷，成为各族人民同命运共患难的历史写照。

一、畲族与中央苏区的内在关联

畲族是个有千年艰难迁徙史的少数民族，在中国社会即将发生急剧变化的历史节点上，畲族以“大分散、小聚居”的方式，定居于闽粤赣三省交界的广大山区。正在此时中国共产党领导的革命斗争由城市转向农村，开展土地革命，其斗争旗帜一开始就首先指向畲族定居的地区。随着中央革命根据地的创建和发展，越来越多的畲族聚居地纳入中央苏区的范围，江西和福建各有 7 个畲族聚居乡分布于中央苏区范围内。对于畲族而言，中国共产党领导的土地革命是发生在家门口的革命，对于党领导的土地革命而言，畲族地区为探索革命道路和开展土地革命提供了热土。畲族随山而居的特点契合于毛泽东在井冈山的斗争中所指出的，“在四周白色政权中间的红色割据，利用山险是必要的”论述。畲族几乎遍布于闽粤赣的丘陵地带，境内山峦起

① 《毛泽东选集》第 1 卷，人民出版社 1991 年版，第 48 页。

伏、丘陵密布、溪流纵横，这正是中国共产党和红军实行武装割据，开辟农村革命根据地最为有利的地形，由此，畲族生存的地形优势便在历史发展的新趋势之下，转化为革命的优势。在党领导的革命斗争得到进一步的发挥和升华。更为可贵的是，一直为世人称赞的畲族历代传承的忠勇精神。习近平总书记在《摆脱贫困》一书中，曾深有感触地写道："在革命战争年代……很多革命老前辈，都是畲族群众用鲜血和生命保护下来的，我们福建的革命老前辈叶飞、曾志、范式人等同志过去打游击的时候，经常是在畲族山村、畲族的老乡家里度过的。畲族群众有坚定的革命性。有一位同志告诉我，在革命年代，闽东畲族的同志没有一个叛变，这是非常了不起的。"① 这样的民族性格，使畲族成为革命队伍中的坚定分子和支持革命的忠诚群体，并使其世代传承的忠勇精神很快上升为革命精神的重要元素，这也是畲族与中央苏区千丝万缕关系的重要原因之一。

二、畲族参加革命的心路历程

作为人数较少的少数民族，畲族参加革命斗争的历程也非一蹴而就，同样遵循着历史发展的逻辑一步步走向深入，直至深度融入中国共产党领导的革命斗争中去。当新思想、新文化传来之时，无论是身处社会底层的畲族老一辈，还是不甘心年复一年继续过悲惨生活的畲族青年，闻到时代即将迎来重大变迁的气息，他们或送子弟或结伴而行跨出山门去捕捉改变现状的时代机遇。先是如饥似渴地吸收新思想、新文化，然后，成立各种进步团体，致力于对民众的宣传和鼓动，以期变革不公平的社会。当国民革命爆发，他们变革社会的观念有了质的提升，开始接受并认同通过革命来彻底改变社会的思想，既加入国民党，也加入共产党，积极投身于大革命的浪潮中去。随后在大革命的大浪淘沙中，他们经过对照和分辨逐渐认清谁代表社会前进的方向，谁才是真心实意为最广大人民利益而奋斗，从而毅然决然地跟着共产党走，不仅踊跃加入中国共产党，而且纷纷回到家乡创建共产党的组织，致力于中国共产党领导的工农运动。当中国共产党开展武装斗争发动农民暴动

① 习近平：《摆脱贫困》，福建人民出版社2014年版，第116—117页。

时，闽粤赣广大畲族纷纷举行暴动，用手中的武器主动争取生存和发展的权利。畲族革命观念的逐渐形成既符合历史的逻辑，也为土地革命爆发后畲族民众踊跃参与和深度融入打下了坚实的基础。

三、探索中国革命道路过程的畲族元素

道路决定命运，探索符合中国国情的正确革命道路至关重要。当毛泽东将秋收起义部队拉到湘赣边界，并把目光投向闽粤赣广大山区时，分布于这些地区的畲族民众显然迎来了前所未有的历史机遇。毛泽东曾将土地革命初期探索中国革命道路中所形成的几种模式概括为：朱毛式的井冈山革命根据地、方志敏式的赣东北革命根据地、李文林式的东固革命根据地。令人惊讶的是，这几种模式中都有畲族的元素。井冈山本来就有畲族的分布，在创建井冈山革命根据地时就有畲族参与其中；赣东北革命根据地的创建源于畲族楼底蓝家的农民暴动；尤其东固革命根据地本身就是创建于畲乡东固，毛泽东率红军主力途经东固时眼前为之一亮："由 25 支枪起手的七九两纵队，现改为江西红军独立第二团，差不多抵得上四军的三十一团了。他的战术是飘忽不定的游击。游击的区域是很宽的……他们消灭了许多靖卫队团，打败了三十六旅的二十七团。他们经常是一角五分一天士兵伙食，从不发生经济问题。他们与省委特委的关系很密切，交通也方便，敌人完全是奈何他们不得，用这种方法，游击区域可以很广，即是说发动群众的地点可以很多，可以在许多地方建立党和群众的秘密组织。"① 显然，在畲乡东固创建的革命根据地的模式，对于毛泽东探索符合中国国情的革命道路有着重要的启示。

四、畲族在反"围剿"斗争中的重要贡献

中央苏区时期武装斗争的重要方式是反"围剿"斗争，在部署反"围

① 《中共湘赣边界特委报告（第二号）》（1929 年 6 月 6 日）。见中共江西省委党史资料征集委员会、中共江西省委党史研究室：《江西党史资料》第 10 辑，1989 年，第 66 页。

剿”斗争时，毛泽东提出了取得胜利的六个条件，头两个就是“积极援助红军的人民”和“有利作战的阵地”，而畲族聚居的区域则最为具备上述的条件，由此，畲乡龙冈和东固就因此而成为第一、第二次红军反“围剿”的主战场。正由于“龙冈人民条件好”和地形险要，毛泽东在龙冈君埠万寿宫指挥的龙冈战斗，诱敌深入全歼了“围剿”红军的敌张辉瓒第十八师两个旅和师直属队，还活捉了敌师长张辉瓒。在第二次反“围剿”斗争中，红军总部设在东固山下的畲村敖上，红军利用东固山区的地理优势和人民群众的有力支持，隐蔽埋伏长达 25 天，将敌军诱入东固山区一举消灭，取得了第二次反“围剿”的首战胜利。不仅如此，畲族分布和聚居的区域，一直是红军反“围剿”保卫苏区的重要阵地。即使是在第五次反“围剿”失利的危急情况下，中央苏区的南北西东四面门户的险要地区都是畲族聚居和分布的区域，并成为相继展开激烈苏区保卫战的战场。畲族在反“围剿”斗争的重要作用不仅应予充分肯定，而且还必须进一步挖掘。

五、在苏维埃运动中畲族的历史嬗变

毛泽东历来重视社会调查，在《兴国调查》和《才溪乡调查》中，毛泽东用很大的笔墨记录了畲族的历史性转变。曾经是社会最底层没有任何权利的“山哈”，土地革命后不仅当家作主拥有选举和被选举的权利，而且边远不为人重视的山区畲乡也成立了苏维埃政府，众多的畲族民众在苏维埃政府各种部门任职，参与了苏维埃政府的管理，福建上杭的蓝维仁还先后担任了闽西苏维埃政府的执行委员、财政委员会主任、财政部长等职。更为可贵的是，1933 年 8 月成立了龙冈县苏维埃政府，这是中央苏区时期第一个在畲族聚居区域，并以畲族聚居地命名的县级苏维埃政府。这是畲族人民在苏维埃运动中实现当家做主人的一个集中体现。“没有红军来家里，哪会有田地，畲民哪里能出头”，正是在这种认识下，畲族实现了历史性的凤凰涅槃，把忠勇精神转化为革命精神，更加义无反顾地投身于苏维埃运动之中，并以其所具有的民族特性，为中央苏区的创建和发展作出了重要贡献。

六、革命低潮时畲族人民的苦难坚守

习近平总书记所指出的“畲族群众有坚定的革命性”，这是对畲族忠贞民族特性的称赞，在中央红军撤出中央苏区后，面对国民党反动派的疯狂反攻倒算，畲族民众承受着巨大的苦难。但是以忠勇而著名的畲族人民，不仅没有被吓倒，而是在苦难中更加地忠贞于党和红军游击队，像保护自己的眼睛一样保护着革命的火种。不仅如此，在苏区转变为游击区后，红军游击队为了保存实力打击敌人，进入了更为偏僻的深山之中，而分散于深山之中的畲族居住点，由此又成为红军游击队开展游击战争的重要据点，畲族民众成为红军游击队最为重要的依托。畲族民众以坚定的苦难坚守，支持党和红军游击队度过了最为艰苦卓绝的三年游击战争，保全了南方革命斗争的火种。

附录　畲族英杰录

蓝裕业　雷　夏　蓝维仁　蓝胜青　蓝洪翔　蓝维龙　蓝少华　蓝夏桥
蓝荣喜　蓝树荣　蓝庭辉　蓝春林　李　挺　雷永通　雷　钦　雷浩北
雷桂林　钟效培　钟辉元　钟德周　钟耀泰

蓝裕业

蓝裕业（1902—1928），原名钦彝，曾化名李仁及、陈兴仁，1902 年出生于广东省大埔县同仁区（今湖寮镇）的一个贫农家庭。1917 年秋，蓝裕业在本村旅潮小学毕业后考进了潮安县金山中学。当五四运动消息传到潮安后，蓝裕业积极地参加了 1919 年 5 月 7 日金山中学等校学生 2000 多人举行的示威游行，是这次活动的组织者和领导人之一。当天晚上，他还组织了演讲队，分赴大街小巷，宣传抵制日货。他还经常为汕头《平报》撰写政论文章，对帝国主义、封建主义以及恶劣世俗进行无情的抨击。

1921 年 7 月，蓝裕业考进了广州的广东高等师范学校。蓝裕业一面认真读书，一面阅读《向导》《新青年》《广东群报》等进步报刊，从中受到了教育，思想政治觉悟有了很大提高。有一次，蓝裕业写了一封信给中共中央执行委员会委员长陈独秀，提出了自己对社会及时局的见解，得到了陈独秀的称赞。他与张善铭、阮啸仙、刘尔崧等先进分子交往密切，由阮、刘介绍加入了马克思主义研究小组。在张善铭、阮啸仙、刘尔崧的影响下，蓝裕业不断提高了对党的认识，并于 1923 年加入了中国共产党。

1923 年 6 月 17 日，广东新学生社在广州市司后街 45 号成立，阮啸仙任执行委员会书记，刘尔崧任执行委员。蓝裕业参与创建广东新学生社的工作，是广东高等师范学校新学生社的领导人。1924 年 6 月，他担任第二届青年团粤区执行委员会候补委员、委员和广东新学生社委员会的副书记。1925

年，他被选为团广东区委执行委员会候补委员，担任广东大学团支部干事会的领导工作。蓝裕业同阮啸仙等一起，领导广大社员、团员投身于反帝反封建军阀的革命洪流，为广东青运、学运工作作出了重要贡献。

蓝裕业在团粤区执行委员会担任领导工作期间，开展了福建省厦门地区的学生运动和团的创建工作。1924 年夏，厦门集美学校革命学生为反对日本帝国主义在厦门的压迫和殴打中国人民的罪行，学生会和全校学生准备集队参加厦门人民的示威游行，遭到学校当局无理压制。7 月间，该校大埔籍学生罗明由厦门回广州途经汕头时，蓝裕业从罗明那里了解到集美学校闹风潮的情况后，肯定了集美学校学生的行动是爱国的，并且说，学校风潮之所以会失败，其根本原因是学生会无核心领导。他鼓励罗明回到集美学校继续搞好学生运动，并详细指出了回厦门后进行革命活动的策略与具体办法。罗明根据蓝裕业的指示返回集美学校后，与同班同学李觉民在学校里秘密建立和发展国民党左派组织，不到三个月，组织就发展到 100 多人，使厦门集美学校的学生运动有了核心力量。1925 年 6 月初，蓝裕业以国民会议促进会成员的身份到了厦门集美学校，第一批吸收了李觉民、罗扬才、丘泮林、刘端生等七人为共青团员，由李觉民任共青团支部书记。集美学校共青团支部在五卅运动中发挥了很大作用，不少团员后来成为共产党员。

1925 年 3 月，蓝裕业代表广东学生团体出席了在北京举行的国民会议促进会全国代表大会。返广州后，他在广东新学生社担任宣传工作，负责主编《新学生》半月刊，旗帜鲜明地宣传中国共产党的政治主张，支持广东国民政府举行的东征、南讨等革命行动，热情地报道工运、农运、青运、妇运等消息。

1925 年 6 月 19 日，为声援上海五卅运动，爆发了震撼世界的省港大罢工。香港海员和电车、印刷工人等首先举行罢工，接着是洋务、起落货、煤炭等各行业工人相继响应，接着香港店员举行罢市，学生举行罢课。6 月中旬，蓝裕业等人奉中共广东区委和共青团广东区委的派遣，前往香港协助共青团香港地委发动学生罢课，与香港工人、店员一致行动。6 月 17 日，在学生代表会议上，一致通过了于 18 日举行罢课的决议。华人书院、圣保罗、圣士提反等书院的学生纷纷罢课，连同其他中小学共有 30 所学校的教师及学生近万人参加了罢课斗争。其中回到广州的师生有1000多人。有300多名香港学生罢课回到广州后，始终与省港大罢工工人并肩作战。蓝裕业等还协助共青团香港地委编印《香港学生》月刊，指导学生、群众参加爱国运动，使运动朝着正确的方向发展。

1925年8月，蓝裕业继郭瘦真之后，担任了《工人之路》的总编辑。蓝裕业在《工人之路》上，从第30期起到第553期止，发表了不少短评或评论。在《小言》《吼声》《无情斧》等专栏里，他用"热血""余热""衣谷""丘玫""大任""群众"等笔名发表了近百篇文章。署名"群众"的文章，多是经过邓中夏修改过的。他写的短评或评论，往往是带有政策性的。他的文章用大量的事实，通俗的语言，揭露英帝国主义和广东军阀陈炯明、邓本殷的罪恶阴谋，号召广大工农兵学商各界群众起来斗争，赞颂革命群众的英勇斗争精神。他特别强调各界群众团结一致的重要性。在《工人之路》第106期发表的题为《工农商学兵大联合之意义》的评论文章中，蓝裕业就指出："在此危急之时，所谓受压迫最深与同为被剥削之人民所谓工农商学兵，在环境如此恶劣之下，且因痛苦之切身关系，亦因此而不能不联合，不能不团结一致，为本身利益而战……"广东大学校长邹鲁，是国民党青年部部长，他企图用大埔同乡的关系拉拢蓝裕业为其右派活动服务。但蓝裕业不仅不为其所动，而且对这位右派分子破坏革命统一战线的言行，毫不留情地进行斗争。《工人之路》由于能为工人和劳苦大众说话，受到广大群众的喜爱，因而发行量由开头的1000份跃增为10000多份。直到1927年广东四一五反革命大屠杀之后，《工人之路》才被迫停止出版。蓝裕业担任《工人之路》主编期间，在宣传中国共产党的方针、路线、政策等方面，作出了重大的贡献。

1927年8月，当南昌起义军即将进入广东之际，蓝裕业奉中共广东省委指示，从香港坐船到汕头，前往江西寻乌，准备迎接起义军南下广东。按起义军原定行军路线是由会昌、寻乌经兴梅地区直下潮汕，但是前委改变了计划：从闽西进入大埔。这样，蓝裕业只好由寻乌折回汕头，会见了周恩来等人。9月底，起义军第十一军第二十四师和第二十军第一、二、三师在揭阳县汾水、潮州战役中失利，潮汕形势危急。也就在这一时期，朱德（第九军副军长)、周士第（第十一军第二十五师师长)、李硕勋（第十一军第二十五师党代表兼政治部主任）率领的扼守三河坝的第十一军第二十五师和第九军教育团，处于孤军作战的境况，又无电台与主力取得联系。周恩来为取得与三河坝朱德的联系，于 9 月底，写了一封密信，要蓝裕业从潮安坐电船火速到三河坝送交朱德和周士第、李硕勋、陈毅等人。蓝裕业接受这一紧急任务后，于 10 月初赶到大埔县高陂镇时，得悉朱德与周士第、李硕勋、陈毅等已率余部向饶平和闽西地区转移了。蓝裕业只好秘密转移到大埔县高陂、百侯、湖寮农村，领导革命活动。11 月间，中共大埔县委在埔南桃源郭氏学校召开扩大会议，蓝裕业和中共汕头地委书记也参加了这次会议。会议分析了南昌起义军在大埔和潮汕失利后的形势，传达了中共南方局、广东省委联席会议精神，决定集中农村武装，准备革命力量，举行农村暴动，摧毁国民党基层反动政权，建立苏维埃政府，进行土地革命。会议着重讨论了高陂暴动问题。1928 年 1 月 1 日，高陂举行武装暴动，镇压了地方反动分子，打击了反动派的嚣张气焰，振奋了广大工农群众的革命斗志。1928 年 1 月 1 日至 5 日，在李立三主持下，中共广东省委全体会议在香港召开。会议总结了广州起义的经验教训，并提出了党目前任务仍然是进行暴动，从局部的割据，直到夺取全省的政权；把党的工作重点放在农村，领导农民起义，实行土地革命。1 月中旬，广东省委决定恢复中共潮梅特委及改组东江特委，蓝裕业担任中共潮梅特委书记。当时，潮梅特委领导揭阳、潮阳、潮安、澄海、饶平、汕头、大埔、梅县、平远、蕉岭、丰顺等县（市）的党组织。潮梅特委除直接由广东省委领导外，还与东江特委发生密切关系，在工作上接受其指导。

1928 年 1 月 27 日，中共广东省委发出了《潮梅暴动工作计划》，要求组织潮梅地区各县举行武装暴动，建立苏维埃政权。为密切配合海丰、陆丰的红军向潮阳、普宁、惠来发展，省委派出省委特派员叶浩秀于 2 月 7 日在潮阳县主持召开潮梅各县（市）党团书记联席会议，研究暴动的具体办法等问题。蓝裕业参加了这次会议。当获悉敌人向开会地点包围的情报后，与会同志立即秘密转移到汕头市内继续开会。2 月 9 日，由于叛徒俞全（省委交通员)、林占梅（市委交通员）向敌人提供了我党组织开会与活动的地点，狡猾的敌人事先作好埋伏，采用来一个捕一个的办法，先后在5个地点将叶浩秀、蓝裕业等28人逮捕。其中蓝裕业等21人于2月13日下午3时，被杀害于汕头市审判厅前崎碌尾刑场。临刑前，蓝裕业面无惧色，大义凛然，高呼革命口号，表现了共产党员忠于党、忠于人民、视死如归的英雄气概。牺牲时年仅26岁。

雷 夏

雷夏（1900—1928），江西弋阳县人，1900 年出生于一个农民家庭，1925 年参加革命，1926 年加入中国共产党，是弋阳县第一个共产党支部的成员。他和黄镇中、方远杰等人共同指挥了漆工暴动，受命接任过漆工警察派出所巡官，参加了威震赣东北的弋横暴动，并担任了第五路农民起义军的指挥，为创建赣东北根据地流尽了最后一滴血。

1925 年初期，雷夏被派到深山老林的西源山区串联发动群众，这里有 40 多户人家。雷夏向他们宣讲革命是为了帮助穷人翻身过好日子。可是贫苦的农民问："革命好是好，我们现在穷得揭不开锅盖，这革命怎么个搞法呀?"为了打开局面，雷夏待在最苦的农民家里，跟他们一道劳动、生活，并把自已仅有的一点钱拿出来，给群众买粮食，以解燃眉之急。经过他身体力行的努力，这山区的农民便组织起来了。后来，磨盘山的西源山一带，便成为红军最巩固的游击根据地。群众一经组织起来，其力量势不可挡。1926 年一个冬夜，漆工镇方圆几个村的 200 多名暴动队员聚集于湖塘村。在雷夏、黄镇中、方远杰等率领下，暴动队擎红旗，握梭镖，舞大刀，扛鸟铳，冲进了漆工镇，捣毁了警察所，赶走了反动巡官余麻子，缴获了两条半枪(一条"汉阳造"，一条"双套筒"，另一条"九响毛瑟枪"，因无退子钩兼截去半截，故称半条)。就在这"两条半枪"起家的革命浪潮中，共产党员雷夏当上了漆工镇派出所的巡官。他利用这一身份，坚定不移地执行党的指示，无情地镇压反动势力，保护革命群众，从此，农民运动在九区风起云涌地发展起来了。对敌人狠，对同志爱，这是雷夏的一个显著特点。在漆工镇暴动以后，有一次，反动靖卫团的探子，探得方志敏、邵式平进了围攻线梅源口上，便跟踪上来。这时，熟悉地形的雷夏，带着方、邵躲在一道沟里，接着翻到十字坑，敌人尾随不放，雷夏又伴同方、邵穿过毕坞，转到花椒坞等地。从入夜到天明，连续越过了 7 个山头，走了 30 多里的崎岖山路，终于抛开了二三十个敌人的追击，安全地回到了西源山根据地。

四一二反革命政变后，雷夏坚持在磨盘山西源山一带开展革命活动。9

月间，方志敏从吉安回到漆工，在蓬家坞山棚召集邹琦、彭皋、方远辉、雷夏、黄镇中、吴先明等聚会，大家都赞同“另起炉灶，从头再干”的主张，雷夏表达了绝不消极悲观、绝不动摇的坚强决心。

1927 年农历十二月初十的弋横年关暴动在楼底蓝家揭开序幕后，一时间，弋横相接的广大地区有五六万农民高举红旗，齐声怒吼，打土豪，烧田契，分粮食，分财物，分田地，真是翻了天。这时，由雷夏、余汉朝、舒翼等指挥的第五路农民起义军，以樟树墩为中心，向弋阳县城四周迅猛开进。起义后，周围各村农民群起响应。农民群众还编了几句歌谣：“只要雷夏到，红旗竖起来，雷夏到哪里，哪里就胜利。”在起义后不久的农历十二月二十六日，天气很冷，大雨也下个不停。这天，雷夏正在樟树墩祠堂里开会，商量扩展革命组织，而一群身穿蓑衣农民打扮的人，勾结村里的地主王树珊的走狗王国民父子，窜到会场，声称他们是为了请求支援农民起义而来的代表，雷夏一时失察，中敌奸计，在走出村口不远的地方，即被敌人抓走了，雷夏的父亲雷文瑞原是来报信的，也被敌人碰上抓走。

被抓去的雷夏父子到了白区七里岗王家后，敌人即施以严刑拷问，逼取农民军内情。雷夏抱定牺牲的决心，矢口不言，后来敌人又把雷夏绑在大树上，恣意鞭打，并惨无人道地把他眼皮割下挂在脸上，坚贞不屈的雷夏还是未吐露半个字。杀人不眨眼的刽子手们，气急败坏地将雷夏杀害在七里岗王家的雷龙山上。

党失去了一位好党员，弋横的农民运动失去了一位领袖。方志敏、邵式平得此不幸消息，异常悲痛，在雷夏牺牲的第二天，便令黄品珍带领弋阳农协会会员 2000 多人，会同黄道、吴先明、花春山带领的横峰农民 300 多人，以排山倒海之势直捣七里岗王家，打得胡有恩的反动地主武装落花流水，焚烧了他们的巢穴。从此，八区的农民在党的领导下，很快开展了轰轰烈烈的革命运动。雷夏为革命洒尽的最后一滴血，已经在赣东北土地上开出灿烂之花！1951 年，中央派出的南方根据地访问团来到弋阳时，访问分团团长邵式平特地到樟树墩村探望了烈士雷夏的母亲，亲切地称呼“雷妈妈”！他说：“雷夏的母亲就是我的母亲，没有雷夏就没有方志敏和我邵式平！”说毕，他亲手给雷妈妈胸前挂了大红花，并敬赠了毛主席肖像和一副对联：“发扬革命传统，争取更大光荣。”

蓝维仁

蓝维仁（1899—1931），又名蓝为仁，别名张敏之，1899年6月7日生于福建省上杭县庐丰乡水尾村一个贫苦农民家庭。父亲因家境贫寒，终年劳累，积劳成疾，在蓝维仁少年时期就逝世了。蓝维仁依靠祖父和母亲抚养长大。

蓝维仁少年时期在庐丰文馆读书，青年时期在厦门集美学校师范部读书。在学期间，他学习刻苦认真，成绩优秀。他喜欢唱歌、画画、雕刻，在学校中比较活跃，是一位品学兼优的学生。15岁那年，他参加小学生演讲比赛，成绩名列前茅，得到学校师生的好评。他在集美学校师范部读书时，除认真学习科学文化知识外，喜爱看进步的课外书籍，还参加学校组织的宣传队，宣传新思想、新文化，宣传反帝反封建的革命道理，是一个向往革命、奋发向上的青年。

1924年7、8月间，蓝维仁邀集同学张楷、蓝维龙、蓝树荣等20余人，利用暑假，组织“新剧团”，在上杭城乡演出《孔雀东南飞》等节目。

1925年春，蓝维仁参加了孙中山先生领导的国民党左派组织。7月，他从厦门集美学校师范部毕业，与同期毕业的张楷、蓝维龙、蓝树荣等一起回上杭进行革命活动，发展国民党党员并着手筹建国民党上杭县党部，并于国民党福建省党部召集全省代表大会之前，在庐丰水尾村召集全县国民党员秘密会议，确定了发展国民党员的方针。

1926年4月，他与林履绥等八人出席了中国国民党福建省临时党部在厦门召开的第一次代表大会。大会之后，蓝维仁积极参与筹建国民党县党部，奉行孙中山先生的新三民主义，执行“联俄、联共、扶助农工”三大政策，在援助北伐、反帝反封建、反对国民党右派的斗争中发挥了积极的作用。

同年夏，中共厦门特别支部干事会派共产党员林心尧到上杭与蓝维仁联系发展党员和成立党支部，以及开展农民运动等事项。不久，蓝维仁由林心尧介绍参加了中国共产党。

8月，蓝维仁邀集同学蓝维龙、蓝树荣、蓝鸣岗、蓝晓园等人，创办东一区九堡平民学校。平民学校实行免费入学，招收的学生绝大多数是贫苦农民子弟。深受广大群众的欢迎，在极短的时间里学生急增至300多人。平民学校除组织学生学习文化知识外，还组织学生排演文艺节目，利用节日、圩期走出校门，先后演出《赌钱嫁妻》《鸦片之害》等歌话剧，并演唱反封建的歌谣："六月割禾真正苦，点点汗珠滴下土。哎哟哟，点点汗珠滴下土，豪绅收租真太过，把我谷种抢去了，哎哟哟，把我谷种抢去了……"这些歌谣通俗易懂，有力地控诉了地主豪绅的罪恶，唤起农民群众的觉醒。

蓝维仁以办学为掩护，进行秘密的革命活动。在办学期间，秘密出版了《CP》《CY》两种刊物，揭露旧社会的罪恶，反映穷人的疾苦，传播马克思主义思想。1926年12月，中共上杭县支部在县城学坪里常初堂择日馆楼上开会成立，书记为温家福。同月支部进行改选，林心尧继任支部书记，蓝维仁为宣传委员。中共上杭支部成立后，积极开展一系列的革命活动，广泛宣传马克思主义和共产党的政治主张，发展共产党员，改组国民党，促成国共合作，开展农民运动，支持北伐军等。蓝维仁在各项活动中发挥了积极的作用。

1927年3月初，北洋军阀残部卢新铭、田德胜两个营驻守上杭县城。他们与当地的土豪劣绅相勾结，压榨和剥削人民，群众极为愤恨。党组织派遣蓝维仁、谢秉琼到武平县高梧乡争取了民军蓝玉田和孔弼臣部，与群众一起驱赶了卢新铭、田德胜两个营。3月下旬，蓝维仁积极参与筹办汀属八县社会运动人员养成所（以下简称养成所）并兼任教员，为培养农民运动骨干而积极工作。

4月12日，蒋介石在上海公开叛变革命，屠杀共产党人。5月7日，驻守上杭的蓝玉田部队参谋刘炳坤，趁蓝玉田奉命调长汀不在上杭之机，勾结杭峰公安局、国民党县党部右派及地方土豪劣绅邱信孚等发动反革命"清党"事变。养成所和其他革命团体遭到"封闭"，林心尧等共产党员和其他革命分子遭到残酷镇压，一时间上杭县城陷入白色恐怖之中。上杭党的组织受到挫折，蓝维仁接受组织安排转移到庐丰进行秘密革命活动。

"五七"事变后，中共闽南部委书记罗明来到庐丰与蓝维仁、蓝维龙联系，蓝维仁冒着生命危险，找来部分共产党员，召开紧急会议，恢复了中共上杭支部，由蓝维仁继任支部书记。会议决定转移到敌人力量薄弱的农村进行秘密革命活动，并继续发展壮大党的队伍。不久，蓝玉田从长汀回到上杭，申明事变与其无关。当时蓝玉田的部队没有得到蒋介石的编制，没有军饷。蓝玉田为了自己的生存和发展而求助于蓝维仁等人回上杭城恢复国民党县党部，协助筹集军饷。蓝维仁与党支部成员进行研究，认为蓝玉田可以利用，对其反共的一面要进行坚决的斗争并提出了三个交涉条件：一、枪毙土劣邱信孚；二、扣押刘炳坤法办；三、今后不再伤害革命同志。蓝玉田全部接受，枪毙了邱信孚，扣押了刘炳坤，蓝维仁等人为了党的利益，不顾个人安危，不违许诺，进上杭县城恢复国民党县党部，并遵照中共闽南部委指示，协助邓子恢、谢宝营等人通过蓝玉田迫使龙岩驻军罗步月（原属蓝玉田部下）释放了在龙岩“四一五事变”中被捕的革命者陈国华等六人。

9 月，周恩来、贺龙、叶挺、朱德、刘伯承率南昌起义军进驻上杭县城。蓝维仁在中共闽南临委宣传部长罗明的指导下，组织成立了临时兵差办事处，协助起义军筹集粮草，安置伤病员，解决运输问题。在起义军进驻上杭县城期间，蓝维仁以中共上杭支部书记的身份晋见了中共南昌起义军前委书记周恩来，听取周恩来对闽西地区应当如何开展武装斗争的指示，并接受了四项任务：一、搞好交通运输；二、筹集军粮；三、搜集情报，搞好警卫工作；四、安置好一批伤病员。蓝维仁依靠党的组织，广泛发动群众，出色地完成了上述各项任务，给起义部队以有力的支援。

1928 年初，中共福建临时省委派郭柏屏（后叛变）来上杭主持工作。郭柏屏来上杭后与蓝维仁联系，蓝维仁积极协助郭柏屏等筹建中共上杭县委。3 月，中共上杭县委正式成立，郭柏屏任书记，邓子恢任宣传部长，县委机关从庐丰迁至城郊水南。同年秋，蓝维仁受中共闽西特委派遣，与蓝维龙等一起到武平县象洞乡举办党员训练班，培养革命骨干，壮大党的组织。而后，又与练灿华、练文澜一起到武平北部、西部等地，以吊木偶戏为掩护，广泛宣传革命道理，发动群众开辟新区。同年冬，蓝维仁到了才溪、长汀一带工作。

1929 年 3 月，长汀县革命委员会成立后，蓝维仁任长汀县革命委员会秘书。8 月，中共闽西特委派蓝维仁为闽西特委二特区副书记。1930 年 3 月 18 日，在闽西第一次工农兵代表大会上，蓝维仁被选为闽西苏维埃政府执行委员，并经第一次执行委员会选举为财政委员会主任。6 月 25 日，蓝维仁以执委的身份参加闽西苏维埃政府文化委员会第五次常委会。会议决定派员到各县巡视，主要解决：一、宣传上级关于文化教育的方针政策；二、检查过去的文化教育工作；三、帮助制订下期文化教育工作计划；四、暑期的招生考试问题；五、妇女训练班问题；六、《红报》宣传张贴问题。通过派出人员巡视，进一步推动了闽西苏区文化教育事业的发展。7月8日至24日，蓝维仁出席了中共闽西第二次代表大会。会议期间（7月15日），闽西苏维埃政府执行委员会举行了第二次会议，改选了闽西苏维埃政府的执行委员和各部部长。蓝维仁当选为闽西工农民主政府的执行委员兼财政部长。8月，蓝维仁接受闽西特委派遣，携带闽西特委通讯第12号（东字第1号）前往广东，与东江特委联系，向东江特委介绍了中共闽西第二次代表大会情况，并了解了东江地区党、政、军、群各方面的斗争情况、工作布置以及政治环境、交通路线、通讯处等情况，为红二十一军攻打东江提供了情报。9月1日，闽西第二次工农兵代表大会召开，蓝维仁被选为执行委员，兼任闽西工农银行委员。9月下旬，蓝维仁主持召开了闽西苏维埃政府经济、财政、土地委员会联席会议，讨论了组织合作社、成立闽西工农银行和统一财政、土地税收、山林矿产管理、劳动监督、集体农场、石灰生产等问题，作出了《闽西苏维埃政府经济、财政、土地委员联席会议决议案》，发出《关于成立闽西工农银行的布告》。这次会议为更好地掌握闽西的财政金融，发展生产，稳定人民生活，促进闽西苏区的经济建设，巩固和扩大中央苏区起了积极作用。

11月28日，蓝维仁参加了建设委员会会议，对市政建设、桥梁道路、陂圳的修理和保护良田等群众生产、生活问题提出了积极意见。12月14日，闽西工农革命委员会成立大会在龙岩的列宁公园召开，蓝维仁被选为闽西工农革命委员会常委会委员，蓝维仁分管银行工作。1931年初，蓝维仁积劳成疾，在上杭县坑口养病。他和母亲、妻子、孩子四人住在坑口镇，一家老少，穿的是粗布衣衫，吃的是笋干、腌菜。作为闽西苏维埃政府领导成员之一的蓝维仁，处处以身作则，模范地执行苏维埃政府的政策法令。有一次，蓝维仁的叔叔打算买童养媳，蓝维仁知道后，即对叔叔指出买童养媳是封建行为，违反了苏维埃的政策法令。在蓝维仁的劝阻下，他叔叔放弃了买童养媳的打算。这件事在群众中造成极好的影响。

1931年春，设在永定虎岗的闽西苏维埃政府不断遭到国民党军队张贞部的袭击。在一次战斗中，蓝维仁因病被张贞部抓获。不久，这位为革命作出了积极贡献的上杭县党组织早期领导人英勇牺牲了，时年32岁。

蓝胜青

蓝胜青（1906—1928），原名少辉。1906 年 2 月出生于广东省兴宁县叶塘区一个农民家庭。

1924 年，蓝胜青进入梅县广益中学读书。1925 年 5 月，广益中学爆发学潮，公开提出信仰自由、收回教育权、学生参加学校行政管理等要求。为此，蓝胜青同刘裕光一起，组织成立了“反基督教学生同盟”，带领广大学生进行斗争。至暑假，广益中学反对帝国主义的奴化教育的斗争，扩展到同梅县师范的择师运动紧密配合，互相支持，其声势之大，力量之强，震慑了梅县反动当局。因此，运动遭到反动当局的镇压，蓝胜青等 100 多名学生被开除。蓝胜青、刘裕光等学生运动的带头人并没有被吓倒，他们派出代表，要求转学到东山中学，遭拒绝后，与东山中学的学生救国运动团取得联系，团结广大学生，与东山中学当局进行说理斗争，取得胜利，蓝胜青等一批学生转入东山中学就读。不久，蓝胜青、刘裕光、陈启昌、肖啸安等在东山中学秘密组织“梅县革命青年团”，宣传社会主义，要求收回教育权，反对基督教，反对读死书，主张学生积极参加革命斗争。梅县的学生运动不断向纵深发展。

同年 11 月，国民革命军第二次东征胜利回师梅县，给这一地区的革命斗争以极大的推动。东征军内的共产党员在梅县发展了党员，建立了第一个中共梅县支部。党支部积极认真做好组织发展工作，至 12 月中旬，在斗争中锻炼成长的蓝胜青、古柏、肖向荣等 10 多人第一批加入了中国共产党。1925 年冬，蓝胜青与冯宪章等以旅梅同学之身份回到兴宁，与县立中学学生黄集发、谭淦等联合在兴城、叶塘等地演出话剧，举办“宁声周报”，宣传共产主义。寒假以后，蓝胜青受党的派遣回兴宁，以商民协会特派员的公开身份同早在 1924 年就在兴宁从事农民运动的卢惊涛、赖颂祺一起开展革命活动。在他们的共同努力下，1926 年春，兴宁党小组成立，蓝胜青任党小组长。

在党的领导下，兴宁人民的革命斗争进入了崭新阶段，工运、农运、学运都有新的发展。在彭湃主持召开的潮汕农民代表大会推动下，蓝胜青同卢惊涛、赖颂棋等分别到大信、刁坊、大坪、叶塘、永和等地进行活动，农会组织如雨后春笋，不断发展，原来全县只有4个农会，很快发展到36个乡农会，广大农村普遍开展减租减息运动。在工农运动蓬勃发展的形势下，7月间，上级党组织派蓝胜青参加了由周恩来在汕头筹划委托罗明主办的东江工农运动人员养成所学习。他在养成所认真学习政治军事知识，亲聆彭湃关于农民运动的报告。同年12月，根据上级党的指示，成立了中共兴宁特支，蓝胜青任特支书记。

四一二反革命政变后，兴宁国民党右派下令解散工会、农会，镇压工农运动，搜捕革命同志，蓝胜青和卢惊涛等秘密转移到宁新小洋乡。后因攻打县城劫狱计划泄露，遭反动当局搜捕，转移到神光山附近的梅子坑坚持活动。他们深入到农民群众中去扎根串联，宣传群众。为了更好地教育群众，蓝胜青写了不少通俗易懂的歌谣，如“正月里来是新春，发财富贵太吾匀；有钱人家鱼酒肉，矛钱人家吃菜根”“土地革命要实行，解放以后分地平；个个都有田耕种，衣食平均心占甘”，以此揭露社会的黑暗，宣传党的主张，为武装暴动做好思想准备。与此同时，蓝胜青等继续在各地组织发展农民协会，建立农民义勇队，为武装攻打兴宁县城做好准备。蓝胜青、卢惊涛考虑到自己的力量薄弱，决定利用张英与国民党兴宁县政府的矛盾，于5月18日联张攻城。因张英自有野心先行举兵，惊动敌人作好了准备。当农民义勇队赶来攻打东城门时，适逢大雨，城壕尽没，又无攻城武器，只得撤军。首次攻城失败。

9月3日，中共兴宁特支在梅子坑召开会议，根据敌人主力在罗岗追击张英，兴宁县城力量空虚的有利条件，决定立即举行第二次攻打兴宁县城的农民暴动。蓝胜青、刘光夏、卢惊涛率领湖尾、小洋、大成、茅塘、墨池等乡农民义勇队，集合在梅子坑胡隧良屋举行誓师大会，由蓝胜青作战斗动员。他坚定有力地号召农军严守纪律，勇敢作战，去夺取胜利。在攻城战斗中，蓝胜青同刘光夏等带领农民义勇队攻打警察局，迅速解除敌人武装后，猛攻国民党兴宁县政府，县长廖森圃越墙逃跑，暴动队伍占领县城。这次暴动缴获枪支200多支，子弹4箱，县府铜印一枚，筹军饷2000元，开监释放囚犯100多人，还出了安民布告。后来，蓝胜青等获悉敌人准备反扑兴城，为了保存力量，便主动撤出县城，暴动队伍转移到永和湖尾。次日在湖尾召开庆功大会，正式成立广东工农讨逆军第十五团，团长刘光夏，党代表蓝胜青，参谋长卢惊涛，政治部主任曾不凡，全团200多人。并且建立了十五团水口别动队和北部山区游击队。

十五团建立后，根据上级指示改编为工农革命军十二团，稍事整训挥戈上阵，在径心重挫陈楚麓反动商团。后来同水口别动队会师，转战梅县、丰顺诸地，有力地打击了兴梅地区的反动当局，壮大了工农武装。如同蓝胜青向省委的报告所载："本县工农革命军，自本年（一九二八年）二月以来，力量颇有相当发展，共有驳壳枪十二支，左轮三支，长枪一百二十余支。"后来十二团远征龙川赤光获胜。3月底，蓝胜青为了解决部队给养、弹药问题，把队伍开至龙川霍山。五华、龙川的别动队伍亦退却到霍山。4月初，三县党组织负责人为了适应当时革命斗争形势需要，在霍山大乙岩召开了一次党员代表会议，协商成立中共五兴龙临时工作委员会（简称临委），叶卓为临委书记，蓝胜青等三人为临委委员。三县武装力量据守霍山之险，坚持斗争。不料4月3日又被兴宁、五华、龙川三县反动军队及民团千余人包围，乃与敌人决一死战。因众寡悬殊，工农军阵亡30多人，在途中被捕殉难者数十人。蓝胜青为了保存力量，根据临委的决定，采取化整为零的策略，解散了队伍，把长枪藏起来，少数短枪集中在仍秘密活动的人员手中。他鼓励大家说："低潮总会过去，我们要保全有生力量，准备和创造新的革命高潮的到来。"蓝胜青总结经验认为，十二团此前征战南北各地，没有着力从事根据地的建设。因此，蓝胜青率领一支武装人员到福兴梅子坑坚持游击活动。同时，他还深入到兴宁北部与龙川交界的大塘肚、三架笔、大信等地同罗屏汉一起在高山密林中创造革命根据地。

1927年11月，十二团移驻石马、宝山一带活动。当时窃据了参谋长之职的周易舜，乘团长生病，党代表又外出之机，发动兵变，自封为团长。蓝胜青和刘光夏勇敢而巧妙地采取了果断措施，处决了周易舜，保全了革命武装。蓝胜青对待自己的部属如同兄弟手足。行军路上，他脱下自己的鞋子，让给战士穿；部队给养困难，他卖掉自己家里仅有的一只肉猪，暂时解决了战士的吃饭问题，深受指战员的称赞。

1927年冬，当蓝胜青和刘光夏率领十二团征战兴宁、梅县、五华、丰顺、龙川连续获胜之时，兴梅反动当局四出布告，并行文国民党广东省政府转饬各县，悬花红一千元白银缉捕所谓“兴宁共匪头目”蓝胜青、刘光夏等。蓝胜青不顾个人安危，一方面率领十二团指战员英勇顽强地打击敌人，一方面积极做好党的思想和组织建设工作。在这段时间，吸收了一批党员，壮大党的力量。为了进一步健全党的各级组织，加强党的领导，是年 11 月，他根据上级党的指示，在永和湖尾主持召开了兴宁县党员代表会议，代表全县 120 多名党员，成立了第一届中共兴宁县委员会，蓝胜青任县委书记。翌年春，为了适应斗争环境的需要，蓝胜青把县委机关转移到水口小峰，在那里创办了县委机关报《红旗报》，亲自撰写文章，大力宣传党的方针政策，教育军民在党的领导下，为共产主义奋斗到底。

1928 年 10 月 21 日，蓝胜青参加了在梅子坑胡屋召开的五县（兴宁、龙川、五华、梅县、丰顺）联席会议，共商联合暴动事宜，遭到兴宁反动武装 100 多人包围。蓝胜青为了掩护同志乘夜冲出重围同敌人激战多时，身负重伤，行走不便。在危难时刻，他安排卢觉民安全转移后，又命令要求背他的警卫员张观佑撤退，自己摸黑爬到一个崩岗里潜伏起来。翌晨，兴宁反动当局加派重兵，四面包围，严密搜捕。蓝胜青面对凶恶的敌人，挥动驳壳枪击毙两个敌人，自己亦中敌数弹，壮烈牺牲，时年仅 22 岁。

蓝洪翔

蓝洪翔（1904—1930），1904 年 9 月出生，上杭县庐丰乡丰康村人。1926 年加入中国共产党。1927 年至 1930 年，蓝洪翔先后担任中共上杭县委宣传部长、组织部长，中共长汀县委常委，上杭县委书记，闽西特委常委、宣传部长，江西省瑞金县委书记等职。

庐丰是一个田少人多的地方，离上杭县城 30 多里，贫困户农民占全乡绝大多数，群众赖以生存的田地，极大部分都被地主豪绅占有。广大农民为了生存，只好向地主租耕土地，每担谷田（等于现在的 0.07 亩）在好的年头最多只能收成 50 斤左右的谷子，但 80%都得交租给地主，所剩无几，根本无法度日。他们为了生活，只好靠肩挑手提，走圩赶集，走家串户，做点小生意来维持生活。春荒期间，群众以豆叶、野菜充饥。可是庐丰的反动保安团、团防局，依仗其势力，与地主豪绅联成一体，大肆搜刮民财，猛收苛捐杂税，敲诈勒索，民不聊生，农民群众处于水深火热之中。

蓝洪翔幼时家里虽穷，可他的父母还是想方设法争取亲戚朋友的资助，尽一切办法送他上学，使他有幸得到了读书的机会。他聪明睿智，学业优秀。社会的黑暗，人民生活的痛苦，使 20 岁出头的蓝洪翔产生了对旧社会的厌恶和反抗情绪。他常与张鼎丞、邓子恢等一起为革命奔忙，积极从事地下活动，宣传革命思想，秘密发展农会会员，成立农会组织，表现得机智、勇敢、灵活、沉着。

1926 年，蓝洪翔同本乡从厦门集美师范回乡的蓝维仁、蓝维龙等人，在庐丰九堡首先创办平民学校，以学校为阵地，大力宣传马列主义。平民学校的学生都是来自贫苦人家的子女。学生们一面读书，一面外出宣传革命思想，通过各种各样的形式宣传、发动、组织群众走革命的道路。平民学校为当地革命培养了许多领导者和组织者。平民学校的 300 名学生都参加了 1929 年夏的庐丰武装暴动。

1927 年的“五七”清党事变以后，形势紧张。上杭党组织，根据革命的需要，及时分散转入农村去组织党员开展斗争。9 月中旬，南昌起义军南下途中进驻上杭城时，中共闽南临时特委代表罗明和上杭党支部负责人蓝维仁、李立民、蓝洪翔等同志到上杭城组织欢迎起义军进城，并积极为起义军筹集粮款，侦察敌情，护理伤病员，搞好组织运输等工作，同时与起义军一起捕杀恶霸，收缴伪警察局的枪支数百支，战绩辉煌。

1928 年，中共上杭县临时县委在庐丰成立，郭柏屏为书记。同年 2 月，在蓝洪翔家里召开了有李立民、蓝洪翔等 13 位同志参加的党的负责人会议，会议决定：1. 每人负责发展 10 个党员；2. 发动群众参加互济会；3. 自备武器准备武装暴动。会后各地党组织积极做好各项工作。蓝洪翔还到武平县象洞练宝珍家传达会议精神和布置工作。

1928 年 9 月，中共上杭县委搬到稔田乡的官田村，由李立民担任书记，蓝洪翔担任组织部长。同年，由蓝洪翔担任县委书记。在县委的领导下，各地的农民运动蓬勃发展，农会组织如同雨后春笋遍及全县各地。同年 12 月 26 日，在丰康村蓝洪翔的家里召开了党的负责人会议，会议由蓝洪翔主持，罗明到会，传达中共第六次全国代表大会精神，并且研究全面开展武装斗争的方针、政策，对武装暴动进行了详细的部署及分工。蓝洪翔负责庐丰的组织发动工作。1929 年农历六月初三，庐丰举行了大规模的武装暴动后，反动团防局的枪支全部被收缴，接着成立了区、乡革命委员会。

庐丰武装暴动后，蓝洪翔化名李天富，来到才溪庄背庙召开全县的农协秘密会议，会上宣传了打土豪分田地的政策，并筹划了才溪武装暴动有关事宜。与会人员都表示了决心，一同宣誓：“同生死，共患难，永不叛党……”会后，组织了才溪 100 多名农民游行大示威。6 月中旬，才溪群众在红军策应下，举行了农民武装暴动，打土豪，分田地，烧契约、废债券，搞得轰轰烈烈，贫苦农民扬眉吐气，欢欣鼓舞。

1929 年 9 月中旬，蓝洪翔带领赤卫队和暴动队上万人，在红四军朱德军长的指挥下，配合红军攻打上杭城，一举取胜，接着成立了县苏维埃政府。

1930 年 9 月下旬，蒋介石纠集了十万兵力，疯狂向苏区进攻，革命根据地的党组织和人民群众受到残酷摧残，武平苏区大部分沦陷。为粉碎敌人“围剿”，稳定苏区局势，巩固苏区政权，夺回已被敌人占去的根据地，闽西特委和苏维埃政府决定在上杭县白砂乡崇实学校召开杭武区干部会议。上杭蓝洪翔、武平练宝珍等 10 人参加了会议，会议研究了当前的局势，决定成立杭武县，县委书记由蓝洪翔担任。在蓝洪翔的领导下，杭武两县革命力量与国民党反动派展开了顽强的斗争。在局势好转的情况下，杭武县又分开成立上杭和武平两个县委。后不久，由于工作的需要，蓝洪翔调任江西省瑞金县委书记兼肃反委员会主席。到任后不久，由于受“左”的思想的影响，江西苏区刮起一场肃清“AB团”歪风，27岁的蓝洪翔被错定为“AB团分子”在瑞金被错杀。中华人民共和国成立后被追认为革命烈士。

蓝维龙

蓝维龙（1905—1932），又名蓝为龙，1905 年 4 月出生于庐丰乡水尾村一户农民家庭里。

1920 年，才 15 岁的蓝维龙，离开父母，跟随同村的蓝维仁，一同前往厦门集美师范求学。这一时期，正值新文化新思想在全国广泛传播，学校里，进步青年学生纷纷组织起来，以各种形式投入反帝反封建的革命运动。蓝维龙也一腔热血，积极投身到洪流中，去追求真理，向进步组织靠拢。

1925 年，蓝维龙在集美师范加入了国民党左派组织，坚决拥护孙中山的“联俄、联共、扶助农工”三大政策。同年夏天，他与蓝维仁一起从厦门集美师范毕业。毕业回乡以后，他从事教学工作，同时还在国民党县党部任常委，负责组织农民成立协会、开展减租减息斗争等。

1926 年正月，蓝维龙到庐丰平民学校教书。在学生面前，他没有令人生畏的严师形象，而是和学生共同探讨新思想、新文化及革命真理，师生关系亲密无间。同时还自编文明戏（也称白话戏）到圩场进行宣传演出。通过演戏揭露地主、资产阶级残酷压迫剥削农民的社会制度，鼓动广大群众起来推翻“三座大山”，取得翻身解放。这些宣传，使广大贫苦农民看到了希望的曙光，为以后的农民暴动作了思想准备。平民学校实行免费上学，学校的进步活动很活跃，引起了国民党反动当局的极大恐惧，所以平民学校只开办半年，便被迫解散。

1926 年冬，蓝维龙曾有一段时间到广东汕头学习农民运动的经验，至同年农历十二月二十回到上杭。就在这年冬天，他光荣地加入了共产党，成为一名无产阶级先锋战士。

1927 年 2 月，他转移到武平县工作，在高梧参加了党支部会议。会上讨论了如何赶走北洋军阀卢、田两个营及夺取枪支武装工农和开展各种形式对敌斗争等问题。结果在同年 3 月把北洋军阀的残余势力赶走了。

1927 年 5 月 7 日，上杭国民党右派发动事变，强行封闭了县工会、农会、妇女会、学生会等革命群众组织，许多革命同志被杀害。蓝维龙在事变前已离开杭城免遭毒手。面对白色恐怖，他的革命斗志更加旺盛，一到庐丰便积极协助党支部工作，开展农会活动，发展党员，扩大和加强党的组织。这时他担任了上杭支部的支委。同年秋，南昌起义军南征经过上杭时，蓝维龙与罗明、蓝维仁、蓝洪翔组织各界人士迎接起义大军，积极做好筹款，雇请民夫挑运军需物资及组织汀江航运等后勤工作。

1928年，蓝维龙在永定参加了张鼎丞领导的金砂暴动。在这次暴动中，他身先士卒勇敢战斗，脚上挂了花仍不下阵。

1929年9月，红四军攻克上杭城时，他积极配合，努力做好支前和接管杭城工作。红四军撤离杭城后，他随党组织转移到白砂，在县苏工作。

1931年，上杭开展了“肃社党”运动。翌年秋，蓝维龙被错杀于上杭白砂，中华人民共和国成立后被追认为革命烈士。

蓝少华

蓝少华（1906—1931），福建省上杭县庐丰乡丰乐村人，1906 年 8 月出生在该村一户富裕的家庭里。蓝少华童年时代便伶俐活泼，求知欲强。1913 年，蓝少华刚满 7 岁，望子成龙的父亲便领着他念私塾，满怀希望他日后能出人头地，光宗耀祖。在学期间，由于他认真学习，成绩出类拔萃。1918 年蓝少华高小毕业后，粗中有细的父亲从儿子几年来的学习情况中分析，发现儿子酷爱文学，尤其喜欢作诗填词，遂送他至庐丰湖洋赤泥塘拜叶荫南老师专修国文，以利深造。

1921 年，年轻的蓝少华考入了长汀师范学校，汀师毕业后，于 1924 年考入厦门大学。遗憾的是，刚开学不久，蓝少华却因水土不服，疾病缠身，独身一人在厦门无法继续攻读，不得不离厦返乡。在双亲照料下，不久身体恢复，1925 年转学嘉大（即嘉州大学）。那时嘉大是初等大学，各方面师资和教学设备不全，为此又离开嘉大转学到广州英语专科学校。他父亲怎么也没想到，这次让蓝少华到广州求学，便是他投身革命的开端。当时的广州，大革命的浪潮正汹涌澎湃，已成了南方革命的中心和大本营。由于学校中学生活动积极，吸收新文化，接受新思想快，触角灵敏，加上周围革命环境的熏陶和影响，使蓝少华日益成熟。他广泛地参加了社会上各种党派的具体活动，在这些纷繁复杂的社会活动中，他逐渐地认识到，在这风雨飘摇、前途茫茫的神州大地上，“只有共产党，才能救中国！”从此，在进步师生的帮助和荐举下，他义无反顾地投身革命并光荣地加入了中国共产党。在党的关怀培养下，视野更加广阔了，他摒弃了过去狭窄的求学目标，满怀着为祖国的富强、人民的幸福而奋斗的远大理想投入紧张的学习、生活中，还积极地参加了共产党领导的各项革命活动。1926 年，他遵照党组织的指示，离开学校到莆田，以办学为名秘密地领导师生从事党的地下工作。同年与李培兰女士相爱，建立了革命家庭。新婚不久，便离开妻子，到漳州任《汀潮日报》编辑。他充分发挥自己的文学优势，执起如锥之笔，辛辣而又含蓄地揭露国民党的黑暗统治，唤醒民众起来革命，满腔热忱地鼓舞人民自我奋起，驱散黑暗，追求光明。

1929年初，毛泽东、朱德、陈毅率红四军从井冈山向赣南闽西进军，3月一举攻下长汀城后，轰轰烈烈的土地革命运动如火如荼开展起来。不久，长汀成立了县苏维埃政府，蓝少华被选任为县苏秘书长。1930年闽西苏维埃政府成立后，他担任闽西苏维埃政府秘书长兼《红报》编辑，在他的不懈努力和同志们的共同协作下，闽西《红报》报刊编排活泼，内容丰富，既报道了红军英勇出击的战讯和胜利捷报，又生动地反映了闽西和中央苏区蓬勃发展的动态，及时宣传了党的方针、政策，极大地鼓舞了苏区人民的革命斗志。其中不少反映革命风貌的文学作品，均为蓝少华的秉笔佳作。遗憾的是，因战争动乱，其家属原先保管的不少珍贵作品，都已散失无存。

1930年底，国民党反动派攻陷龙岩，蓝少华随红色政权机关移迁到永定虎岗。1931年，闽西苏区开展“肃社党”运动，蓝少华被错杀。1955年6月，人民政府追认蓝少华为革命烈士。

蓝夏桥

蓝夏桥（1900—1931），1900年4月出生于福建省上杭县庐丰乡丰康村一个贫苦农民家庭，他父亲为了孩子的前途，省吃俭用，终于在1911年把蓝夏桥送上学堂。蓝夏桥从小天资聪颖，专心致读，勤奋好学。1917年小学毕业后，以优异成绩考取上杭县立中学。1919年5月4日，在他中学读书期间，北京爆发了以学生为主体的反帝爱国运动。消息传到上杭，偏僻的山城也激起了革命热潮。县立中学学生响应北京学联号召，起来罢课，示威游行，抵制日货。蓝夏桥与进步青年一道，积极投入了反帝爱国运动。1921年，他从上杭中学毕业后，与蓝维仁等考入了华侨领袖陈嘉庚先生创办的厦门集美师范学校。这个学校，有进步的青年学生组织，有进步的读物和言论，如“十月革命”“五四运动”“中国共产党”“马克思主义”“共产主义”……蓝夏桥经常阅读进步书刊，如饥似渴地吸吮着新鲜营养，探索革命真理。社会的黑暗，人民的痛苦，蓝夏桥早就看在眼里，恨在心头。所以他在早期就热情而勇敢地投入了反帝反封建革命活动。1925年，他与蓝维仁等加入了孙中山先生领导的国民党左派组织。同年夏天，他从厦门集美师范毕业后，回到家乡，与蓝维仁等在上杭庐丰水尾一带开展党的组织活动。1926年后，他又与邓子恢等在上杭一带搞地下革命工作，发展党组织，发展秘密农会，同时组织农民武装，准备举行暴动。1927年1月间，为了更广泛传播革命思想，他与蓝维仁、蓝维龙、蓝洪翔等，在上杭庐丰创办了九堡平民学校，并以学校为阵地传播革命思想。为了办好平民学校，他带头捐献五十元，作学校的开办费用，同时还积极筹聘师资，聘请蓝晓垣先生为校长，蓝史册、蓝加植、蓝民光、陈长云、蓝连春、蓝树荣等任教员，因此平民学校很快就有300多人入学。后来这些学员均成了暴动的骨干力量。

1927年9月上旬，南昌起义军来到上杭，受到上杭人民的热烈欢迎。上杭党组织的蓝维仁、蓝夏桥等到杭城聆听了周恩来对上杭党组织的指示，协助起义军筹粮、筹款，侦察敌情，护送伤员和搞好运输，做了很多工作，为后来上杭开展全面的土地革命运动奠定了坚实的思想基础。

1929年春，由于工作需要，闽西特委委派蓝夏桥到江西瑞金安治前协助邓希平等同志开展地下秘密工作，广泛发动群众，组织群众，开辟新苏区。蓝夏桥顾全大局，离别故乡，愉快接受党组织赋予的重任。他对党对革命事业忠心耿耿，他工作很深入，很快就在群众中扎下了根子。蓝夏桥在安治前工作非常积极，而且卓有成效，在群众中很有威信，大家都很信任他。

1930年4月，瑞金县成立中国工农红军第十二军第二十四纵队，蓝夏桥被任命为司令员（后改为师长）。他率部在闽赣边区开展游击战争，使党领导的农村革命根据地不断巩固、壮大，为农村包围城市，武装夺取政权做了许多工作。7月间部队改编为中国工农红军第二十二军第四纵队，由杨斗文任师长，率部开往攻打赣州。蓝夏桥因工作需要，留在闽赣边的瑞金、长汀、石城赤白交错地区工作。他以商人的身份作掩护，在长汀县开设德兴馆店铺，在瑞金开设广华店，从事闽赣两省的革命联络工作，递送闽赣两省的情报、到白区采购军需药品、转运药物到苏区。蓝夏桥冒着生命危险，经常出没于闽赣两省交界的白色地区，从不计较个人得失，千方百计完成党所赋予的重任。

1931年7月，蓝夏桥被诬为“社会民主党”，错杀于江西瑞金象咀岗，时年31岁。

蓝荣喜

蓝荣喜（1906—1936），福建省上杭县庐丰乡丰济村柑树下人，1906 年 8 月，生于该村一户贫苦农民家庭。

1927 年，蓝荣喜 21 岁时，村里成立共产党组织。共产党人蓝维仁、蓝维龙在村里办起了九堡平民学校。

九堡平民学校免费招生，招收贫苦农民子女。蓝荣喜知道后，报名上了平民学校。平民学校除组织学生学习科学文化知识外，还组织学生学习反帝反封建的革命道理。他十分珍惜这一学习机会，如饥似渴地学习科学文化知识和革命道理，他曾对同学罗蓝洲说："这次机会真好，不收穷人的钱，能让穷人的孩子读书，真是太幸福了，有了文化，就不会受有钱人的欺诈。我们要好好读书，报答学校的培养。"

平民学校组织师生在群众中宣传演出《鸦片之害》《赌钱嫁妻》等歌话剧，还秘密出版《CP》《CY》刊物。蓝荣喜与罗蓝洲，利用课余时间，协助学校油印革命刊物，并在城乡散发传单，进行革命宣传。在共产党人蓝维仁、蓝维龙、蓝树荣的教育下，蓝荣喜逐步认识了穷人为什么穷、富人为什么富的道理，逐步接受反帝反封建的思想，从此，在他的心灵里播下了为穷人求解放的革命种子。

1929 年 7 月 9 日，在红四军萧克支队的帮助下，共产党人李立民、蓝维仁、蓝树荣带领庐丰地区农民举行了轰轰烈烈的武装暴动。蓝荣喜是暴动队员，他和穷苦弟兄一起向驻在庐丰的东一区保商团和团防局进攻，收缴了反动团防局 20 多支长短枪。保商团仓皇逃窜，龟缩上杭城。庐丰地区的农民暴动取得了成功。之后成立了东一区苏维埃政府，区以下乡苏维埃政府也纷纷建立。同时，少先队、儿童团、妇女会、赤卫队、农协会等也随之建立和健全起来。蓝荣喜担任了区赤卫队副队长。在党组织的领导下，他带领赤卫队奋勇投入打土豪分田地、毁债券烧契约的斗争。

在那极其尖锐复杂的阶级斗争情况下，蓝荣喜吃大苦，耐大劳，不计个人得失，不顾个人安危，为保卫和巩固苏维埃政权工作着。他的工作精神，很快得到了党组织和群众的信任。1930 年，他调任东一区军事部副部长；同年冬在蓝维仁介绍下参加了中国共产党；1931 年当选为东一区区委委员，兼军事部副部长；1933 年冬，担任中共庐丰区委书记。

1933 年冬，蒋介石不甘心几次“围剿”的失败，发动第五次“围剿”，以优势的兵力采取“驻剿”“堵剿”“搜剿”“追剿”等并举的手段，将部队驻在机动地点，一旦发现红军游击队，立即“追”“搜”，有时成群结队拉到山上袭击红军游击队，并在蓝溪、庐丰、上杭城一线增设了哨所。国民党的猖狂进攻，并没有吓倒红军游击队，反而更加激起了他们旺盛的斗志。有一次，驻在山里的红军游击队纷纷要求下山袭击敌人。但是，游击队缺少枪支弹药。怎样才能战胜敌人呢？蓝荣喜经过周密的考虑提出大胆的作战方案。他说：“我们是否利用一个天黑的机会把敌人警戒森严的黄潭桥头碉堡端掉，给这上下两头的蓝溪、庐丰的敌人造成我大批红军游击队已从太拔开出的假象，使蓝溪、庐丰两地敌人自相混战。”这一妙计得到全体指战员的赞赏。随即在一个天黑寒冷的夜里，蓝荣喜和罗蓝洲带领 40 名红军游击队战士，从庐丰横岗出发，向黄潭桥头碉堡靠近。到达目的地后，他们发现往日昼夜不停有两个班敌人站岗放哨的桥头碉堡，此时却不见敌人哨兵。他们怀疑敌人是否知道他们的计划。为了防止意外，蓝荣喜当即命令“一班到桥的另一头继续侦察，其余人员作好战斗准备”。经过进一步侦察，两边碉堡确实无人，但桥两头糊了烂泥。蓝荣喜和副队长罗蓝洲随即召开班长会议商议。蓝荣喜判断敌情说，“敌人懂得，晚上守桥是徒劳，阻挡不了红军游击队，只好在晚上糊烂泥，掌握游击队的行踪方向。我们就给敌人来一个将计就计，引诱敌人”。会后，即派 3 名战士到桥边烂泥处往蓝溪、庐丰方向踩上无数脚印。然后，分兵两路，一路由罗蓝洲带领 10 名战士在周围分散埋伏，观察庐丰、蓝溪方向的来敌，一路由蓝荣喜带领到黄潭峡山上隐蔽。

翌日黎明，放哨的敌人来到桥边，发现无数脚印，即挂电话向庐丰、蓝溪区公所和上杭城的敌人报告情况，大约 7 点钟，大批保安团和民团成员分别向黄潭桥赶来，待他们相距 200 米左右时，由罗蓝洲指挥埋伏在桥头边的游击队战士分两方向同时射击。引起敌双方接火后，我 10 名红军游击战士却悄悄地撤到黄潭峡的山上，开心地看着敌人混战。战斗半小时后，上杭城派来的一营敌人赶到，与庐丰来的民团、保安团助战，蓝溪方面敌人渐渐招架不住，纷纷举枪投降。此时，敌人才知道中了红军游击队的计。第二天，经派人了解，得知蓝溪驻敌死亡30余人，庐丰驻敌死亡30人，上杭来敌死亡18人，受伤共100人左右。

此后，敌人更加害怕红军游击队，对蓝荣喜、罗蓝洲更加恨之入骨。敌人下令缉拿蓝荣喜、罗蓝洲，保安团在庐丰、蓝溪、泮境、茶地等地张贴布告并以重金悬赏，提出："抓到活的赏大洋一千，死的五百，藏者杀。"

1934年冬，中央苏区第五次反"围剿"失利，主力红军开始长征，闽西革命根据地的形势急转直下，大部分的红色区域沦陷。坚持苏区斗争的县、区干部和游击队被迫上山打游击，活动在山区的村子里。

越是困难的情况，越要同群众搞好关系。蓝荣喜十分清楚这个道理。他带着干部和战士，每到一个村子都及时了解群众疾苦，帮助群众做事。他常说："我们红军是穷人的子弟兵，我们要经常保持与他们的联系，帮他们解决生产、生活问题。"对那些穷凶极恶的土豪劣绅，蓝荣喜也毫不留情，坚决镇压。

1935年春，敌人实行"计口购粮""计口购盐""济匪者杀"的政策，用这些办法切断群众和红军游击队的血肉联系。群众只好想出各种办法，节约一点粮食，接济红军游击队。游击队员认为蓝荣喜肩负重任，工作比别人辛苦，总是多分一点给蓝荣喜吃。蓝荣喜知道后，对大家说："同志们的心情我很了解，我们大家都是为打倒土豪劣绅，为亲人们不受苦而出来革命的，生活上应当有福同享，有难同当，我个人不应该搞特殊。"

在闽西南军政委员会的领导下，为了更有效地打击敌人，实行游击战争，同年5、6月间，上杭县与代英县合并成立杭代县军政委员会。在国民党反动派对苏区实行疯狂"清剿"，许多人脱离革命、有些人背叛革命的情况下，蓝荣喜担任了中共庐丰区委书记兼区苏主席。他经常奔忙于横岗、庐丰、蓝溪、茶地、泮境之间，组织党员进行地下斗争，稳定群众思想，有组织、有步骤地打击敌人。

1936年4月，庐丰区游击队在蓝荣喜、罗蓝洲和大阳区委书记范瑞章带领下，在泮境猴子额伏击国民党乡长梁××，只经十分钟战斗，乡长及民团十余人全部被击毙，缴获长、短枪五支。

同年冬，为了更好地发动群众，进一步摸清敌人情况，在庐丰太古上圹村由蓝荣喜主持召开区党委会议。杨仰林（原代英县苏主席）也参加。会后，杨仰林、蓝荣喜带领三人到庐丰湖洋龙泉洞开展工作，罗蓝洲等带领十人到蓝溪开展工作，约定第二天晚上以前必须赶回上圹集中。在龙泉洞活动时，蓝荣喜等被叛徒出卖，遭庐丰区公所派来的民团等 300 余人的包围袭击。杨仰林在突围中不幸中弹牺牲，蓝荣喜身负重伤后被敌抓到庐丰区公所。凶残的敌人对蓝荣喜严刑拷打、威胁利诱，但始终不能从蓝荣喜嘴里得到一点他们所需的情况。最后敌人无计可施，把他杀害了，他的头颅还被悬挂于庐丰市场示众三天。蓝荣喜牺牲时年仅 30 岁。

蓝树荣

蓝树荣（1905—1931），又名蓝输椿，1905 年 9 月出生于上杭县庐丰乡丰济村。

蓝树荣勤奋好学，成绩优秀。在上杭县旧制中学毕业后，以优异的成绩考入厦门集美师范学校。在师范读书期间，常与蓝维仁、蓝维龙等同乡同学一起，阅读进步刊物。在进步思想的影响下，蓝树荣于 1926 年加入中国共产党。

1926 年夏秋，蓝树荣在庐丰丰乐村育才学校教书，并以此为掩护，从事党的工作。1927 年，蒋介石在上海发动四一二反革命政变后，上杭反动派于 5 月 7 日也发动“清党事件”，一批共产党员和革命分子惨遭杀害，上杭党支部书记林心尧等被杀。为继续开展革命斗争，党组织立即转移到庐丰农村，由蓝维仁担任党支部书记，蓝树荣等人为支部委员。1928 年初在庐丰成立中共上杭临时县委，郭柏屏为临时县委书记，蓝树荣担任县委成员。

1929 年 1 月，蓝树荣由党组织分派到泮境乡去组织发动群众，开展武装暴动。农历四月廿九日晚，在红四军即将到来的消息鼓舞下，泮境、定达、镇龙、大乾头、将军桥等地很快集中了一支 1000 余人的暴动队伍。他们手持鸟铳、长矛、大刀、土炮等武器，在蓝树荣的指挥下，深入各村，杀土豪，分田地，烧田契，开土豪地主的粮仓济贫。蓝树荣和李立民、丘伯琴、蓝洪翔等人率领庐丰暴动队员上千人，手拿长矛、柴刀、鸟铳冲向国民党团防局，收缴数十支短枪，暴动取得了全面胜利。红四军萧克支队由龙岩来到庐丰祝贺暴动成功。

暴动队伍随后又赴各地打土豪，镇压首恶分子，没收他们的财产分给穷苦农民。武装暴动的胜利，极大鼓舞了广大劳苦大众的革命斗志。广大群众纷纷加入农会，参加党团组织。在此基础上东一区成立了区、乡两级苏维埃政府，同时成立了农民协会和赤卫队、暴动队。

1931 年初，为了统一领导，粉碎敌人的“围剿”，中共闽西特委决定将上杭和武平的部分苏区合并，成立杭武县苏，蓝树荣先后担任杭武县苏维埃赤卫团政治委员和杭武县独立团团长。1931 年闽西苏区在“左”倾教条主义的影响下，刮起了一场肃清“社会民主党”歪风，蓝树荣被诬为“社会民主党”，于同年 9 月被错杀于横岗，时年 26 岁。中华人民共和国成立后被追认为革命烈士。

蓝庭辉

蓝庭辉原名蓝亿昌，1913 年出生于上杭县庐丰畲族乡丰康村杨屋的一位畲族贫苦农民家庭里。他的家乡庐丰为畲族聚居乡。他的青少年时期，正值大革命浪潮汹涌澎湃之时。1926 年冬，中共上杭党支部成立后，他的家乡庐丰更是成了我党早期活动的主要地区之一。蓝庭辉家境贫困，从小就盼望着有朝一日能改变自己的命运。在大革命新思潮的影响下，尤其是在同乡共产党人蓝维仁、蓝维龙的点拨和熏陶下，蓝庭辉很早就开始积极参加一系列进步活动。

1926 年 3 月间，在厦门集美加入中国共产党的中共党员蓝维仁邀集了同学蓝维龙、蓝树荣、蓝晓垣等人，在庐丰的七里厅创办了一个平民学校，蓝庭辉便在该校学习。当时在校学生十分活跃，他们在党组织的领导下，组织起来排演节目，走出校门演唱，先后演出了“赌钱嫁妻”“鸦片之害”等剧。在热闹的圩场演出时，还演唱了反封建的歌谣：如“六月割禾真辛苦，点点汗珠滴下土，哎哟哟！点点汗珠滴下土。……”“豪绅收租真太过，把我的谷种抢走了，哎哟哟！把我的谷种抢走了。……”这些歌谣控诉了地主豪绅、反动官僚黑暗统治的罪恶，唤起了受压迫、受剥削的贫苦农民的觉醒。这所新型的平民学校的开办，使一大批无钱读书的贫苦农民子弟有了读书的机会，因而深得劳苦大众的赞扬，也引起了反动势力的仇视，叫嚷要毁掉平民学校。可是平民学校依靠广大劳苦群众的支持，在斗争中不断发展壮大，到 1928 年时学校已发展成了 300 多名学生的新型学校。除了创办平民学校外，在庐丰蓝庭辉的家乡还成立了中共上杭临时县委，党组织的地下活动也继续开展着。就在 1928 年这一革命处于最低潮，也是革命斗争最艰苦、曲折的时期，年仅 15 岁的蓝庭辉却义无反顾、毅然地参加了革命。

1929 年，毛泽东、朱德率领红四军从井冈山下山，辗转作战来到闽西上杭后，蓝庭辉便参加了中国工农红军，成为一名光荣的红军战士。同年加入了中国共产主义青年团。由于作战勇敢，1930 年便加入了中国共产党，在人民军队这一革命熔炉里，蓝庭辉经千锤百炼、茁壮成长，由普通士兵成为人民军队的指挥员。历任红四军第一纵队第二支队补充大队长，红十二军第一〇五团特务连连长，红十二军第三十五师特务营连政委，红一军团第一师第一团营部文书、团部文书、书记、技术书记等职。参加了中央苏区第四、五次反“围剿”作战。蓝庭辉工作中注重新战士的培养训练，有时以竞赛方式，激发新战士的训练热情。1934 年冬，主力红军撤离中央苏区，蓝庭辉与部众一起告别了父老乡亲，踏上了举世闻名的二万五千里漫漫长征路。

在艰苦漫长的长征路上，蓝庭辉身先士卒，参加了夺取遵义城和强渡乌江等有名的战斗。通过彝族地区时，蓝庭辉等政工人员，加强中国共产党的民族政策和红军纪律的宣传教育，要求指战员，以模范的言行树立红军在彝民中的良好形象。到达陕北后，又马不停蹄、人不下鞍地参加了东征、西征和山城堡战斗。

抗日战争时期，1937 年蓝庭辉任八路军一一五师三四三旅六八五团连政治指导员。在平型关战役中，六八五团埋伏点是在老爷庙一带，六八六团在白崖台一带，六八七团在小寨村一带。为准时赶到伏击地点，蓝庭辉率领连队冒着暴雨急行军，当时大雨如注，狂风不止，加上天黑路滑，行动十分困难。全连上下衣服被淋得透湿不说，几乎都成了“泥人”。深秋，山区的夜晚已是很冷，指战员一个个冻得直打哆嗦。走不多远又恰遇山洪暴发，湍急咆哮，挡住了部队前进的道路，急于涉水的战士有些被洪水冲走。蓝庭辉指挥战士们把枪和子弹挂在脖子上，手拉着手结成一条坚固锁链，山洪寒冷透骨，冻得干部战士两腿麻木。到了伏击点，敌人尚未出现，冷风飕飕，又不许生火取暖，战士们只有咬牙忍受，让沸腾的热血来烤干湿淋淋的衣服。9 月 25 日清晨，日军板垣师团第二十一旅团第二十一联队乘坐百余辆汽车，钻进了一一五师的口袋阵。随着三发信号弹腾空而起，嘹亮的军号声响了起来，六八五团率先开火，机枪、手榴弹、迫击炮响成一片，日军最前面的几辆汽车中弹起火，后面的车辆互相撞击，乱成一片。日军纷纷跳下汽车抵抗。奉林彪师长命令，杨得志指挥所部以冲锋的速度抢占公路对面老爷庙制高点。老爷庙位于乔沟的东北侧，敌我双方在这里展开了殊死较量。八路军向谷底之日军发起猛烈攻击，而从短暂的惊恐中平静过来的日军开始组织冲锋，与八路军争夺公路两侧的制高点。日军欲借助强大火力的掩护，妄图从六八五团二连的阵地上撕开一个口子。为堵住日军，蓝庭辉和将士们如下山猛虎，跃出掩体，冲入敌群，与擅长拼刺刀及单兵作战的日军展开了惊心动魄的白刃格斗。全连官兵抱着有敌无我的必死决心，与敌血战，搅成一团。打到最后，全连只剩30多位同志，仍然顽强地与敌人拼杀，以一当十，没有子弹了就用刺刀，刺刀断了就用枪托，枪托折了就和敌人抱成一团扭打，哪怕只有几秒钟的空隙，他们也能飞速地拣起石块将鬼子的脑壳砸碎。八路军、指战员以革命英雄主义压倒了日军的嚣张气焰，取得了平型关战役的首捷。

1938年，八路军一一五师主力挺进山东。12月，蓝庭辉任苏鲁豫支队教导队政治教导员，后改任第三大队第三营政治教导员。在南下拓展抗日根据地的岁月里，参加了一系列战斗，坚决贯彻罗荣桓提出的“六字”（插、争、挤、打、统、反）方针，率部抗日反顽，屡屡取胜。在作战间隙，抓紧政治思想教育，使部队官兵与当地百姓建立起鱼水深情。1940年10月，蓝庭辉任八路军一一五师教导第五旅政治部组织科科长，后转任司令部作战科科长。12月，教导五旅奉命南下，增援华中。1941年1月，八路军一一五师教导五旅改编为新四军独立旅。蓝庭辉先后参与拟定陈道口、甲子山等反顽战斗的作战计划，均以胜利歼敌告终。1943年进延安中央党校第二部学习。

解放战争爆发后，蓝庭辉奉命奔赴东北，任嫩江军区参谋长。1946年4月，参加解放齐齐哈尔战斗。随后被任命为齐齐哈尔城防司令。根据当时嫩江地区的严重匪患，赴任后，采取追剿、堵剿、驻剿三结合办法，对土匪穷追猛打。蓝庭辉等指挥的嫩江地区剿匪部队，自1946年9月至1947年3月，共进行剿匪战斗524次，收复城市10座，消灭土匪1.5万余人。在剿匪同时，大力肃清暗藏在齐齐哈尔城内的日伪汉奸、特务及潜入齐齐哈尔策划破坏、暴乱的国民党特务，稳定了齐齐哈尔的局面。1946年6月，蓝庭辉调任东北民主联军三纵九师副师长、副政委。在“四保临江”作战中，英勇善战，铸就了虎将的威名。随后率部参加山城镇、威远堡战斗。10月，调任独立第三师代政委，率部参加辽沈战役。在广西战役中，任第四野战军南下工作团总务部政委。他出色的“总务”工作，为广西战役的胜利作出了独特贡献。

中华人民共和国成立后，1949年10月，蓝庭辉调任中国人民解放军第二十一兵团五十二军二一四师政委。1952 年，参加抗美援朝战争，任中国人民志愿军铁道工程兵第九师政委。蓝庭辉充分发挥广大官兵的智慧，轮工作业，昼夜抢修，随炸随修，与美军的狂轰滥炸“过招”，在后勤战线一展雄风，立下功勋。从朝鲜战场回国后，蓝庭辉历任中国人民解放军铁道工程第七师师长、中国人民解放军铁道兵师长、副军长、副参谋长、副司令员。曾当选为第四、五届全国人民代表大会代表，中国人民政治协商会议第六届全国委员会委员。1955 年蓝庭辉被授予中国人民解放军大校军衔，1961 年晋升为少将，荣获三级八一勋章、二级独立自由勋章、二级解放勋章。

蓝春林

蓝春林（1910—1930），1910 年出生于福建省上杭县官庄乡树人村。1929 年红四军挺进闽西，闽西党组织抓住有利时机，开展农民武装暴动，武装暴动的枪声响彻闽西大地。官庄乡人民在红四军的策应下，回龙、官庄同时举行暴动，成立苏维埃政权，建立党的基层组织。蓝春林由于积极参加地方暴动，被党组织吸收加入中国共产党。9 月下旬中共上杭县委机关迁入上杭县城，10 月上杭县第一次工农兵代表大会在县城胜利召开，正式成立上杭县苏维埃政府，选举县苏主席，并通过了土地问题、文化建设问题等 24 项提案。广大农村出现了分田分地真忙的新景象，革命红旗飘扬在闽西大地的上空。

1930 年初，正值闽西革命蓬勃发展时，国民党反动派发动了第一次“围剿”，对闽西红色区域进行封锁、破坏，给人民群众的生活带来严重困难。为粉碎敌人“围剿”，保卫土地革命的果实，上级号召翻身青年农民参加工农红军。蓝春林积极响应党的号召，参加红军。5 月，闽西红军成立红九军，后又改为中国工农红军第十二军，蓝春林担任红十二军的连指导员。此时，上杭县城仍被军阀卢新铭部和大量民团盘踞，威胁着闽西革命根据地。为了巩固苏区政权，彻底消灭反动派，闽西特委命令红十二军攻打上杭。攻城任务是繁重的，上杭县城三面临水，汀江成半月形，绕城由东北向东南奔流而去，只有西面靠着起伏不平的陆地。敌人在城西防守严密，蓝春林带领战士强渡水西渡，接应部队东渡汀江，使东渡部队迅速打进城中，进攻街心向前发展。不料情况发生变化，当我部队向纵深发展时，敌人倾巢反扑，由于地形和火力对我军非常不利，背靠汀江，又仅有五六条木船，时间紧迫，局势严重，稍一不慎，便有全军覆灭的危险。面对这恶劣的情况，上级决定分小部队断后，打击敌人的反扑，组织大部队撤离，使这次战斗转危为安。5 月间，红十二军又组织一次在水西渡一带攻打上杭城仍未取胜。6 月间，红四军在长汀城召开前委会议，部署部队整编和今后的任务。7 月间，上杭县苏又在白砂召开执委会议，决定集中力量攻打上杭城，因而红十二军再一次采用强攻硬打的战术攻打上杭城，入城后遭敌钟绍奎匪部伏击，在持续的巷战中，我方伤亡严重，上级命令迅速向九州方向撤退。当我部队大部撤离时，在水西渡又发生一场恶战，蓝春林在与敌激战，掩护部队边打边撤时，不幸壮烈牺牲。

蓝春林，对党对革命事业是无私的，在危急关头，英勇顽强，身先士卒，为上杭人民的革命事业贡献出了他年轻的生命。

李 挺

李挺（1910—1990），原名雷贵鹏。他的家乡是兴国畲乡崇贤贺堂，这里苍山如海，峰峦叠嶂，赶最近的圩镇都得爬几十里山路。畲族祖先在开荒垦地、生息繁衍中铸就的吃苦耐劳、不甘屈辱、百折不挠的抗争性格，在李挺身上得到了充分的显露。

李挺居长，大弟贵鹊、二弟贵鹤、三弟贵莺都当红军战死于沙场。李挺的人生经历，风云变幻，离奇曲折，充满着传奇色彩。他参加过大革命、土地革命的初期斗争；当过工会干部、农民暴动的领导者、红七纵队指战员。后来，迫于形势逆转奔赴白区，在南京、上海、武汉从事地下工作，历任党的区行动委员会书记、白区兵运工作委员会书记等职。李挺数次被捕入狱，九死一生，历经磨难，但信念坚定，意志坚强，斗争坚决，不愧是一个优秀的共产党员。

闹革命 祖父头上先“开刀”

1926 年北伐军入赣，大革命轰轰烈烈。其时才 16 岁的李挺在兴国平川中学就读，受姑父、江西党团组织创始人之一袁玉冰的影响，毅然投身革命的洪流之中，参加了工会组织和兴国总工会的宣传工作。

不料，1927 年夏，宁汉合流，蒋汪携手镇压革命，大革命夭折了，清党军“进剿”兴国。一天，校长找到李挺，脸露难色地说：“贵鹏，风声很紧，你赶快跑吧！”李挺心头一惊，这才意识到革命不是那么简单，被反动派捉住了是要杀头的。

第二天天不亮，李挺回家了。非节非假，挑着铺盖回去，家人甚觉奇怪，左右盘问他究竟发生了什么事情？李挺谎称是被学校开除了，也不解释原因。“开除，有甚要紧？大不了换一所学校读书。”“即使回家种地又有什么不体面的？”父母如此袒护、安慰他。唯其祖父是秀才塾师，一听就明白了事情的七八成，大发脾气，大骂李挺是个不成器的东西！

对于家人的责备，李挺可以不理不睬。但与组织失去了联系，却叫他愁肠百结。

一天，忽然听说谢云龙回大龙来了，李挺喜出望外。谢云龙是中共兴国县第一个支部成员、县总工会委员长，毕业于吉安省立第七师范，年长于李挺，李挺一直视其为良师益友。

李挺一口气跑了 10 多里山路去见谢云龙，患难之交，两人开怀畅叙。此后，李挺在村里做了一名乡村小学替补教师。白天上课，晚上开会，日子一长，祖父生疑："你在外头干了些什么事情?"李挺支支吾吾，守口如瓶。道不同不相为谋，祖孙俩从此关系搞僵了。

不久，清党军配合靖卫团下乡捉人、抄家，闹得山村鸡飞狗跳，不得安宁。有些人吓倒了，一听到"革命"，就像害怕毒蛇猛兽似的远远躲避。李挺感到从未有过的迷茫和失落。

中共赣西特委负责人来信指示他和谢云龙等人："在乡村，我们的依靠对象主要是农民。当前中心任务是发动农民，组建农会。"于是，李挺走村串户动员农民参加农民协会。但是，大家都对他敬而远之。

一天晚上，李挺正站在台上讲话。屋角里坐着的一个农民忽然站起身子发问："贵鹏先生，我有一句话不知当问不当问?"

"请问吧。"

"天天说要打倒土豪劣绅，可你的祖父是一个什么人呢?"台下顿时肃静，连一根绣花针落地都能听见响声。

李挺的祖父雷晓耕（雷德葱），是个乡村知名士绅，有田有山有房屋，有土地出租，又请长工头，剥削雇农；还经常替别人写讼状，人称"刀笔手"。

李挺望着众人的目光，明白了大家对他敬而远之的原因，便大声响亮地说："是个劣绅。"

"那我们对他又该怎么样呢?"

"那能有什么两样?照样在打倒之列。"

"那么等一会儿散会，我们首先就去抄你的家，可以吗?"

"我带路。"李挺肯定地回答说。

此言一出，满堂哗然。人们又是鼓掌，又是叫好。"嘿呀，闹革命先从自家革起，打土豪先从祖父头上开刀。这才叫真革命哩!”人们议论着。“来，我入会。”“好，我也报名参加。”“我是来重新登记的。”老会员这时也不再隐瞒身份而敢公开亮相了。农会很快就建起来了。

散会后，他果真带领农民协会会员到自己家里，要他祖父拿出钥匙，打开仓库门，让农民挑谷回去。其祖父气得青筋暴跳，瞪着眼睛，吹着胡子，骂李挺是败家精、败家鬼！而李挺“大义灭亲、义无反顾”的故事也在山村中不胫而走，广为流传。从此，人们见着他不再叫他“贵鹏先生”了，而直呼其名“贵鹏”，显得格外亲近。

后来，李挺将这段往事写成革命回忆录《密林星火》，最早刊载于由中国人民解放军总政治部编辑出版的《星火燎原》丛书第一辑中，后被上海出版社改编成连环画。在20世纪50年代末，李挺的名字伴随其少年革命的故事，在读者中产生了强烈的反响。

搞暴动　打响兴国第一枪

1928年5月10日，崇贤发生了武装暴动，意义非同小可。因为它是共产党在兴国县领导的第一次农村暴动，而李挺就是其中的组织者、领导者。

说暴动，真不容易。手无寸铁的农民要去对付荷枪实弹的地主武装——靖卫团，这无异于以卵击石。为保障暴动成功，李挺以崇贤暴动领导人的身份，急速前往东固搬援兵。他爬山越岭，走十几里夜路，赶到张家背迎接赣西的红七纵队，带他们抄小路赶到崇贤。

崇贤靖卫团驻扎在人口稠密的圩镇。为避免误伤群众和不必要的代价，暴动队伍决定采用智取。当天夜里，李挺派团丁杨祝三（共产党员）去叫靖卫团团长曾文绚，假说团里有急事，另派两位红军战士埋伏在半路上，等着生擒曾文绚。同时，部队悄悄包围了靖卫团团部。杨祝三故意惊慌失措地喊：“不得了啦！快、快、快，曾团长！曾团长！团部出事了。”曾文绚信以为真，披着衣服就往团部跑。跑到半路，“砰”的一声，曾文绚毙命。曾文绚一死，靖卫团跑的跑，降的降，土崩瓦解。就这样，不费吹灰之力把靖卫团连根拔掉了，还缴获了30余支枪。

处决曾文绚后，部队折回头，又赶到大地主邹瑞怀家，把他的粮食、茶油、绫罗绸缎、单夹皮袄、银元铜钱全都分给了贫苦农民。

是金子　搁哪里都闪光

崇贤暴动，震惊当局。国民党派清乡团、靖卫团“进剿”崇贤。李挺和几个同志出走他乡，路过富田时却被吉安五市联防团逮捕了，指控他们是东固派来的共产党，声言要“全部过斩”。李挺对他们说：“我们是外出读书的，杀就慢点杀。你和我们都同时去信请示罗团总，他说杀，再杀也不会迟。”团丁看见李挺镇定自若，害怕他们真的和罗团总沾亲带故，杀错了谁也担不起责任，只得答应，暂时收押。果然罗炳辉回信说：“他们都是学生，统统释放，执行命令，不得违抗！”到了1929年11月五市联防团团总罗炳辉率部起义，投奔苏区，人们这才恍然大悟其中的奥秘。

经过这一险，大家商议还是分散行动安全，遂决定各奔东西，自寻出路。这时中共赣西特委通知李挺去白区开展工作。于是，李挺经九江坐轮船去了南京，先投靠亲戚欧阳豪家，想谋份事做。但是，旧中国经济萧条，民生凋敝，谋职就业谈何容易？盘缠花光，借贷无路，穷愁潦倒的李挺在百般无奈之下，看到招考警察训练班学员的通告，决定前去一试，果被录取。结业后，他当上了一名交通警察，改名雷惊天。

在南京，李挺千方百计地寻找党组织。苍天不负有心人，他终于找到了在警察所里的两个中共地下党员，名字叫廖荣霞、王端。李挺和他们由相识、相知到互相信任。廖、王二人向地下党组织汇报了李挺的情况，并转递了赣西特委开具给李挺的党员介绍信。经过审查，李挺被批准恢复组织关系。

可是，没过多久，警察所的地下党组织被破获，李挺被捕。幸李挺无口供，无法结案被释放。李挺事后才明白，是廖荣霞在暗中保护他。廖也被捕，宁可自己一人承担，不肯连累同志，便一口咬定李挺是“凑数”的“假党员”，因为自己要工作成绩，才故意把“雷惊天”的名字开列。

李挺释放后，组织上认为李挺经过风雨，见过世面，有胆有识，不愧是苏区来的老党员，便任命他为南京市东区行动委员会书记。而李挺公开身份则是南京三十四标通讯营士兵班长。经组织研究，决定在1930年7月13日夜，由李挺指挥暴动。结果因走漏风声，敌人加强防范和追查，组织上及时通知李挺疏散转移，前往上海。

在上海火车站票房里，李挺和王端取得了联系，组织安排李挺在上海卫戍司令部闸北营房当列兵，实际上他是上海闸北兵运工作委员会书记。不久，党组织又派李挺到武汉，担任汉口区兵运工作委员会副书记。因当时贺龙领导的洪湖根据地正缺炮兵人才和技术力量，李挺便请求去武汉要塞司令部炮兵团当兵，一则可以争取一些士兵，二则可以学到一些技术日后使用。在炮兵团两个多月，工作开展得很顺利。后不幸因叛徒出卖，李挺再次被捕入狱。

显然，这次被捕可没有前两次幸运。因为共产党员的身份已经被敌人掌握，还有已经出卖灵魂的叛徒出庭作证，李挺无法辩解、否认。但是李挺做好了牺牲的一切准备，绝不供认组织的秘密，绝不出卖同志、战友。敌人对他软硬兼施，严刑拷打，灌辣椒水、打地雷公，坐老虎凳（电刑）等，李挺只承认自己是共产党员身份，丝毫不供认别的情况。敌人感到李挺的案子毫无进展，本想杀了他，但还想等他供出地下党的机密，就把李挺判无期徒刑打入监牢。

李挺坐牢六年，先后关押在汉口陆军监狱、武昌“模范”监狱、徐州军人监狱和苏州军人监狱。直到 1937 年 8 月，第二次国共合作期间，在党中央的关怀和积极营救下，李挺第一批被释放出狱。他重新回到党的怀抱，奔赴延安参加了八路军，后又斗志昂扬地参加了抗日战争、解放战争和抗美援朝战争。直至 1958 年 10 月转业地方工作，李挺被任命为北京中医研究院党委副书记、副院长、纪委书记、副部级顾问等。

雷永通

雷永通（1918—1969），江西省赣州市兴国县均村乡均村村大岭下人。出生于贫苦农家。幼时入私塾读书两年，因家贫失学，在均村圩商店当学徒。他个子矮小，但聪明伶俐。1930 年冬，他参加儿童团，当上了团长。他领导团员禁赌、禁鸦片烟、破除迷信，样样工作都干得很出色。

一次，他率领儿童团去搜查一家大地主埋藏的金银，那家地主婆子死也不承认自己埋藏了金银，呼天抢地地发誓赌咒，装得很受委屈的样子。但她那狡黠的眼神却无法骗过雷永通，他叫大家用脸盆和水桶从河里取了水来，就往这家地主住宅一间一间泼水。结果发现厅堂神台下地面的水渗透得很快，于是他叫大伙搬开神台，指着那个位置说："地主的钱就埋在这下面。"大家半信半疑拿来锄头掘地三尺，果然发现了满罐白花花的银元。这时，地主婆瘫在地上再也不吭声了。有人问他是否有神机妙算，一下就看准了那里埋了银元。他笑嘻嘻地说："道理很简单，埋了银元的土很稀松，水一泼下去就露馅了。"

又有一回，他布置几个儿童团员去捉拿住在街上大卫庙后面的一个鸦片烟鬼，交代一定要把烟土和烟器缴来。可是那个烟鬼事先把这些东西都藏起来了，结果扑了空。雷永通告诉大家不要再去惊动他了。隔了一段时期，他从那烟鬼门口经过，用手按着肚子，哎哟哎哟地叫，那烟鬼正好坐在门边。雷永通认识他，他却不认识雷永通，因雷永通不是街上人，是个"乡巴佬"。雷永通上前说："你有没有什么药救我一下，不然我就会痛死了。"那烟鬼看他十分痛苦的样子，便说："我给你一点烟土治痛，但你不要告诉任何人，要不痛死你我也不管。""好吧，你先救我一下。"就在那个烟鬼去柴间里取烟土时，早已埋伏在屋外的几个儿童团员一拥而上，人赃俱在，当场就拿住了贩卖鸦片的老烟鬼，缴了他的烟土和烟枪。雷永通因此得了一个雅号，大伙称他为"解缙矮子"。

1932 年 5 月，在扩红运动中，14 岁的雷永通带领 29 名儿童团员参加红军，在部队里刻苦学习文化，积极做宣传工作。因为他人小机灵，工作主动积极，很得首长喜爱，参军不到一年，便调到中央通讯学校学无线电通讯技术，学习结束后，他被分到军委二局，负责情报的侦查和接收，随后他一直跟随在毛泽东、周恩来、朱德等红军领袖身边，时间长达 12 年之久。1935 年时，由于国民党飞机的狂轰滥炸，雷永通不幸负伤，当时我军医疗条件差，医生在给他缝针的过程中，他疼得哇哇乱叫，时任二局局长的曾希圣，要人找东西做个担架抬着他。毛泽东看到雷永通这个红小鬼可怜的样子，心里十分不忍，就说要把自己的担架让给他，要他坐。雷永通非常感动，但是他摇着头说不用主席的担架。毛主席刻意地板着脸说："腿伤养好之前，你就用这个担架，这是命令！"雷永通感动流泪，之后，他躺在主席的担架上，走过了雪山，后来他的腿伤有了好转，能骑牲口了，这才将担架还给主席。过草地时，因为伤势，周恩来便把自己的马让给他骑。雷永通的矮在红军中可谓出了名，上至毛泽东、朱德，下至一般战士，凡认识他的，都亲昵地叫他"兴国矮子"。这个称呼给大家留下深刻的印象，日理万机的毛泽东也一直没有忘记他这个雅号。

1963 年夏天，一次军队工作会议上，毛泽东到会讲话。休息时，几位战争年代长期在毛泽东身边工作过的当年的"红小鬼"都簇拥到毛主席身边，纷纷向毛主席致敬问候，畅谈离情别绪。看到当年的"红小鬼"，一个个都成为人民军队的高级将领，毛泽东不胜欣慰，亲切地和他们打招呼，一个个地叫他们的名字，询问他们的工作近况。忽然，毛泽东像发现缺了什么似的，关切地问："咦，兴国矮子哪里去了？"在座的都知道毛主席问的这个"兴国矮子"，就是已经调到海军工作的人民海军创始人之一雷永通少将。

中华人民共和国成立初期，出生在山沟里、从小连竹筏子都没有见过的"旱鸭子"雷永通，做梦都没有想到自己会成为我党海军的第一代军人。

1949 年 10 月，毛泽东一纸急电，把正在衡宝战场上酣战的十二兵团司令员萧劲光叫到了北京紫禁城，委以组建人民海军的重任。组建海军首先是搭架子、建摊子。萧劲光慧眼识珠，首先找到副政委刘道生、组织部长雷永通商量，要求十二兵团组织部就组建海军领导机关，抽调三分之一的干部和五分之二的兵员，先提出个名单来。雷永通立即照办，将海军领导机关"司、政、供、卫"四个大部及下属作战、情报、机要、军训、军务、炮兵、通信、管理、动员、组织宣传、保卫、文化等各部处的领导干部和工作人员，根据首长和中央军委的意见初拟名单，大体配齐。

1950 年 4 月 14 日，经报告军委同意，海军领导机关成立大会在北京协和医院正式召开。雷永通被任命为海军政治部组织部部长。

常言道，万事开头难。当时海军主要由三部分人员组成：一是从陆军转来的工农分子，二是起义投诚的原国民党海军人员，三是新入伍的知识分子和科学技术人员。他们各有千秋，都是海军建设的重要力量，如果关系处理不好，势必产生摩擦和矛盾，出现不团结现象。雷永通身为组织部长，责任重大，他在海军党委的领导下，为海军制定了一条正确的组织路线："在共产党的绝对领导之下，以工农为骨干，以解放军为基础，吸收大量的革命青年知识分子和科学技术人员，争取团结和改造原海军人员，建设人民的海军。"这条组织路线的提出和贯彻落实，对于人民海军初期的建设，也起了很大的作用。它像一条无形的红线，把人民海军建设的各种力量联结在一起，在各级党委的具体领导下，形成了一个统一的坚强的战斗集体。

雷 钦

雷钦（1915—2014），原名雷应声，1915年出生于福建省上杭县才溪乡上才溪村贫农家庭，父亲雷标三是个勤劳忠厚的庄稼汉，因生活贫寒，雷钦只上了两年私塾，幼年时期就跟随叔父外出当泥水匠。

1929年7月，红四军入闽解放了雷钦的家乡。14岁的雷钦闻讯高兴异常，从外地赶回，积极参加打土豪分田地的斗争，广大农民喜气洋洋，乡村到处呈现出“分田分地真忙”的动人景象，乡亲们公推雷标三为上才溪乡分田委员会主任。雷标三不负众望，怀着对党和苏维埃政府无比忠诚的激情，认真执行分田政策，秉公办事，积极肯干，深得民心，不久，当选为上才溪乡苏维埃政府主席，带领全乡2000多群众开展轰轰烈烈的土地革命，扩大红军，生产支前运动。在父亲的影响下，雷钦积极参加少先队活动，天天一早起床参加军事集训，站岗放哨，跟随赤卫军打击下王、官庄、同坑唐等地的反动民团。1930年夏加入了共产主义青年团，任乡团支部组织委员、少先队副支队长。

1931年夏，雷钦带领同村的6名少先队员一起到乡苏维埃政府报名，参加中国工农红军，分配在杭武赤卫团任战士，后杭武独立团在白砂正式改编为独立第七师，参加了攻打永定湖雷、坎市、永定县城、武平、上杭县城等战斗。1932年春，独立第七师编入红十二军，雷钦调一〇三团政治处任宣传员，7月，在广东水口战斗中负伤，伤愈后参加了建宁、泰宁、邵武、光泽、黎川等地的战斗。在第四次反“围剿”中，参加了攻打黄狮土、浒湾、宜黄、草台岗等战斗。后调新兵连任指导员，1933年夏调江西军区青年部任青年干事。不久任江西军区直属队党总支书记兼军事裁判所所长。

1933年冬，江西省第二次党代表大会、团代表大会、省苏维埃代表大会相继召开。雷钦被选为军区直属队的代表，出席了各次代表大会，并在江西省第二次苏维埃代表大会上当选为第二次全国苏维埃代表大会的代表。1934年1月，雷钦光荣地出席了在瑞金召开的第二次全国苏维埃代表大会。同年5月，由江西省军区调瑞金红军大学第三期学习，毕业后调总部警卫营任政委，10 月随主力红军长征。1935 年 1 月调总部侦察队任指导员。参加了打击敌川军，以及二攻遵义城、四渡赤水、南渡乌江的战斗，在南渡乌江战斗中负伤，随医院行军。

1935 年 9 月，张国焘在四川阿坝分裂红军后，雷钦随部南下，参加打天全、芦山、雅安等战斗。在严寒的冬天第三次翻越夹金山，继而又翻越党岭大雪山转战道孚、炉霍、甘孜等地。1936 年 11 月，雷钦参加西路军西征，调西征总指挥部调统科任科员，收集有关地方敌情资料，西征中参加了永昌、临泽、沙河堡、倪家营、黎园堡、石寓等多次恶战，历经数月孤军悲壮的转战，之后在天寒地冻的祁连山打游击，经艰难曲折回到红军总部。

1937 年 7 月，全面抗日战争爆发后，雷钦调延安抗日军政大学政治四队学习，翌年春调抗大二大队任干事、指导员。9 月调抗大四大队任指导员协理员；1939 年调三大队任政治处党务股长，后任抗大政治部组织部党务科长，1940 年夏任直属队政治处主任，一、二大队政治处主任，1943 年 3 月任三大队政委。在抗大工作期间，雷钦在 1938 年的全校工作大检查和三周年纪念会上受到表扬奖励，五周年纪念大会上获模范教育工作者奖状。1943 年 1 月，从太行山敌后，奉命率领抗大二大队二百余名学员，在几名交通员的带领下，经河北、山西中部到陕北，胜利地通过了敌人七道封锁线，行程两千多里，无一伤亡和损失，受到徐向前校长、李井泉政委的多次表扬。

1945 年春，雷钦调延安中央党校二、三部学习，1946 年春调任华北军区司令部通讯联络处政委，1948 年调军区补训一旅任政委，1949 年随部南下，解放南京后，调二野驻武汉办事处任主任，负责筹集转运物资支援二野进军西南。

全国解放后，雷钦调四川重庆组建总后军械部，任副政委，1951 年调公安二十一师任政治委员，1955 年接管苏军旅大防务时任六十四军一九〇师政治委员。1961 年调高等军事学院速成系学习。1962 年结业，后因病休息治疗，当选为辽宁省大连市政协副主席。1981 年离休。

雷钦 1955 年被授予中国人民解放军大校军衔，1961 年晋升为少将。荣获二级八一勋章，二级独立自由勋章，二级解放勋章。1988 年 7 月荣获中国人民解放军一级红星功勋荣誉章。

雷浩北

雷浩北（1914—1967），又名雷利声，1914年10月出生在福建省上杭县才溪乡溪北村的贫农家庭。父亲叫雷庆三，是个老实农民，生有四个儿子，以东南西北取名，即浩东、浩南、浩西、浩北。“父亲母亲惜满子，祖父祖母惜头孙”，祖父母的疼爱使浩北有幸得到读书的机会。那时，学校是为有钱有势的剥削阶级开设的，虽然穷孩子可以入学，但仍受歧视和凌辱。这使浩北幼小的心灵中产生了对旧社会的厌恶和反抗的情绪。后来，二兄浩南病故，父亲年老，大兄三兄又要结婚成家，浩北小学未毕业就辍学了。父兄们除租种地主的几十担田外，农闲时还以做豆腐、粉干为副业。浩北平日帮父亲做豆腐、卖豆腐。每逢才溪、旧县好天，也要帮助三兄担粉干到市场上去卖。浩北的大兄做泥水匠手艺，每逢秋收大忙过后，总是要领一帮穷朋友外出给人建造房子。浩北13岁开始就跟随大兄去学做泥匠。艰苦的生活，磨炼浩北坚强的意志。这时，共产党领导穷人翻身闹革命的消息到处传播，浩北在外学徒的日子里，时常耳闻这类穷人喜闻乐见的好事，因此更加激发了浩北参加革命的激情。

1929年7月，才溪乡农民在红四军的策应支持下举行武装暴动成功。这对15岁的浩北来说，真是一个大喜讯。此后，浩北参加了才溪打土豪分田地的斗争，加入了少先队组织。由于有一定文化基础，他负责从事宣传工作，工作中他积极肯干，斗争坚决。1930年他加入了中国共产主义青年团。

1931年2月，雷浩北在扩大红军运动中，主动报名参加了中国工农红军。1933年9月由共产主义青年团员转为中国共产党党员。参加红军后，历任司务长、副官、副官主任、团供给处长。参加了中央苏区第四、五次反“围剿”作战和二万五千里长征。雷浩北在长期的革命历程中身先士卒，勇敢善战。抗战期间，物资供应困难。在中央发动大生产日子里，他带领所属部队开展大生产非常出色，被授予“模范干部”光荣称号。

中华人民共和国成立后，雷浩北从部队奉命调任中国民用航空局商务处长。任职期间，他重视知识，重视技术，大胆任用和帮助知识分子，发挥知识分子的专长，对中国革命和建设发挥了重要作用。1953 年雷浩北率中国民航代表团赴越南考察，并留越讲学，1954 年回国。1955 年荣获三级八一勋章、三级独立自由勋章、二级解放勋章。

雷浩北在长期的戎马生涯中，历尽艰辛，积劳成疾，1967 年 3 月 29 日，经医治无效病故于北京，终年 54 岁。1977 年被追认为革命烈士。

雷桂林

雷桂林（1906—1935），1906年出生于福建省上杭县溪口乡大洋坝村一个农民家庭，1929年4月18日，大洋坝村农民举行武装暴动，打土豪、分田地建立苏维埃政权，雷桂林积极参加地方农会工作。1931年初雷桂林参加红军，同年加入中国共产党。

1931年10月间，红军解放了连城，成立了汀连赤卫队、县警备团、游击司令部等武装机构，雷桂林奉命调到汀连县游击司令部任司令员。他在任职期间，兢兢业业努力工作，深入发动群众，为开辟汀连县革命根据地，壮大武装力量，保卫县苏机关做出了显著成绩。1933年10月调任代英县苏军事部长。

1934年6月，国民党军对苏区残酷“围剿”，上杭县的旧县等地相继沦陷，新泉县（原汀连县分出）只剩下池溪、南岭、南阳等狭小地区。8月，为加强力量，统一领导，以挫败敌人的进攻，便将上杭与新泉合并为新杭县，成立中共新杭县委和新杭县苏维埃政府，雷桂林任军事部长兼游击司令。10月，第五次反“围剿”失利，主力红军开始长征。此时，全县苏区已大部分沦陷，雷桂林率领游击队转战在通贤障云岭的燕子塔、汉溪里、叶坪山和南阳的竻竹园、寨子角、茶树下等地，开展游击战争。

新杭县的游击战争是在十分困难的情况下进行的。当时，国民党军八十三师入侵才溪通贤一带，南阳的南岭还有一股团匪百余人，涂坊有团匪三百余人，加上还有钟绍葵分散在各地的小民团。敌人对新杭游击队活动的障云岭一带山区，疯狂围攻，企图一举消灭新杭游击队。在斗争环境极端险恶的形势下，雷桂林坚定不移地身先士卒，顽强战斗。他率领新杭县游击队，采取据险截敌，打蛇尾和突击小股敌人等方式，神出鬼没地打击敌人。曾两次指挥游击队黑夜偷袭通贤东里曹屋国民党军八十三师的“土城”，使八十三师一个连的敌人胆战心惊，一到夜里就不敢出来。11月，雷桂林又率领新杭游击队挺进新泉，消灭池溪民团30人，缴枪20多支。旧历年除夕之夜，又转战扁山，消灭扁山民团10多人，缴枪8支。同时，还配合县政治保卫局的一个排捕杀了通贤的叛徒张梅兰、黄荣芳、阙人时和前来喊话的黄鸣基、阙玉姑等人。这些斗争，给敌人以沉重的打击，亦鼓舞了游击队战士和群众的斗争意志。

1935 年 1 月，长汀县部分工作人员和游击队转移到燕子塔与新杭县汇合。为了更好地领导新泉、长汀、上杭三县边界地区的斗争，决定成立中共新汀杭县委和县苏，雷桂林任新汀杭县游击司令部司令。这时他曾一度带领部队在长汀县的罗坊、涂坊、溪源尾、透口等地活动。1935 年 2 月，国民党十八师纠集周围所有的团匪和地方民团，开始向新汀杭游击队进行全力“清剿”。在敌我力量、装备悬殊的情况下，加之游击队粮食、弹药奇缺，新汀杭县委决定：为了保存有生力量，更好地粉碎敌人的进攻，游击队和政工人员暂时向长汀境内转移。2 月上旬，部队在长汀水尾坑夜行军时，被敌包围，独立营及冲锋队与敌激战一天，雷桂林带领游击队战士趁夜冲出包围，到岩下山与代英县部队会合。2 月底，部队又转战长汀县水口，在羊角溪袭击钟绍葵匪部，缴获食盐数十担，但次日遭敌包围，因敌众我寡，在激战中雷桂林不幸负伤被俘，被押至上杭城，英勇就义，时年仅 30 岁。

钟效培

钟效培（1914—1942），又名爱华，1914 年 6 月出生于江西省兴国县埠头乡龙沙村的一个贫农家庭。在那暗无天日的旧社会，他全家老少早起晚歇，终年劳累，照样愁吃愁穿，度日艰难。在他那个村子里，钟姓人单势弱。族中子弟都没有读过书，所以时常受到豪绅地主的欺压。为了摆脱这种处境，族中长者众议资助钟效培去读书。穷人的孩子懂事早，钟效培勤奋好学，取得了优异的成绩，也受到了老师的喜爱，学校破例允许他免交学费。

1929 年钟效培小学毕业，此时，兴国已建立了革命委员会，农村也普遍建立了农协组织。15 岁的钟效培开始了革命工作，参加了当地党组织领导的革命活动，加入了秘密农会和少先队。他利用讲课的机会，宣传革命道理，带领青少年站岗放哨，打土豪、分田地，投入了轰轰烈烈的土地革命斗争。

1930 年春，兴国县苏维埃政府成立了。全县 11 个区、64 个乡都普遍建立了区、乡红色政权，到处呈现一片“分田分地真忙”的景象。钟效培在革命洪流中得到了锻炼，光荣地加入了共青团，并相继担任了都田乡、龙砂乡少共书记，龙砂区游击队政治指导员等职，还先后担任了龙砂、杰村、均村三个区的常委和团区委书记等职。在龙砂游击队时，钟效培经常带领队伍扰敌阻敌。一次，有十几个敌人到龙溪元田村抢粮抢物，钟效培即带领游击队和农民近百人分三路包围了进入元田村的敌人。敌人见我方人多势众，吓得狼狈逃窜，两名来不及逃命的躲到了老百姓的床铺底下，钟效培带领游击队员冲入屋内，活捉了敌人，并缴获了两支手枪。

钟效培 1931 年 5 月加入了中国共产党。不久，调任兴国县团县委书记，在中共兴国县委的领导下，动员与组织全县青少年积极参军参战，参加反“围剿”斗争。1932 年 10 月调团省委任宣传和组织部长。1933 年 8 月调新成立的杨殷县任团县委书记，9 月入中央党校第 29 班接受党的短期教育，10 月出席江西省第二次党代表大会，而后又回团省委工作。这期间，他经常深入基层检查与指导工作，及时总结先进典型，批评错误现象，及时向青年报刊写稿，对指导与推动江西省的青运工作起了积极的作用。

1933年8月，兴国县总结了红五月动员模范师一致加入红军的工作经验，继续动员赤卫队加入红军。8月24日全县集中新战士749名加入红军，钟效培即以《兴国八月扩大红军的成绩》为题，在《青年实话》第三十一号给予报道。

兴国县第三次团代表大会上动员扩大红军后，“九月份扩大红军的数目达到了五百四十二名，超过了团代会的计划”。钟效培即在《青年实话》三卷一号中以《兴国扩大红军的成绩是这样得来的》为题，介绍了兴国团代会以后取得的七项成功的动员经验，并配以副标题——《兴国始终是模范——我们大家要学习》。

“兴国崇贤区一九三三年继红五月动员模范师加入红军后于六、七两月动员了三连模范赤少队加入少共国际师和工人师，八月份又动员了全连的模范赤少队加入红军，现在又继续动员了第六次新的模范赤少队加入红军”。钟效培又抓住这一典型以《崇贤区扩大红军始终不落后》为题在《青年实话》第三十一号广为宣传。

除此，他还在《青年实话》二卷二十二号“少共国际师专号”发表了《动员少共国际师的情形及其经验》，在《青年实话》三卷四号发表了《什么最光荣？当红军最光荣》等宣传扩红的文章，还总结报道了先进个人典型。他经常在团刊上及时宣扬报道先进的县、区、乡、个人等方面的先进事例，用先进典型的精神力量，去推动整个苏区的青年工作，取得了可喜的成绩。但他同时也不放过每一缺点错误，有一次，他由省委启程到太雷县委检查工作，途中花了两天半时间，足足步行了两百里路，但都没有遇到检查步哨，从这里他立即想到这是何等严重的问题。他立即在《青年实话》第三卷第三号发表《赤色戒严工作问题》一文，向群众宣传赤色戒严工作的重要性，文中说：“首先我要批评博生、石城、太雷的团，对赤色戒严工作的忽视是不对的，应该迅速纠正过来”，“动员全团广大劳苦青年群众用极大力量在各要道普遍的建立和加紧严密的赤色戒严、检查步哨的工作，最紧要实行武装检查，不让一个反革命混入苏区来，肃清一切反革命派别，巩固苏区配合前方胜利的斗争”。

1934年4月，共青团省委书记张积之调中央工作，组织上决定由年仅20岁的钟效培担任团省委书记。他工作认真负责，富有青年人朝气蓬勃的旺盛革命精神，任少共省委书记以后，更加以身作则，严格要求自己，为人表率。在生活上仍然保持艰苦朴素的作风，从不搞特殊化，经常带领团省委干部开荒、种蔬菜、种南瓜，节衣缩食，支援战争。他经常说：“革命是要吃苦的，不能图舒舒服服……”他参加工作，还是穿家中带去的破棉袄，从不计较个人得失。他常说，同志间要“有福共享，有难同当”，那时团省委虽有一匹马，但他下乡从未骑过。有一次，他爱人想骑马回兴国，他就耐心劝导她：“我的老婆回家要骑马，别人回家怎么办呢？我当书记的不能带这个头。”他爱人当时不理解，认为这是小题大做，后来仔细一想认识到自己的不对，如果妻子都不支持丈夫的工作，那他工作起来该有多大的困难呀！从此以后，妻子更加严格要求自己，全力支持丈夫的工作，夫妻在革命事业中更加团结战斗。团省委的同志也处处以他为榜样，一心一意地为全省的青年工作贡献自己的一切。

1934 年 10 月，红军主力长征后，钟效培和曾山等同志一起，率江西军区第二、四团留在永（丰）吉（安）地区坚持游击战争。

1935 年 5 月，敌人以 9 个师的兵力向我永、吉根据地进行“围剿”，因敌强我弱，众寡悬殊，钟效培同志在永丰县南源村被俘，时用假名郭思文。被俘以后押回兴国，遭受敌人严刑拷打，仍坚贞不屈，被判处徒刑三年。

1939 年春，钟效培到达延安，在青联办事处做青年工作。1941 年 1 月，中央青委派钟效培等同志前往山东，以加强山东的青年工作。当时正是百团大战之后，行路艰难，经常遭到日伪军的袭击。同时，由于沿途解放区比较闭塞，每到一处钟效培都作报告，宣传党的方针、政策。他们离开延安时就用一匹马和一匹毛驴带去了当时新华书店出版的一批马列主义书籍，沿途散发。就这样边打边走边宣传，于 1941 年 8 月才到达山东。山东分局为加强青年工作的领导，决定由朱瑞、黎玉、肖华、钟效培、陈放、苏展组成青委，钟效培为书记。并决定召开省青联执委扩大会，创办青年干校和《中国青年》特版。

1942 年 8 月，日寇扫荡刚过，钟效培等就开始在鲁中筹办“毛泽东青年干部学校山东分校”，以培养青年干部。参加学习的有胶东、鲁南、鲁中、滨海、渤海等区的学员 200 多人，为了办好学校，钟效培积极争取山东分局领导的支持，经常请山东分局书记朱瑞同志给学员作报告，还趁刘少奇同志到山东检查工作之机，请刘少奇同志给学员作党的历史报告，并请一一五师政治部主任萧华同志兼任学校校长，自任副校长。学生学政治、学文化、学青年工作业务，也学军事技术，“毛泽东青年干校山东分校”为开展山东青年运动，推动抗日救国运动，培养了一批青年骨干力量，他们在抗日战争中英勇顽强，艰苦奋战，有的虽然光荣牺牲了，但更多的同志在斗争中成长起来了，许多人以后成为党、政、军领导骨干。

在举办青年干校的过程中，山东省青联在沂南县马牧池附近的常山庄召开了山东省第二次青年代表大会，产生了新的青联领导机构，钟效培被选为省青联主席。他在会上提出了健全青救组织，建立青年抗日先锋队，组织青年学文化，办干部训练班等青年工作任务。会后，他特别重视“青抗先”的建立和发展工作，这是在青委领导下的一支不脱产的青年武装，民兵中的骨干是青联的一部分，队员一般是 15 岁至 25 岁，主要任务是同广大青年一起配合部队作战。他们经常袭扰敌人，掩护群众转移，出民工、送弹药、送军粮、封锁消息、送信带路、站岗放哨，保卫根据地安全，坚持对敌斗争。至 9 月，各地发展“青抗先”掀起热潮，全省有一万多名队员。

1942 年 11 月 11 日，钟效培等同志在莱芜县抬头区榆林前村被日寇包围，身负重伤，突围出来后，因流血过多，抢救无效，于 1942 年 11 月 12 日壮烈牺牲，时年 28 岁。

钟效培牺牲后，朱瑞发表了《一个未竟的任务》，悼念钟效培，号召大力发展青年武装，完成钟效培的未竟事业。

钟辉元

钟辉元（1911—1936），又名钟维善，上杭县才溪乡贵竹村人。1911年4月出生在一个贫穷的农民家里，排行第四。因辈分高，小小年纪就被称为叔子。他从小聪明伶俐，但因家境贫困，只读了一年半的书便辍学。

1929年7月，闽西大地开展了如火如荼的土地革命斗争，才溪在红四军的策应支持下暴动成功。受苦受难的钟辉元认为穷人有今天出头的日子，是党给的，红军给的。他非常积极地参加了党和苏维埃政府领导下的打土豪分田地的斗争。1930年6月，由于工作积极，钟辉元调杭代县工作。

1935年冬，钟辉元带领20多人全副武装，冲破敌人的层层封锁，安全护送闽西南军政委员会主席张鼎丞等机关人员从岩下山经白砂、双髻山，前往永定金砂，同时，接受了张鼎丞命令驻杭东一带担任通讯侦探的特别任务。

在那艰苦的游击战争环境里，钟辉元虽然有家有室。但时常路过家门而不入。他积极组织人民群众反对钟绍奎开筑杭岩、杭新、杭峰马路，揭露国民党反动派进攻抗日的红军游击队和国民党的苛捐杂税、抓丁、残害人民群众的罪行。那时，他先后担任了中国工农红军闽西抗日讨蒋军第七支队支队长、新汀杭县军政委员会主席职务。

1936年春，钟辉元以共产党员王权、丘启化等人为骨干组织、策划攻打国民党乡公所的斗争，并带队前往才溪支援。此后，钟辉元经常带领游击队员从岩下山往才溪一带进行秘密活动。当地豪绅地主、国民党反动势力把他视为眼中钉肉中刺，出告示出三百个光洋要他的头颅。一次钟辉元经过才溪长坑里，被叛徒王文茂发现。此时，王文茂心怀鬼胎，为了得到钟辉元的二十响手枪和国民党反动派的三百元赏钱，竟露出了叛徒的狰狞面孔，利用假装向他汇报情况之机，引开他的警卫人员，乘其不备，凶恶的一刀向钟辉元肩上砍去，钟辉元顿时鲜血直流，但他忍痛和王文茂展开搏斗。王文茂见没有伤到要害，拔腿就跑。钟辉元连发数枪均未打中可耻的叛徒王文茂。随后钟辉元被听到枪响赶来的警卫人员救回岩下山游击队驻地。

这年的秋季，新汀杭县军政委员会驻地岩下山常被敌人侵犯。一天，为解决粮食困难，钟辉元派副主席胡辉昌带领人员到白玉墩买粮食，结果由于叛徒出卖，胡辉昌遇害。上杭县反动政府随即派民团前往岩下山“围剿”游击队。当游击队哨兵发现敌人时，敌人已只离几十米远了。那时，钟辉元的伤势仍未痊愈，为了保存实力，摆脱敌人的攻击，他沉着果断地率领 3 名战士负责掩护，命令其余人员突围。由于寡不敌众，钟辉元和 3 名战士均壮烈牺牲。反动民团为了领赏，还割下钟辉元的头颅。坚强的共产主义战士钟辉元为革命献出了他 25 岁的年轻生命。

钟德周

钟德周（1912—1932），1912 年 10 月 16 日出生于福建省上杭县中都乡瑞香村。幼年丧父，仅读几年私塾。

1929 年红四军入闽，给闽西党组织极大鼓舞，各地党组织由秘密活动转向公开斗争，钟德周参加了由中都地区中共组织负责人丘造凡开办的“万昌油米豆过驳站”，以做油、米、豆生意的掩护，往返于中都、庐丰圩之间，负责递送党的情报、联络地下工作人员，护送、接待党的干部等。由于他完成任务好，工作出色又斗争性强，而被吸收加入中国共产党。当中都暴动时，他积极投入“打土豪、分田地、建政权”的斗争。南二区苏机关失陷，丘造凡牺牲后，钟德周与突围的同志一道，在庐丰东路地区继续坚持斗争，侍机为克复南二区进行不懈的工作。

1930 年彭杨学校在旧县开办，钟德周经上级组织决定调彭杨学校学习。他到学校后，服从组织，认真学习。彭杨学校是为适应当时斗争形势需要举办的军事、政治干部学校，严字当头，严格管理、严格训练、严格纪律。加上战争环境迫使学校在流动中进行训练，生活是很艰苦的。为使学用结合，在教学方法上从实际需要出发，理论同实际相结合，经常配合红军进行战斗，一面作战，一面训练。1931 年 6 月间，钟绍奎匪部盘踞庐丰，学校奉令袭击钟匪，从白砂出发经茶地过园岭头时，在新庵下与敌交火，狡猾的敌人闻枪声撤出庐丰圩外，往安乡的松树林中抵抗，且战且退，这一战虽然取得了胜利，但缴获甚微。后来未受到重创的敌人又卷土重来，部队迫不得已撤离至笠麻崇山上阻击敌人，我军利用居高临下的有利地形，阻止了敌人的进攻，当晚转移蓝家渡宿营。次日，钟匪更加嚣张，纠集了庐丰、安乡等地民团一千余人，进攻蓝家渡，敌人主力从湖里、下坝过桥，一部从岐滩渡河两路夹攻，我方诱敌深入曹田时进行还击，敌人连续两次冲击均被我击退，这仗打得敌人丢盔卸甲狼狈逃窜。这些实战训练，极大地提高了学员的军事素养，后彭杨学校学员回师白砂继续进行训练。同年 9 月间，钟德周奉命率部配合红十二军攻打庐丰驻敌丘舞阶中队，我军在拂晓前抵达庐丰，乘大雾迷天，闪电般迅速包围了丘舞阶的兵站，敌人措手不及，此役全歼庐丰驻敌。1932年1月，钟德周离开彭杨学校调红十二军任团长，他任职后，埋头苦干，任劳任怨。同年11月间，驻上杭粤敌进攻庐丰苏区，钟德周的部队驻于稔田石碑前和庐丰大古村的上塘，因敌众我寡受敌包围，他身先士卒，率部突围，在突围中不幸中弹牺牲，时年21岁。

钟耀泰

钟耀泰（1906—1934），1906年出生于福建省上杭县茶地乡久太村。家庭十分贫穷，常受债务之苦，终日辛勤劳动，还不能维持日常的最低标准的生活。他亲眼看到广大贫苦农民处于水深火热之中，对旧社会黑暗统治深感不满而愤愤不平，尤其对那些骑在人民头上作威作福、横行乡里的土豪劣绅更是痛恨万分。

1929年3月，红四军入闽第一仗长岭寨战斗取得胜利，闽西地区开始燃起革命烈火，5月间红四军第二次入闽，打下龙岩、长汀、上杭白砂，推动闽西各县区、乡，建立苏维埃政权。5月22日，在红四军的策应下，上杭古田举行农民武装暴动，缴获民团枪支130多支，即日在古田老圩召开群众大会，建立古田革命委员会。白砂击溃闽西军阀卢新铭部钟铭清团，缴获长枪200多支，胜利的消息传遍闽西大地。壮实的青年钟耀泰深深感到，穷人要翻身只有走革命的路，他决心投奔革命。当红四军深入乡村发动群众，策应农民武装暴动，巩固扩大红色区域，帮助地方建立发展党组织时，他立即加入农民协会，参加当地暴动，投入打土豪分田地、建立苏维埃政权的斗争。在土地革命运动中，他立场坚定，斗争坚决，政治思想和阶级觉悟不断提高，而且对党对革命事业赤胆忠心，对人民有着深厚的阶级感情，因而被吸收为中国共产党党员，担任基层领导工作。1930年春，随着革命形势日益发展，党领导的农村革命根据地不断得到巩固、壮大，此时钟耀泰调上杭县苏机关工作。1933年2月23日，钟耀泰率领茶地警卫排9人，在茶地新官山与团匪60多人交战，击毙团匪5人，打伤团匪7人，缴获步枪4支，敌人狼狈逃窜。此时，上杭处于半红半白的状况，驻扎在庐丰的保安团，经常四出侵扰群众，通过这次打击，敌人再也不敢轻举妄动了。1933年7月，为了便于领导上杭县东部七个区的工作，上级在横岗村成立代英县工作委员会（为纪念恽代英烈士取名）。9月间在太拔召开代英县党代会，选举吴钦上为县委书记，钟耀泰同志为副书记，但不久吴调国家政治保卫局工作，代英县委书记由钟耀泰担任，代英县统辖庐丰、横岗、茶地、太拔、蓝家渡、立民（即丰稔)、太阳（即溪口）等七个区委。他领导下的县苏警卫连、裁判部警卫排、各区委武装班的武装力量，先后在太拔、大地、张芬击溃团匪的多次袭击，缴获敌人枪支80余支，俘敌100余人。为安定群众情绪、巩固苏区政权起着重要的作用。1934年间，国民党军八十三师纠集各地民团进攻县委县苏机关驻地太拔，县委、县苏机关立即转移，并及时撤至樟坑、华地科一带。不久，八十三师自动撤离，代英县苏机关又迁回太拔。6月间钟绍奎匪部再次进攻太拔，县委、县苏机关便撤至溪口大丰乡的宫下村。不久，钟绍奎匪部突然袭击大丰乡，县委、县苏机关被敌包围，钟耀泰毅然率部奋起抗击，但因敌众我寡，在与敌激战中钟耀泰不幸牺牲，时年28岁。

主要参考书目

《毛泽东选集》第1卷，人民出版社1991版。

《毛泽东文集》第1册，人民出版社1993年版。

中共中央文献研究室编：《毛泽东书信选集》，人民出版社1983年版。

《毛泽东农村调查文集》，人民出版社1982年版。

习近平：《摆脱贫困》，福建人民出版社2014年版。

中央档案馆编：《中共中央文件选编》，中共中央党校出版社1989年版。

江西省档案馆、中共江西省委党校党史教研室编：《中央革命根据地史料选编》，江西人民出版社1983年版。

中共江西省委党史研究室等编：《中央革命根据地历史资料文库》，中央文献出版社、江西人民出版社2011年—2015年版。

中央档案馆、福建省档案馆编：《福建革命历史文件汇集》，1984年5月。

中共龙岩地委党史资料征集研究室、龙岩地区行政公署文物管理委员会：《闽西革命文献资料》，1983年5月。

中共才溪镇委员会、毛泽东才溪乡调查纪念馆：《才溪人民革命史》，北京广播学院出版社1997年版。

中共厦门市委党史办：《厦门革命历史文献选编》，1987年5月。

中共上杭县委党史研究室编：《才溪革命史资料汇编》，中共党史出版社2013年版。

中共建阳地委党史办公室、建阳地区文化局、共青团建阳地委：《闽北革命历史歌曲》，1983年5月。

危仁晸：《江西革命歌谣选》，江西人民出版社1991年版。

蒋炳钊：《畲族史稿》，厦门大学出版社1988年版。

《中国少数民族社会历史调查资料丛刊》福建省编辑组：《畲族社会历史调查》，福建人民出版社1986年版。

陈永成：《福建畲族档案资料选编》，海峡文艺出版社2003年版。

施联朱、雷文先:《畲族历史与文化》,中央民族大学出版社 1995 年版。

中共中央党史研究室:《中国共产党历史》第一卷,中共党史出版社 2011 年版。

吴正裕主编:《毛泽东诗词全编鉴赏》,中央文献出版社 2003 年版。

余伯流、凌步机:《中央苏区史》,江西人民出版社 2017 年版。

中共福建省委党史方志办:《古田会议永放光芒》,福建人民出版社 2021 年版。

林天乙主编:《中共闽粤赣边区史》,中共党史出版社 1999 年版。

中共广东省委党史研究室:《中国共产党广东地方史》第 1 卷,广东人民出版社 1999 年版。

蒋伯英:《1929 年朱毛红军与古田会议》,福建人民出版社 2009 年版。

中共福建省委党史研究室:《中共福建地方史》(新民主主义革命时期),中央文献出版社 1993 年版。

中共福建省委党史研究室:《福建工农红军发展历程》,中央文献出版社 2007 年版。

江西省军区党史资料征集办公室编:《江西革命暴动 1927.8—1928.6》(内部印刷),1988 年 4 月。

林英健主编:《上杭革命基点村简史》,中共党史出版社 2010 年版。

中共长汀县委党史研究室等:《长汀县革命基点村简史》(内部印刷),2012 年。

中共福建省委党史研究室编著:《中国工农红军北上抗日先遣队图志》,中共党史出版社 2017 年版。

中共江西省委党史研究室:《中国共产党江西历史》第 1 卷,中共党史出版社 2021 年版。

中共福建省委党史研究室等:《福建中央苏区纵横·综合卷》,中共党史出版社 2009 年版。

陈晓光主编:《福建共青团简史》(新民主主义革命时期),福建人民出版社 1992 年版。

中共上杭县委党史研究室:《上杭人民革命史》,中共党史出版社 2011 年版。